東芝事件と「守りのガバナンス」

日本経営倫理学会常任理事　兼ガバナンス研究部会長

今井 祐 著

文眞堂

はしがき

2014年12月，証券取引等監視委員会に舞い込んだ1通の内部告発を契機にして，2015年2月，社内の調査委員会が動きだす。5月には上田廣一等4人を中心とした東芝第三者委員会が発足，総勢約100人の弁護士・会計士が2か月かけて調査し，最終的には2,248億円の不適切会計を暴いた。その主因は，内部統制の構築義務は経営者にあるにも拘らず，経営トップが深く関与した組織ぐるみの不正であった。

物の見事に取締役会の監督機能と三様監査（監査委員会監査，内部統制監査，外部監査）の4つのバリヤーを，7年間もないがしろにした真に稀有な事件である。

平成19年2月15日の「財務報告の係る内部統制の評価及び監査の基準並びに（中略）実施基準の設定について」に関する企業会計審議会は内部統制の限界の1つとして，「経営者が不当な目的のために内部統制を無視ないし無効ならしめることがある。」と述べているが，「内部統制の限界」だからやむを得ないとして済ますわけにはいかない。

この種の事件が起こると，コーポレートガバナンス（以下CGと略す）に係わる制度，例えば会社法や金融商品取引法のようなハードローが悪いとか，CGコードのようなソフトローが不十分との制度論議になりがちであるが，CGの実効性をあげるためには「制度とその運用と経営者資質の三位一体の改善・改革」を進めなければならないが筆者の持論である。

「第1部　東芝不適切会計処理事件の原因・再発防止策・会社の措置」は東芝第三者委員会による東芝不適切会計処理事件の原因・再発防止策とこれに対する会社のとった措置に関してが主題である。

第1章は，「東芝不適切会計処理事件とその原因」で，事例研究として，

東芝社会インフラ社による東京電力のH案件と高速道路のK案件及びパソコン事業における部品取引等に係る会計処理の3件を取り上げ，その事業意図と原因論の総括を行い，経営者トップ主導による組織的不正会計事件であることを明確にする。

　第2章は，「東芝第三者委員会による再発防止策提言と会社の措置」で，東芝第三者委員会による再発防止策の提言とこれを受けて，これまで会社のとってきた措置である。社外取締役で経営刷新委員長の伊丹敬之らが中心になりかなり抜本的な措置を盛り込んでいる。それは2015年12月21日付，「新生東芝アクションプラン」に如実に表れている。

　第3章は，「金融庁関連の指摘事項」で，

　① 2015年12月7日に証券取引等監視委員会（以下は監視委）は行政処分として同社に73億73百万円の課徴金を課するよう金融庁に勧告し，金融庁は同月25日納付命令を出した。会計不祥事に関する課徴金としては過去最高額となる。また，

　② 2015年12月15日に公認会計士・監査審査会は，東芝を監査した新日本有限責任監査法人（以下新日本監査法人）に行政処分を科するよう金融庁に勧告した。これを受けて，金融庁は同月22日，東芝に対する監査手続きに重大な不備があり，リスク認識が甘かったと判断し，3カ月の新規営業に関する業務停止命令，監査法人に対して初となる課徴金21億円，経営責任の明確化や再発防止を求め業務改善命令等を行政処分として科した。

　第4章は，「監査委員会機能と内部統制（含むリスクマネジメント）」である。『「知らなかった」では済まされない監査役の仕事』なる著書を書かれたのは島村（1999）である。企業不祥事が起こるたびに強く責任を問われ，もはや"閑散役"では済まされない役職にある監査役／監査委員であるはずである。しかるに東芝役員責任調査委員会報告書によると，調査対象期間の歴代監査委員の内2名の監査委員長のみが任務懈怠であるという。それ以外の監査委員が内部統制システム運用義務違反にならない理由は，日本システム技術事件における「不正行為の発生を予見すべき特別な

はしがき　　*iii*

事情」がなかったことが論拠になっている。「知らなかった」がゆえに無罪放免でよいのであろうか。

　次に，リスクマネジメントとは，可能性の高いリスクを定義し，事業継続計画（BCP）を策定し，事業継続管理（BCM）によりBCPを運用，訓練，継続的改善に取り組み，いかなる企業不祥事や災害があった場合でも，企業が受ける損失を最小化し，早期に企業活動を再び正常化させることである。

　また，企業に雇われる，第三者委員会の独立性とはなにかについても言及している。

　第2部は，「守りのガバナンス（必要条件）」による持続的成長と「攻めのガバナンス（十分条件）」による企業価値向上である。スチュワードシップ（以下SS）・コード及びCG・コードに関するフォローアップ会議が開催されている。東芝事件をうけて，「守りのガバナンス」にも触れだした。

　第5章は「不祥事防止と持続的成長に必要な仕組みづくり」では，筆者による提言−1として，「ミッション・ビジョン[注]のタテの展開による，企業グループ内，価値観の共有化・制度化の仕組み作り」である。これは不祥事防止や企業再建等に有効であるだけではなく，広く一般企業に適用可能な仕組みであり，経営トップは心して，検討・導入されたい。

[注] ミッション・ビジョンとは経営理念・倫理原則・行動準則・中期経営計画等。

　これは，金融庁・東京証券取引所（以下「東証」）によるCGコードの原則2-1，2-2，2-3，2-5，3-1，4-1，5-1，5-2の8つの原則の有機的一体化である。CGコードは逐条，個々にcomply or explainについて口頭試問の如く「CGに関する報告書」に書いても，その目的である，持続的成長も中長期の企業価値向上は果たせないであろう。

　また，当システムの成功事例として，「日本航空（JAL）の再建に見る，ミッション・ビジョンのタテの展開による，企業グループ内の稲盛フィロソフィの共有化・制度化」を紹介している。

iv　はしがき

　第6章は,「ウェスティングハウス社(WHCと略す)に不正会計処理はなかったのか」について述べ,WHCと米国E&Y会計事務所が東芝及び新日本監査法人からの圧力に屈せず自説を通したこと。その理由としての「ミッション・ビジョン(WHCの経営理念・共通の価値観と行動原則)のタテの展開」ができていたこと及び,その歴史的背景として米国連邦量刑ガイドラインの制定,COSO(後述)による「内部統制の統合的枠組み」の公表,やSOX法(後述)第4章,第406条及びその施行規則による倫理規範・行動準則等のハードローの存在があることに敷衍している。

　また,米国における「ミッション・ビジョンのタテの展開による,企業グループ内の価値共有化・制度化」の失敗事例として,リーマン・ショック事件を紹介している。

　第7章は,筆者の提言−2として,「ミッション・ビジョンのヨコ展開による中長期の企業価値向上」である。これは,8つのCG原則の有機的一体化である。

　ミッション・ビジョン(原則2-1, 2-2, 3-1, 4-1, 5-2, 即ち,経営理念・行動準則・中長期経営計画・経営戦略等)の5原則が,

　1) サクセッションプランニング(補充原則4-1 ③)

　2) 取締役会構成の多様性(補充原則4-11 ①)

　3) 取締役会の実効性評価基準(補充原則4-11 ③)

の3原則に有効に反映されなければならないと述べている。なぜならば,これらの項目は,いずれも比較的comply率の良くない原則である。「1)は自分の後継者は自分で決めたい。2)の社外取締役の選任も自分で決めたい。」という,これまで社長が持っていた人事権に係る項目である。また,3)は我が国の場合,社長(CEO)が取締役会の議長を兼務するケースが84%であるため,自らの取締役会運営について,自分が決めた取締役から評価されたくないという気持ちがある。これらの3コードについてミッション・ビジョンから見る視点を入れることが重要であると述べている。

　「ミッション・ビジョンのヨコ展開による,中長期の企業価値向上」の

良き事例として，日立グループを取り上げている。また，その失敗事例として，「コダック社（Eastman Kodak）の経営破綻」を，また，「ミッション・ビジョンのタテの展開による，持続的成長」の成功事例として，「富士フイルムの変身」をとりあげ，両社を比較検討する形で紹介している。

　第8章は，「ミッション・ビジョンのタテ・ヨコの展開による持続的成長と中長期の企業価値の向上」について，本書で掲名して取り上げた7社を含む13社を取り上げ，「ミッション・ビジョンのタテの展開（制度化）ができている企業」，即ち，持続的成長能力が高い企業を縦軸にとり，「ミッション・ビジョンのヨコの展開ができている企業」，即ち，中長期の企業価値の向上能力の高い企業を横軸にとり，評価して，プロットしてある。将来3〜5年後これらの企業が右上に進むか，左下に沈むか，その理由はミッション・ビジョンのタテ・ヨコの展開のどこに起因しているのか，CGコードのどこに原因しているのか等を見ることが目的であり，現在の位置関係はそれほど重要ではない。また，企業価値とは何か，ROE，EVA，企業価値評価の仕方等にも言及してある。

　第9章は，筆者提言−3の「多重統治体制の廃止について」である。即ちOBガバナンスの撤廃である。「相談役，顧問」制度の完全廃止，取締役会議長職の社外取締役化，役員定年制の導入等を進め，老害を排除する必要がある。事実それらを導入する企業が徐々に現れてきたことは大いなる前進である。

　第10章は，「監査役会／監査委員会関連の問題点」である「監査役会／監査委員会（監査等委員会を含む）関連及び会計処理基準等」に関する筆者提言−4として，

1) 常勤監査委員の設置（任意）
2) 監査委員の「業務執行の範囲」をCGコードに明記すべき
3) インセンティブのねじれの解消
4) 工事進行基準について
5) 監査事務所のローテーション制

に関する所見を述べる。

東芝事件だけではなく，「化血研」，旭化成建材，東洋ゴム，タカタ等次から次へと不祥事が起こっている。CGにおいて「守りのガバナンス」（必要条件）と「攻めのガバナンス」（十分条件）は車の両輪であることを忘れてはならない。企業は社会の公器である。社会的責任を忘れ，利益至上主義に走ってはならない。ヨーゼフ・シュムペーターは「企業家の人間としての資質と道徳心が資本主義の質を定める。」と述べている。

本著書を出版するに当たって，神谷隆史元東京理科大学大学院イノベーション研究科教授をはじめ，日本経営倫理学会や日本マネジメント学会等の諸先生方，監査懇話会の理事の方々の協力・アドバイスをいただき誠にありがとうございました。また，文眞堂の前野社長様及び前野弘太様をはじめ多くの方々から，多大なるご協力を賜り，真に感謝申し上げます。

なお，文中引用の著者名は同姓の方々が複数登場する場合や複雑な名称の方々のみフルネームで紹介し，他は苗字のみにしている。詳細は巻末の参考文献を参照されたい。

2016年4月1日

今井　祐

目　次

はしがき ……………………………………………………………………… *i*

第1部　東芝不適切会計処理事件の
　　　原因・再発防止策・会社の措置 ……………………… *1*

第1章　東芝不適切会計処理事件とその原因……………………… *2*

　1．はじめに ……………………………………………………………… *2*

　2．事例研究 ……………………………………………………………… *3*

　　⑴　SIS 社［社会インフラ社，以下同］の H［東京電力］案件 … *3*

　　⑵　東芝の H 案件における事業意図 ……………………………… *5*

　　⑶　K［高速道路］案件 …………………………………………… *6*

　　⑷　東芝の K 案件における事業意図 ……………………………… *9*

　　⑸　パソコン事業における部品取引等に係る会計処理 ………… *10*

　　⑹　東芝のパソコン事業における部品取引等の事業意図 ……… *20*

　3．原因論まとめ………………………………………………………… *23*

　4．第1章のまとめ …………………………………………………… *31*

第2章　東芝第三者委員会による再発防止策提言と会社の措置 …… *35*

　1．再発防止策とこれまでの会社の措置 …………………………… *35*

　2．第2章のまとめ …………………………………………………… *44*

第3章　金融庁関連の指摘事項 ……………………………………… *47*

　1．証券取引等監視委員会の所見 …………………………………… *47*

　2．公認会計士・監査審査会の所見 ………………………………… *48*

　3．第3章のまとめ …………………………………………………… *52*

viii　目　次

第4章　監査委員会機能と内部統制（含むリスクマネジメント）… *54*

1．監査委員会機能と責任 ……………………………………… *54*

(1)　はじめに……………………………………………………… *54*

(2)　監査委員会の内2名の監査委員長のみが任務懈怠である
　　　理由 ………………………………………………………… *55*

2．歴代監査委員が内部統制システム運用義務違反にならない
　　理由 …………………………………………………………… *59*

3．日本システム技術事件における「不正行為の発生を予見すべき
　　特別な事情」とは何か ……………………………………… *61*

4．リスクマネジメント ………………………………………… *66*

5．第三者委員会とは ……………………………………………… *70*

6．第4章のまとめ ……………………………………………… *72*

第2部　「守りのガバナンス」による持続的成長と
　　　　「攻めのガバナンス」による企業価値向上 …………… *79*

第5章　不祥事防止と持続的成長に必要な仕組みづくり ………… *80*

1．はじめに………………………………………………………… *80*

2．持続的成長に必要なこと …………………………………… *83*

(1)　コーポレートガバナンスの定義と持続的成長 ……………… *83*

(2)　提言－1「ミッション・ビジョンのタテの展開による，
　　　企業グループ内，価値観の共有化・制度化による持続的
　　　成長」 ………………………………………………………… *88*

3．日本航空（JAL）の再建に見る，ミッション・ビジョンの
　　タテの展開による，企業グループ内の稲盛フィロソフィの
　　共有化・制度化 ……………………………………………… *103*

(1)　道徳的リーダーシップとは ………………………………… *103*

(2)　JAL の経営破綻の要約 ……………………………………… *104*

(3)　JAL の再建計画 ……………………………………………… *105*

（4）　稲盛和夫 JAL 会長に就任，改革スタート ……………… *106*

　　（5）　稲盛改革は一般企業にも適用可能な普遍性があるのかの

　　　　　検証 …………………………………………………………… *115*

　　（6）　まとめ ……………………………………………………… *120*

　4．第 5 章のまとめ …………………………………………… *121*

第 6 章　ウェスティングハウス社に不正会計処理はなかったのか … *126*

　1．ウェスティングハウス社に不正会計処理がなかった ………… *126*

　　（1）　事実関係……………………………………………………… *126*

　　（2）　WHC の紹介 ………………………………………………… *128*

　2．WHC の経営理念・共通の価値観と行動原則 ………………… *129*

　3．米国の倫理規範・行動準則は法律と上場規則で作成から制

　　　度化までが求められている ……………………………………… *130*

　　（1）　はじめに……………………………………………………… *130*

　　（2）　連邦量刑ガイドラインの制定（1991 年）………………… 131

　　（3）　COSO による「内部統制の統合的枠組み」の公表（1992

　　　　　年）……………………………………………………………… *133*

　　（4）　SOX 法，第 4 章，第 406 条及びその施行規則による倫理

　　　　　規範・行動準則 …………………………………………… *135*

　　（5）　米国ゼロックス社（Xerox Corporation）の取締役に対す

　　　　　る倫理行動規範の事例（2007 年改訂版）………………… *137*

　4．米国における「ミッション・ビジョンのタテの展開による，

　　　企業グループ内の価値共有化・制度化」の失敗事例〜リー

　　　マン・ショック事件（2008 年 9 月経営破綻）〜 ……………… *138*

　　（1）　事件の経緯…………………………………………………… *138*

　　（2）　経営理念はあったのか …………………………………… *139*

　　（3）　SOX 法，第 4 章，第 406 条に基づく倫理コードはあった

　　　　　のか …………………………………………………………… *139*

　　（4）　取締役会構成の問題点 …………………………………… *140*

x　目　次

　　5．第6章のまとめ ……………………………………………………… *141*

第7章　ミッション・ビジョンのヨコ展開による中長期の企業価値向上 ……………………………………………………… *144*

　1．東芝の取締役会構成 ………………………………………………… *144*

　2．提言－2　ミッション・ビジョンのヨコ展開による中長期の企業価値値向上 ……………………………………………… *146*

　3．ミッション・ビジョンのヨコ展開による，中長期の企業価値向上の良き事例〜日立グループ〜 ………………………… *154*

　　⑴　日立グループのアイデンティティ（Social Innovation —It's our future）とは ………………………………………… *154*

　　⑵　会社のステージ：事を正す人（川村隆）………………… *155*

　　　　　　　　　　　事を進める人（中西宏明）……………… *155*

　　⑶　経営者メッセージ ………………………………………… *155*

　　⑷　取締役会構成（2015年6月）―機関設計は指名委員会等設置会社 ………………………………………………… *155*

　　⑸　ミッション・ビジョンに基づく取締役会の実効性評価（筆者による評価）……………………………………… *156*

　4．コダック社（Eastman Kodak）の経営破綻と富士フイルムの変身 ………………………………………………………… *157*

　　⑴　はじめに …………………………………………………… *157*

　　⑵　コダックについて ………………………………………… *158*

　　⑶　コダックの研究開発力・事業開発力 …………………… *158*

　　⑷　コダックのコスト管理力・資金力 ……………………… *160*

　　⑸　コダックのサクセッションプラン ……………………… *162*

　　⑹　コダックと富士フイルムとの真逆の意思決定事例 ……… *163*

　　⑺　富士フイルムの変身 ……………………………………… *164*

　　⑻　コダックの経営理念（The Kodak Value）と企業行動原則（Corporate Responsibility Principles）…………… *166*

⑼　コダックの取締役会構成 ……………………… *168*

　　⑽　コダックの経営破綻の真因 …………………… *169*

　5．第7章のまとめ ……………………………………… *171*

　　⑴　数多くの実証研究が進んでいる ……………… *171*

　　⑵　成功例として示した日立について …………… *172*

第8章　ミッション・ビジョンのタテ・ヨコの展開による持続的

**　　　　成長と中長期の企業価値の向上について** …………… *174*

　1．はじめに ……………………………………………… *174*

　2．ミッション・ビジョンのタテ・ヨコの展開とは ………… *174*

　3．持続的成長能力及び企業価値向上能力について ………… *175*

　　⑴　持続的成長能力について ……………………… *175*

　　⑵　企業価値について ……………………………… *176*

　　⑶　企業価値向上能力について …………………… *181*

　4．第8章のまとめ ……………………………………… *181*

第9章　多重統治体制の廃止について ……………………… *183*

　1．東芝の過去の統治体制の問題点と東芝新体制について ……… *183*

　2．東芝の多重統治体制と改革 ………………………… *183*

　3．提言−3「多重統治体制の廃止」 ………………… *184*

　　⑴　「相談役，顧問」制度の完全廃止 …………… *184*

　　⑵　取締役会議長職の社外取締役化 ……………… *185*

　　⑶　役員定年制の導入 ……………………………… *186*

　4．第9章のまとめ ……………………………………… *188*

第10章　監査役会／監査委員会関連の問題点 ……………… *190*

　1．はじめに ……………………………………………… *190*

　2．提言−4「監査役会／監査委員会（監査等委員会を含む）

　　　関連及び会計処理基準等」…………………………… *190*

xii　目　次

- (1) 常勤監査委員の設置（任意）‥‥‥‥‥‥‥‥‥‥‥ *190*
- (2) 監査委員の「業務執行の範囲」を CG コードに明記すべき ‥‥‥‥‥‥‥‥‥‥‥‥‥‥‥‥‥‥‥‥‥‥‥‥ *191*
- (3) インセンティブのねじれの解消 ‥‥‥‥‥‥‥‥‥ *191*
- (4) 工事進行基準について ‥‥‥‥‥‥‥‥‥‥‥‥‥ *192*
- (5) 監査事務所のローテーション制 ‥‥‥‥‥‥‥‥‥ *195*

第3部　本筆者の意見・提案のまとめ ‥‥‥‥‥‥‥‥ *199*

第11章　全体のまとめ ‥‥‥‥‥‥‥‥‥‥‥‥‥‥‥ *200*

1．これまでの東芝の企業体質 ‥‥‥‥‥‥‥‥‥‥‥‥ *200*

2．東芝第三者委員会の問題点 ‥‥‥‥‥‥‥‥‥‥‥‥ *201*

- (1) 調査スコープの限定 ‥‥‥‥‥‥‥‥‥‥‥‥‥‥ *201*
- (2) 真の根本原因（root cause）の解明 ‥‥‥‥‥‥‥ *202*
- (3) 独立性のある第三者委員会 ‥‥‥‥‥‥‥‥‥‥‥ *203*

3．金融庁による行政処分と外部監査の役割 ‥‥‥‥‥‥ *203*

4．監査役／監査委員の役割 ‥‥‥‥‥‥‥‥‥‥‥‥‥ *205*

5．提言集 ‥‥‥‥‥‥‥‥‥‥‥‥‥‥‥‥‥‥‥‥‥ *208*

6．まとめ ‥‥‥‥‥‥‥‥‥‥‥‥‥‥‥‥‥‥‥‥‥ *212*

巻末参考資料編 ‥‥‥‥‥‥‥‥‥‥‥‥‥‥‥‥‥‥‥ *215*

参考－1　東芝のコーポレートガバナンス・ガイドライン ‥‥‥ *216*

参考－2　東証のコーポレートガバナンス・コードの策定に伴う有価証券上場規程等の一部改正について（概要）‥‥‥ *229*

参考－3　東証によるコーポレートガバナンス・コード ‥‥‥ *231*

参考－4　監査役設置会社の取締役会規則及び取締役会細則 ‥‥‥ *265*

参考文献 ‥‥‥‥‥‥‥‥‥‥‥‥‥‥‥‥‥‥‥‥‥‥‥ *277*

第1部

東芝不適切会計処理事件の
原因・再発防止策・会社の措置

第1章
東芝不適切会計処理事件とその原因

1．はじめに

2014年12月，証券取引等監視委員会に舞い込んだ1通の内部告発を契機にして，株式会社東芝（以下「東芝」という。）は，2015年2月12日，証券取引等監視委員会から金融商品取引法第26条に基づき報告命令を受け，工事進行基準案件等について開示検査を受けた。その後，東芝による自己調査の過程において，2013年度における一部インフラ関連の工事進行基準案件に係る会計処理について，調査を必要とする事項が判明した。

東芝は，かかる状況に鑑み，同年5月8日，第三者委員会（以下「本委員会」という。）を設置し，調査を委嘱することとなった[1]。

元東京高等検察庁検事長上田廣一委員長，丸の内総合法律事務所共同代表弁護士松井秀樹委員，元日本公認会計士協会副会長伊藤大義委員，公認会計士山田和保委員等4人を中心とした第三者委員会が発足し，総勢約100人の弁護士・会計士が2カ月かけて調査し，最終的には2,248億円の不適切会計を暴いた。その主因は，内部統制の構築・運用義務は経営者にあるにも拘らず，経営トップが深く関与した組織ぐるみの不正であった。

物の見事に取締役会の監督機能と三様監査（監査委員会監査，内部統制監査，外部監査）の4つのバリヤーを7年間もないがしろにした真に稀有な事件である。

2015年9月30日に行われた臨時株主総会で，ある株主質問者が本件に関する内部通報はなかったのかと質したところ会社回答は「本件に関して

はなかった」と述べていた。本当にこの様な事がおかしいと思った人は約20万人の従業員の中にいなかったのであろうか。尤も会社の窓口に来る内部通報は上司にバレバレであったとあるビジネス雑誌が伝えている。

2015年4月3日，会社内に特別調査委員会を設置して事実関係の調査を開始してからは，かなりの内部通報が来るようになったとのことである。

なお，本件に関して，証券取引等監視委員会は行政処分として，有価証券報告書虚偽記載として，73億7,300万円（過去最高額）の課徴金を課することにした。理由は投資家に与えた悪影響は極めて大きいと判断した。続いて，公認会計士・監査審査会は東芝を監査した新日本監査法人に行政処分を科するよう金融庁に勧告した。これを受けて，金融庁は，東芝に対する監査手続きに重大な不備があり，リスク認識が甘かったと判断し，行政処分を科した（詳細後述）。また，東京証券取引所（以下「東証」）は東芝の子会社である米国ウエスチングハウス社（以下WHC）の新規建設部門とオートメイション部門における減損処理約1,156億円（連結総資産の3％超）について，適時開示基準違反を指摘している。これに関し，WH社とE&Y米国会計事務所の厳正なる会計処理に対して，東芝本社及び新日本監査法人からの圧力が報じられている（詳細後述）。

2．事例研究

東芝が自ら行った自己調査4件を含め19件の不祥事が報告されている。このうち金額的にも大きな3件を，「2015年7月20日，東芝第三者委員会調査報告書要約版 www.toshiba.co.jp/about/info-accounting/index_j.htm」29～56頁より転載・引用（□の中）して取り上げる。なお，［ ］内は略称解読のための筆者による注記である。

⑴ SIS社［社会インフラ社，以下同］のH［東京電力］案件（29～33頁）

ア　H案件の概要

本案件は，SIS社が，2013年9月に，取引先H社より，取引先H社管内に設置されるスマートメーター（約2,700万台）用の通信システムの開発，スマートメーターの機器製造，設置，保守を納期2024年3月（当初主契約金額319億円で受注した案件である。

なお，スマートメーターの機器製造部分については検収基準（契約金額178億円），それ以外の開発，設置，保守部分は工事進行基準（契約金額141億円）によって会計処理がなされている（以下，当該業務対象範囲の案件を「H案件」という。）。

イ　問題となる会計処理及びその適切性

H案件において，SIS社は，2013年9月開催の受注政策会議において契約金額の上積みや追加のコスト削減策を考慮したとしても80億円程度の工事損失の発生が予想されていたものの，合理的な理由なく，受注時点において工事損失引当金を計上せず，2013年度第3四半期以降も工事損失引当金の計上をしなかった。

2013年9月受注時において，コスト削減策を考慮したとしても80億円の損失が見込まれているため，2013年度第2四半期において工事損失引当金を計上すべきであった。また，H案件は，SIS社にとって経験のない新規の案件であることから，各期の見積工事原価総額の計算にあたっては，確実なコスト削減策のみ織り込んで見積りを行うべきであった。

2013年度の見積工事原価総額の増額は第2四半期で255億円，損益への影響額は▲255億円となる。

なお，本件については，当時の見積りの精度が不十分である等の理由から，その後の時期の見積もりを用いて修正している。

ウ　不適切な会計処理の発生原因

2013年度に工事損失引当金が計上されなかった原因は，まず，H案件の受注時にSIS社が行った見積りの精度が不十分であったこと等の事情により，SIS社が合理的な損失見込額を認識していなかったことにある。また，当該見積りを前提としても，SIS社としては少なくとも42億円の工事損失引当金の計上の必要性を認識し，受注前に田中久雄P［社長，以下同］及び北村秀夫GCEO［事業グループ担当執行，以下同］に対して2013年度に42億円の工事損失引当金計上の承認を求めたにもかかわらず，同人らが承認し

なかったことにある。田中久雄P及び北村秀夫GCEOには，損失計上を先送りしようとの意図があったものと思料される。2014年度第2四半期に工事損失引当金が計上されなかった原因は，SIS社として，従前のPらの発言などから，工事損失引当金の計上をするためには，予算統制の観点から，当該引当金額に見合った利益を上げることが求められると認識していたことにあると思料される。

　また，田中久雄P及び真崎俊雄GCEOは，2014年度第2四半期の報告において，SIS社より2014年度第4四半期に工事損失引当金を計上したい旨の報告を受けたにもかかわらず，直ちに（2014年度第2四半期に）工事損失引当金を計上させるべく適切な指示等を行った形跡はないが，このことについても，損失計上を先送りしようとの意図があったものと思料される。

　なお，SIS社の経理部，コーポレートの財務部（CFOを含む）においても，経理部長は受注政策会議に出席し，久保誠CFOは受注前に田中久雄Pらと同様の説明を受けていたものであるから，2013年度第2四半期以降，各四半期における工事損失引当金の計上の必要性を認識していたにもかかわらず，これを計上させるべく適切な指導を行っておらず，会計処理の適切さよりも会計上の損益の改善を優先させることもやむを得ないという意識を持っていたものと考えられる。また，CFOであった久保誠氏が2014年6月に監査委員長に就任しているにもかかわらず，会計処理について何らの指摘も行っておらず，監査委員会が内部統制機能を果たしていたとは評価できない。

⑵　東芝のH案件における事業意図

　東芝は2011年，スイスのランディス・ギアを約1,400億円で買収した。政府の産業革新機構から40％の出資を仰ぎ，どうしても本事業を成功させなければならない。ところが，ランディス・ギアの技術は規格が合わず下記東電案件に使用できなかった。そもそもスマートメーターとは毎月の検針員の訪問を不要とする検針業務の自動化やHEMS（Home Energy Management System：住宅用エネルギー管理システム）等を通じた住宅内の電気使用状況の見える化を可能にするシステムである。スマートメーターの導入により，電気料金メニューの多様化や社会全体の省エネ化への

6　第1部　東芝不適切会計処理事件の原因・再発防止策・会社の措置

図表 1-1　スマートメーター導入イメージ図

【スマートメーター導入イメージ図】

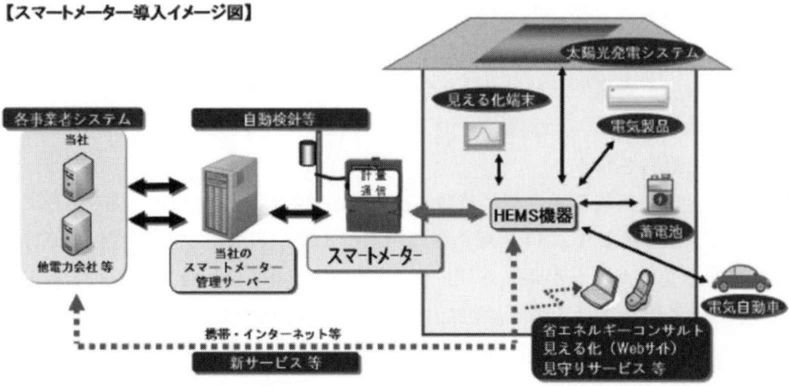

（出所）東京電力 HP［www.tepco.co.jp/］より引用。

寄与，電力供給における将来的な設備投資の抑制等が期待されている。

　従って，本プロジェクトは東芝にとって他の電力会社にも援用可能な一大事業であり，何が何でも本件を成功させなければならなかったことは想像に難くない。しかしながら，当初から工事損失がみこまれ，技術的難度から追加コストだけでも 255 億円かかり，相当の損失が見込まれたが，田中社長も北村グループ社長もこれらを看過した。監査すべき立場にあった，元 CFO であった久保誠氏が 2014 年 6 月に監査委員長に就任しているにもかかわらず，会計処理について何らの指摘も行っておらず，善管注意義務違反の証拠の 1 つとなっている。

　これは，オリンパス事件で元副社長の山田秀雄が常勤監査役になっても悪事を隠蔽していたのと近似している。

　本件は 2,700 万世帯への設置が契約されているが，実態は 800 万世帯程度しかカバーされてないことも将来の問題として残る。

⑶　K［高速道路］案件（34〜36 頁）

　　ア　K 案件の概要

本案件は，SIS 社が，2012 年 11 月に，取引先 K 社から ETC 設備更新工事を納期 2016 年 3 月（当初）契約金額 97 億円で受注し，その後 CS 社 [コミュニティ・ソリューション社] の発足に伴い，CS 社に移管された案件である。

イ　問題となる会計処理及びその適切性

K 案件は，既存システムとの並行運用からの切り替えや料金体制の複雑さ，交通量の多い中での大規模な工事や特殊な仕様対応などの要因から，もともと技術的な難易度の高い案件であった上に，SIS 社による着工後，仕様承諾の遅れや人工不足，システムトラブル対応などによりコストが大幅増加したため，工事原価総額の成行値が継続的に増加しており，2013 年度に 35 億円の工事損失の引当を行い，11 億円の工事損失引当金を計上した。

SIS 社は，2011 年度第 4 四半期より K 案件に関して工事進行基準を開始している。しかし本来は，2011 年度第 4 四半期は，受注後の仕様の詳細化に時間がかかり，信頼性のある見積りを行い得なかったのであるから，当該時期に工事進行基準を適用すべきではなく，同四半期に計上されていた売上高 2 億円及び売上総利益 0.2 億円は計上するべきではなかった。

また，仕様の詳細化の過程でコストの増加を想定せざるを得ない状況が発生し，2012 年度第 1 四半期に開催されたステアリング会議で K 案件の営業担当から，当該コストの増加により見積工事収益総額（97 億円）を超える見積工事原価総額（112 億円）となる見込みであることが報告された。この報告によれば，当該時期に社内システム上の NET [営業部から見たコスト発生額] を増額した上で工事損失引当金（15 億円）の計上をすべきであった。

さらに，着工後の 2012 年度第 4 四半期時点で前述のトラブルが発生し，コストが増加することになったが，契約金額を一部しか増加させることができず，これらのコスト増加分を吸収することはできなかった。したがって，当該四半期時点において，見積工事収益総額及び見積工事原価総額を増加した上で追加の工事損失引当金（141 億）を計上すべきであった。

ウ　不適切な会計処理の発生原因

2011 年度第 4 四半期に，信頼性に欠ける見積りを前提に工事進行基準を適用し，売上高及び売上総利益を計上した原因は，SIS 社において行った見積りが信頼性に欠けるものであることを認識していなかったことにあると認められる。

2012年度第1四半期に、ソリューション・自動化機器事業部は、ステアリング会議で15億円の工事損失の発生が見込まれていることの報告を受けたにもかかわらず、工事損失引当金を計上していない。その原因については、K案件の受注はM率［見積工事収益総額を見積原価総額で除した割合］110％を条件として真崎俊雄CP［カンパニー社長、以下同］より承認されたという経緯に鑑みると、受注後半年しか経過していない段階においては、当期の工事損失引当金の計上について真崎俊雄CPの承認が得られないと判断し、当期の工事損失引当金の計上を回避し先延ばしにしようとする意図が存在した疑いが残る。

2012年度第4四半期から2013年度第2四半期において、真崎俊雄CPに対して損失発生の見込みが存在することが継続的に報告され、田中久雄P及び北村秀夫GCEOに対しては、2013年7月に36億円～101億円の損失発生の見込みが報告された上、同年8月には2013年度第3四半期以降に45億円の工事損失を引当することの承認申請がなされた。当該経過を経て、2012年度第4四半期から2013年度第2四半期において工事損失引当金が計上されることはなかった。その原因は、SIS社において2013年度上期の業績に鑑み、工事損失引当金の計上を回避し先延ばしにしようとする意図があった可能性が高い。また、この時点で報告を受けた田中久雄P及び北村秀夫GCEOが、SIS社に対し当期に工事損失引当金を計上するよう促しや指示等を行った形跡は見当たらなかったが、当該促しや指示等がなされなかった原因は、当期の工事損失引当金の計上を回避し先延ばしにする意図が存在したことにあると思料される。

2013年度第3四半期には、田中久雄PはK案件の改善施策が全て達成できた場合の目標値が損失見込額87億円であることの報告を受け、35億円の工事損失の計上の承認を求められたにもかかわらず、87億円全額について工事損失を計上するよう促しや指示等を行わないばかりか、35億円の工事損失の計上時期についても、2013年度第3四半期ではなく第4四半期に行う方針を示した。田中久雄Pがそのような対応をとった原因は、K案件について工事損失を計上するとCS社（コミュニティーソリューション社、以下同）の2013年度第3四半期の営業利益が対予算未達となる見込みであったことから、当期の工事損失引当金の計上額を一部に留め、残りの損失の計上を先延ばしにする意図を有していたことにあると思料される。

なお、SIS社ないしCS社の経理部、コーポレートの財務部及び久保誠

CFO においても，経理部については 2012 年度第 4 四半期における真崎俊雄 CP への報告に同席して以降継続的に報告を受けており，久保誠 CFO 及び財務部長については 2013 年度第 3 四半期に 87 億円の工事損失が見込まれるとの報告を受けており，工事損失引当金の計上の必要性を認識していたにもかかわらず，これを計上させるべく適切な指導等を行っていない。久保誠 CFO や財務部長のそのような対応からは，多額の工事損失引当金を計上した場合の役員に対する責任追及の動きや全社損益に対する影響を懸念していることが窺われる。また，経営監査部及び監査委員会においても，K 案件について多額の損失が見込まれることを認識していたにもかかわらず，会計処理に関して何らの指摘を行っておらず，内部統制が機能していなかったと思料される。

⑷ 東芝の K 案件における事業意図

本件は，2012 年 11 月，高速道路の ETC（自動料金収受システム）設備更新工事を納期 2016 年 3 月で，契約金額 97 億円で受注したが，当初から技術的難易度の高い案件であった。他電機メーカーは無謀な価格で東芝が参入してきたのでびっくりした。2015 年 8 月 31 日付けの日経ビジネスは「東芝がどうやって帳尻を合わせるのか，以前から注目していたが，ようやく納得できる結論が出た。こう話すのは電機メーカー A 社で ETC を手掛ける幹部だ。（中略）A 社の幹部によると，一部の ETC 工事ではもうからないことが宿命づけられている。A 社とは別の電機メーカーが赤字受注を繰り返したことで，採算が極めて悪化しているからだ。そこに外からみて無謀な価格で参入してきたのが東芝だった。」（30 頁）と述べている。

「久保誠 CFO や財務部長が，多額の工事損失引当金を計上（筆者注記：総額▲ 144 億円）した場合の役員に対する責任追及の動きや全社損益に対する影響を懸念していることが窺われる。」との第三者委員会のコメントがある。また，「金額が大きすぎて，コメントのしようがない。」と，2013 年 11 月 ETC 設備更新工事について，損失の見込み額が 45 億円から 115 億円に拡大すると告げられた久保誠最高財務責任者（CFO，当時）は答

10 第1部　東芝不適切会計処理事件の原因・再発防止策・会社の措置

えた。久保氏から報告を受けとった田中社長はできるだけ第3四半期ではなく，第4四半期に認識する方向でお願いしますと損失の計上を先送りするよう連絡。損失額も87億円にとどめるとの目標も指示した。」旨，2015年11月10日，日本経済新聞（以下「日経」新聞）は役員責任調査委員会報告書を要約して述べている。

これら損失の先送りは，久保誠CFO等5人の善管注意義務違反の動かぬ証拠の1つになっている。

本件は当初から工事進行基準を採用していたが，意図的に工事損失引当金を計上してなかった。類似事例で，積水化学工業が2015年1月土木工事で原価を他の案件に付け替え，子会社役員ら6人が懲戒処分になった。日本道路は2014年10月，赤字道路工事の原価を他の黒字工事に付け替え，現場への権限移譲が裏目となった。IHIは2007年12月プラント工事で具体性のないコスト削減策を反映させた[2]。しかも本件は新日本監査法人が担当していた。

(5)　パソコン事業における部品取引等に係る会計処理（47〜56頁）

一　問題となる会計処理の概要

1　通常の部品取引（TTIP［東芝国際調達台湾］→ ODM［Original Design Manufacturing］）ルート

東芝は海外の ODM 先に PC の設計，開発，製造を委託している。2004年以降，東芝の100%子会社の TTIP が，メモリ，HDD 等の主要部品を購入し，ODM 先に対して有償支給している。有償支給する部品の価格は，ODM 先に東芝の調達価格が明らかとなり，競合他社に漏洩することを防止するため，調達価格を上回る一定額であるマスキング価格（以下，仕入先からの調達価額と ODM への供給価格の差を「マスキング値差」という。）によっている。部品の支給を受けた ODM 先は，自己調達部品と合わせて PC を製造し，完成した PC を TTIP を通じて東芝に納入する（以下，この一連の取引を「Buy-Sell 取引」という。）。

部品取引において，東芝では，将来 TTIP から PC 完成品の納品があった時点で，製品価格からマスキング値差分が控除されるよう，マスキング値差

と同額をTTIPに対する未収入金として計上するとともに製造原価を減額することで利益を計上している。そして，東芝ではTTIPよりPC完成品を購入した段階で，TTIPが付加したマスキング値差分（製造原価の増加要因）と，部品取引時に計上された製造原価のマイナス額が相殺される。

その結果，購入した製品価額がマスキング値差を控除した金額になるよう調整される。

近時ではODM先に供給される部品のマスキング値差は，TTIPの調達価格の5倍近い額となっていた。

このように，東芝は，部品取引時に，製造原価のマイナス処理を行うことにより利益計上を行っているため，当該会計処理の適切性が問題となる。

【事例】TTIPが50で調達した部品を300でODMに供給し，ODMで発生する加工賃20を付加した上で完成品の納入を受ける場合

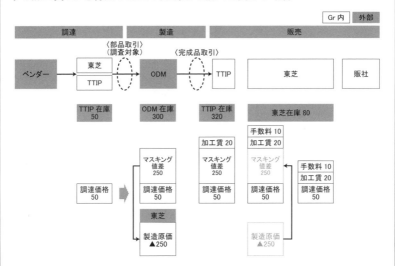

2 2012年9月～2013年3月実施の取引（東芝→TTI［東芝トレーディング］→TIH［東芝情報機器杭州］→TTIP［東芝国際調達台湾］→ODM［Original Design Manufacturing］ルート

東芝は，PC（パソコン，以下同）を製造子会社であるTIHにおいて製造している。

また，TIHへの部品供給については，TTIPがベンダーから購入した主要

部品を供給するほか，東芝が購入した部品を TTI 経由で供給する場合もある。2012 年度第 2 四半期から第 4 四半期における各四半期末月の供給部品の一部については，東芝から TTI に対して調達価格の 4 倍から 8 倍のマスキング価格［調達価格の競合他社への漏洩防止のための偽装価格］で供給されている。東芝では，当該取引におけるマスキング値差を，TTI に対する未収入金として計上するとともに製造原価をマイナスすることで利益を計上していた。マスキング価格で購入した TTI は，同額に手数料を加味した金額で TIH に譲渡し，期末では TIH が当該在庫を保有し，翌期に TIH は TTIP に同額で譲渡し，TTIP は ODM 先に供給していた。そこで，当該取引における利益計上の適切性が問題となる。

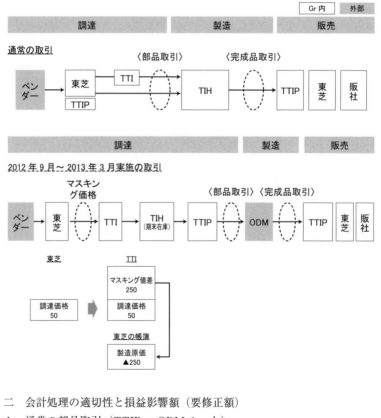

二　会計処理の適切性と損益影響額（要修正額）
1　通常の部品取引（TTIP → ODM ルート）

第1章　東芝不適切会計処理事件とその原因　　*13*

　東芝は，ODM 先との契約上，ODM 先への生産指示数量のうち，一定期間内における生産計画量の一部については完成品，仕掛品，部品を含めての買取義務を有しており，実に転用不可能な余剰在庫については毎期買取を行っている実績があることなどから，部品取引は将来の完成品取引を前提としたものであって，実質的には買戻条件付取引といえる。よって，部品供給時に利益の計上を行うことは当該一連の取引実態を適切に表していない。したがって，各決算期においては，部品取引後，完成品取引が完了していない部品及び完成品，すなわち ODM 在庫については，部品取引時に認識した利益相当額（当該マスキング値差に係る製造原価のマイナス）を取り消す必要がある。

2　2012 年 9 月～2013 年 3 月実施の取引（東芝→ TTI → TIH → TTIP →
　　ODM ルート）

　2012 年度第 2 四半期から同年度第 4 四半期における東芝から TTI への部品取引時に計上された利益（製造原価のマイナス）についても，ODM 先に供給され完成品として東芝に買い戻されることを予定していることから，取り消す必要がある。

　以上の取引による損益影響額（要修正額）は，以下のとおりである。

（金額単位：億円）

項目	2008年度	2009年度	2010年度	2011年度	2012年度	2013年度	2014年度
損益影響額	▲198	▲286	105	▲166	▲296	▲1	247

三　不適切な会計処理の発生原因

　Buy-Sell 取引［各部品ベンダーより購入した部品をマスキング価格で ODM 先へ販売し，ODM 先が PC を製造・完成し TTIP に納入する一連の取引］の不適切な会計処理については，① 正常な部品取引の中で，部品を ODM 先に供給した時点においてマスキング値差を東芝にて製造原価のマイナスとして認識するという会計処理方法そのものの適切性に関する問題と，② 当該会計処理方法を悪用して，四半期末において正常な生産行為に必要な数量を超えた数量の部品を ODM 先に対して販売し在庫として保有させ，当該部品分のマスキング値差を当該四半期の製造原価のマイナスとして認識

14　第1部　東芝不適切会計処理事件の原因・再発防止策・会社の措置

させる方法（以下「ODM 部品の押し込み」という。）により見かけ上の当期利益を嵩上げしていたという問題とに分けられる。前者については，見かけ上の当期利益を嵩上げする目的の下に行われたものとまでは認められないことから，以下においては主として後者の事実関係と発生原因について述べることとする。

1　経営トップらを含めた組織的な関与があり，かつ，意図的に「見かけ上の当期利益の嵩上げ」を目的の下に行われたものであること

　ODM 部品の押し込みは，以下のとおり，経営トップらを含めた組織的関与の中，意図的に「見かけ上の当期利益の嵩上げ」をする目的の下に行われたものである。

　すなわち，2008 年度上期当時，折からのサブプライムローン問題の影響を受けた世界的景気減退局面の最中，東芝においても全社的に業績悪化懸念が増大していた。そこで，2008 年 7 月の四半期報告会及び 8 月の社長月例において，PC 社からの 2008 年度上期の営業利益の見込みに対し，西田厚聰 P はいずれも 50 億円の上積みを「チャレンジ」として求めた。これに対して PC 社は，この「チャレンジ」を達成すべく，2008 年 9 月，損益の大幅改善のための ODM 部品の押し込みを実施した。当該 ODM 部品の押し込みを実施した結果，2008 年 9 月末時点における ODM が保有する東芝供給に係る未使用部品（正常な部品取引によるものも含む）の数量にそれぞれのマスキング値差を乗じた金額の累計額（以下各四半期末時点の同金額の累計額を「Buy-Sell 利益計上残高」という。）は，推計 143 億円にのぼった。なお，Buy-Sell 利益計上残高の多くは，ODM 部品の押し込みによる見かけ上の当期利益の嵩上げ額と推認される。そして PC 社は，その後も継続的に ODM 部品の押し込みを実行し，西田厚聰 P の社長退任直後の 2009 年度第 1 四半期末には，Buy-Sell 利益計上残高は，推計 273 億円にまで達した。

　その後に佐々木則夫 P が社長に就任した後も，ODM 部品の押し込みは四半期末ごとに，継続的に行われていた。佐々木則夫 P は，基本的には ODM 部品の押し込みによる見かけ上の利益の嵩上げは減少させるべきであると考えていたものの，あくまで PC 事業の本来の利益によって減らすべきであり，PC 事業の損益がマイナスのときには減らすべきでないと考えていたことに加え，損益悪化局面においてはカンパニーに対して損益の改善を強く求めたため，ODM 部品の押し込みを誘発し，利益の嵩上げ額は減少することなく，

かえって増加していくこととなった。例えば，2012 年 9 月 27 日に開催され
た社長月例において，佐々木則夫 P は，PC 事業を行う DS 社［デジタルプ
ロダクト・サービス社］に対し，残り 3 日での 120 億円の営業利益の改善を
強く求めるとともに，検討結果を翌 9 月 28 日に報告することを求めた。こ
のため，DS 社は，9 月末日までに「Buy-Sell」39 億円，「C/O［キャリーオー
バー］」65 億円の合計 104 億円を含む合計 119 億円の損益対策を実施すると
の検討結果を説明し，佐々木則夫 P をはじめとするコーポレート幹部もそ
れを認めた。ただし，この時点では 9 月末日までに ODM 部品の押し込みの
ための ODM 先との再交渉を行う時間的余裕がなかったことから，東芝は，
TTI や TIH という東芝の 100％子会社であり，何らマスキング価格によっ
て部品販売をする必要のない会社に対し，東芝の保有していた在庫部品をマ
スキング価格により販売することにより，マスキング値差分の利益（製造原
価のマイナス）を計上するという手法が実行されている。このような経緯の
結果，佐々木則夫 P の社長退任時には，Buy-Sell 利益計上残高は推計 654
億円に達した。

　さらに田中久雄 P が就任した後においても，ODM 部品の押し込みは継続
的に実行された。もっとも，2013 年の末以降，田中久雄 P やカンパニーに
おいて ODM 部品の押し込みによる見かけ上の利益嵩上げの解消策が検討
され，2014 年度第 2 四半期以降，見かけ上の利益嵩上げ額の削減が実行さ
れた。その結果，2014 年度第 3 四半期末には Buy-Sell 利益計上残高は推計
392 億円まで減少した。

　このように 2008 年から直近まで巨額の ODM 部品の押し込みが行われた
結果，PC 事業の月別の損益は，一時四半期末月の営業利益が売上を上回る
ほど異常な状態となった。以上の経緯の中で，西田厚聰 P 及び佐々木則夫 P
においては，カンパニーに対して収益改善の高いチャレンジを課してその必
達を求めることにより，カンパニーは ODM 部品の押し込みを実行せざるを
得ない状況に追い込まれていたものと認められる。のみならず，佐々木則夫
P，田中久雄 P においては，ODM 部品の押し込みにより見かけ上の利益が
嵩上げされている事実を認識しつつ，それについて直ちに解消するよう指示
等を行うことなくこれを許容してきたことが認められる。

　またカンパニートップである CP は，ODM 部品の押し込みを実施するこ
と及び実施金額について意思決定を行ってきた。その CP の意思決定を受け
て，カンパニーの生産・調達部門とコーポレートの調達部門が TTIP と連携

の上 ODM 先と交渉を行い，ODM 先に ODM 部品を購入してもらうことにより，ODM 部品の押し込みが実行されていたものである。

　以上のとおり，ODM 部品の押し込みは，経営トップらを含めた組織的関与の下，見かけ上の当期利益を嵩上げしようとする確たる目的に基づいて意図的に行われている行為に基づく不適切な会計処理であったと思料される。このため，東芝において構築されていた内部統制システムは無効化されこれを是正することは極めて困難であった。

2　当期利益主義と目標必達のプレッシャー

　とりわけ，西田厚聰 P 及び佐々木則夫 P の時代には，PC 事業を営むカンパニーの歴代の CP は，社長月例の場等において，P から予算（仮に予算を達成できた場合であってもさらに設定された目標値）を必ず達成することを強く求められ，CP は「チャレンジ」の名目の下に強いプレッシャーがかけられてきた。

　しかも，この「チャレンジ」は，各四半期の末日まで残り期間が僅かとなった時期に開催される社長月例等で行われることが多かった。そのため，「チャレンジ」を求められたカンパニーとしては，四半期末まで僅かの残り期間で，精一杯の営業上の努力によっても多額の利益改善施策を行うことが困難であったことから，「チャレンジ」の達成のためには，ODM 部品の押し込みによる見かけ上の利益の嵩上げという不適切な方法によらざるを得ない状況に追い込まれたことも多かったものと思われる。

　さらに「チャレンジ」は，「当期利益至上主義」とも言える，当期（四半期）の利益を最大化することを考えてなされているものであった。このため，佐々木則夫 P の時代には，PC 事業を営むカンパニーが，ODM 部品の押し込みによる見かけ上の利益の嵩上げの解消を希望しても，P からは PC 事業における営業利益を計上しなければ認めないとの強い意向が示され，当期利益を計上できなければ ODM 部品の押し込みによる利益の嵩上げの解消が認められなかった。

　これらの事情から，ODM 部品の押し込みによる見かけ上の利益の嵩上げという不適切な行為が長期間にわたり継続することになった。

3　内部統制部門による内部統制機能の不備

(1)　カンパニー経理部における内部統制機能の不備

本来，カンパニーにおける適切な経理処理の実施を確保すべき職責を負っている経理部においては，ODM部品の押し込みによる見かけ上の利益の嵩上げ金額を暫時解消しようという意思はあるものの，それが実施できないという状況の下で，これについて会計監査人の指摘を受けないよう，会計監査人に対して不十分な説明を意図的に行うなど，組織的に隠蔽を図っているとも見られる行動をとっていた。

(2) コーポレートにおける内部統制機能の不備

ア CFO及び財務部

歴代のCFO，財務部長及び財務部担当者らは，2009年頃以降，カンパニーが各四半期末ごとに大きな利益を計上していること及びその大部分がODM部品の押し込みによる見かけ上の利益の嵩上げによるものであることを認識していた。歴代のCFO，財務部長及び財務部担当者らの一部は，ODM部品の押し込みによる見かけ上の利益の嵩上げは，増やしてはならず減らしていかなければならないという意向を有しており，折あるごとにそれをカンパニーや場合によってはPに対して伝えていたことが認められる。しかし，とりわけ佐々木則夫Pの時代においてはこれを是正することはPC事業の利益においてしか認めない（そのため，予算を達成するためにはODM部品の押し込みによる見かけ上の利益の嵩上げを継続することは許容する）という意図をPが有している状況下において，CFO及び財務部が内部統制機能を発揮して是正させることはできず，「黙認」し続けることになった。

イ 経営監査部

経営監査部の2009年度，2011年度及び2013年度の各監査においては，Buy-Sell取引において不必要な数量の部品をODM先に保有させている可能性がある点は指摘されているものの，意図的なODM部品の押し込みについて明確に指摘するには至っていない。そのため，実際にはODM部品の押し込みは解消されることはなく，経営監査部は内部統制機能を果たしていなかったものと評価される。

4 監査委員会による内部統制機能の不備

元CFOである村岡富美雄氏は2011年6月から2014年6月まで，同じく元CFOである久保誠氏は2014年6月以降，それぞれ監査委員会委員長に

就任した。同人らは，それぞれ元 CFO として，ODM 部品の押し込みの事実を認識していたが，監査委員会として ODM 部品の押し込みについて何らかの報告等の対応がとられた形跡はない。一方，島岡聖也監査委員は，2015年1月26日，久保誠監査委員会委員長に対し，2014年9月に開催された取締役会において決議された PC 事業再編の件の会計処理（この中に密かに ODM 部品の押し込みの減少に伴う損失計上が織り込まれていた）について不適切なものが含まれていないかどうか精査し，法律及び会計の専門家の意見を徴した上で，第3四半期の会計処理として問題ないことを確認いただきたい旨を申し出，その後も再三にわたり，久保誠監査委員会委員長にも，田中久雄 P 等の執行側にもそれを求めたものの，監査委員会において取り上げられることはなかった。

　以上からすれば，監査委員会としての内部統制機能が働いていなかったものといわざるを得ない。

5　会計監査人による統制機能により是正されなかったこと

　会計監査人から，意図的な ODM 部品の押し込みにつき何らかの指摘がなされた形跡は見当たらない。このことが，ODM 部品の押し込みによる利益の嵩上げが長期化する一因となったものと考えられる。

　会計監査人は，青梅事業所において四半期末日に製造原価が減少し多額の粗利が発生しており，その額は 2012 年度以降生産高を上回る水準になっていることを確認していたが，その要因として，四半期ごとの交渉により一括して部品に関する CR（コストリダクション）を受け製造利益を確保している旨の不十分な説明を受けていた。

　一方，2013 年度の経営監査部の監査報告書には「会計基準では Buy-Sell の転売益は製品に転嫁されて売上に繋がるまで未実現とする必要があるが，ODM が持つ Buy-Sell 部品在庫は通常3日分程度であることから，監査法人に未実現損益の影響は小さいとの説明を行い，現行の勘定処理で了解を得ている。」と記載されているが，実際にそのようなやり取りが新日本監査法人との間で行われたか否かは確認できていない。

　これらの経緯からすれば，会計監査人による統制が十分に機能していたとは評価し得ない。

四　パソコン事業における経費計上に係る会計処理

1　問題となるパソコン事業の経費計上に係る会計処理

PC 事業における部品取引に係る会計処理の適切性を調査する過程において，PC 事業においても，映像事業と同様に，C/O［キャリオーバー］について，以下のとおり，財務会計上損益計算の期間帰属が不適切であるものが発見された。

PC 事業においては，映像事業と同様に，C/O を把握していたが，これらは原則として東芝の損益調整（見かけ上の利益の嵩上げ）目的で行われていたものであった。また損益調整目的で行われていた C/O の大部分が不適切な会計処理が行われているもの（不適切 C/O）であった。

PC 事業における不適切 C/O としては，以下の 3 種類の方法によるものが確認できた。

(1)　経費計上時期を意図的に延期させ損益調整のために使用していたもの

2011 年 4 月以降，国内 PC 事業を取り扱う事業部は，事業部の損益が厳しいときに，本来当期中に計上すべき経費について，取引先から請求書の発行を翌期に遅らせてもらう等の方法により，翌期に経費の計上を遅らせていた。

(2)　海外販社に販売する製品価格を意図的に上乗せすることにより損益調整のために使用していたもの

遅くとも 2011 年 6 月以降，PC 事業においても，FOB-UP が実施されており，2011 年度第 1 四半期には約 43 億円の FOB-UP が実施され，同四半期の見かけ上の利益が嵩上げされた事実が認められる。その後も PC 事業においては，見かけ上の損益を改善するため，2014 年度第 2 四半期まで，FOB-UP が実施され続けることになった。

(3)　その他詳細不明なもの

詳細が不明な C/O 残高に関しては，映像事業で述べたのと同様の理由により，各期の損益修正額に含めている。

これらの不適切 C/O による会計処理上の影響額は以下のとおりである。
（金額僅少につき省略）

2　不適切な会計処理の発生原因

PC 事業における不適切 C/O は，2011 年 4 月に，PC 事業を行っていた DN 社（デジタルプロダクツ＆ネットワーク社）と映像事業を行っていた VP 社（ビジュアルプロダクツ社）が合流し，DS 社（デジタルプロダクツ ＆サービス社）が発足したときから，本格的に開始され，継続的に，意図的 かつ組織的に行われていたことが認められる。そのため，PC 事業における 不適切 C/O が発生した原因については，前述第 3 章にて映像事業について 述べたものと共通であると考えられる。

(6) 東芝のパソコン事業における部品取引等の事業意図

本来，本案件はパソコン事業を継続すべきか撤退ないし売却すべきか等 について取締役会で真剣に議論すべきテーマである。この様な重要かつ緊 急を要する低採算事業案件（毎月は赤字であるが四半期末になると不思議 と黒字になる）が取締役会議案として議論されないこと自体が問題であ る。毎期の決算状況や他社の状況（2014 年ソニーは PC 事業を売却。GE は撤退した。）から歴代の社外取締役の内，一人ぐらい本件について議題 化すべきと発言した方はいなかったのであろうか。あっても議長が意図的 に取り上げなかったのであろうか疑問である。

1）取引関係

東芝－東芝トレーディング（TTI）－東芝情報機器杭州（TIH）－東芝 国際調達台湾（TTIP）→ ODM：Original Design Manufacturer ルート の販売において，2012 年度以降東芝から TTI に対して調達価格の 4 倍か ら 8 倍のマスキング価格（競合他社への漏洩防止のため）で有償支給（製 造原価のマイナス）し，TTI はこれに手数料を乗せ TIH に譲渡し中国杭 州に運び期末在庫は TIH が保有した。翌期 TIH は同額で TTIP へ譲渡し た。その後 TTIP は ODM に販売し在庫させていた（Buy-Sell 取引）。

2）問題点

① 何のために杭州まで部品を運んだのか。手数料なしということは杭州 では何をやっていたのか。新日本監査法人は不思議に思って在庫確認し

なかったのか。また，ODM メーカーにたいして，新日本監査法人は何故在庫確認や売上債権の残高確認を行わなかったのか。職業的懐疑心はなかったのか疑問が多い。

② 2008 年〜 1014 年までの損益要修正額は▲ 595 億円となる。

③ 2008 年西田厚聰（あつとし）Ｐは 50 億円の「チャレンジ」を求めた。

④ 2009 年西田厚聰退任まで ODM 押込み販売による累計利益先出額は 273 億円に上る。

⑤ 西田の後を継いだ佐々木則夫Ｐは「残り 3 日で 120 億円の営業利益改善」を強く求めたので，PC 事業部は 119 億円の損益対策を説明し，佐々木則夫Ｐを含むコーポレートの幹部もこれを認めた。佐々木Ｐ退任時には ODM 部品押込販売による利益嵩上げ累計金額は 654 億円となり，一時期この利益額は売上高を超えていた。これに対して，

A．「PC 事業部のトップだった深串方彦副社長が，この会計処理を正常化しようと，2009 年 10 月，前四半期に嵩上げしていた 147 億円の利益を 2009 年度第 3 四半期から「返済」していく考えを佐々木社長に伝えていた。これに対し佐々木社長は利益水増しの方針を継続した。」また

B．「深串氏は過去にも不適切な会計処理に対して正常化に向けた改善提案をしていた。パソコン事業のトップに就任した直後の 2009 年 7 月，深串氏は利益水増しを実施せず，当時調達グループ担当であった田中久雄氏に対して 2009 年第 2 四半期の営業損益を 557 億円の赤字で計上したいと伝えている。田中氏は拒否。結果，利益が 295 億円水増しされた。」また，

C．「パソコン部品の押し込み販売でかさ上げしてまで利益を改善すべきではないというパソコン事業部の経理部長の意見に対して，当時，調達部門の担当執行役だった田中久雄氏は答えた。（中略）逆に，2008 年第 3 四半期に損益の改善を目的とした押し込み販売を考えていると経理部長に告げた。」旨，2015 年 11 月 10 日付け「日経」新聞は伝えている。

しかし，これらの進言・行動は何故，監査委員会や監査法人には届かなかったのであろうか。不思議である。

⑥ カンパニー経理部は会計監査人に不十分な説明を意図的に行うなど組織的隠ぺいを行っていた。CFO・財務部長らも黙認してきた。経営監査部も明確な指摘をしなかった。新日本監査法人は「見抜けなかった」で済むのであろうか。

⑦ 2015年1月26日，島岡聖也監査委員は久保誠監査委員長（元CFO）及び田中久雄Pらに2014年9月開催の取締役会で決議されたPC事業再編の会計処理について精査し，専門家の意見を聞いた上で，問題ないか再三，質したが監査委員長は取り上げなかった[3]。独任制はないとしても島岡聖也監査委員は何故声お大にして取締役会でこれを追求しなかったのか。正義感が不足していたのであろうか。

しかしながら，東芝にも倫理観を持ち合わせていた方が数人いたことは明確である。

⑧ 会計監査人に対し，2013年の経営監査部の監査報告書には「会計基準ではBuy-Sellの転売益は売上となるまで未実現であるが，Buy-Sell部品在庫は3日分程度であるとの説明を行い，現行の勘定処理で了解を得ている」と記載されている。しかし，新日本監査法人との確認はできてない旨，報告書は述べている。一方，2015年12月16日付け「日経」新聞は「公認会計士・監査審査会は15日，東芝を監査した新日本監査法人に行政処分を科するよう金融庁に勧告した。東芝に対する監査手続きに重大な不備があり，リスク認識が甘かったと判断した。金融庁は，同月22日，新規業務の3カ月停止や21億円課徴金，業務改善命令といった処分内容をきめた。（中略）審査会幹部は"多数の異常値を把握していても，実証手続をしていなかった"と指摘。水増しした利益などの虚偽記載を検証しなかった上，会社側の財務担当者の説明をうのみにするケースが見られたという。新日本の審査体制は"重要な判断を客観的に評価できず十分に機能してない"（同幹部）と認定した。」

3．原因論まとめ

「2015 年 7 月 20 日㈱東芝第三者委員会調査報告書要約版 www.toshiba.co.jp/about/info-accounting/index_j.htm」63〜71 頁より転載（□の中）して取り上げる。なお，［　］内は略称解読のための筆者による注記である。

一　直接的な原因
1　経営トップらの関与を含めた組織的な関与
　(1)　コーポレート側
　いくつかの案件については，経営トップらが意図的な見かけ上の当期利益の嵩上げの実行や費用・損失計上の先送りの実行又はその継続を認識したのに，中止ないし是正を指示しなかったものが認められる。また工事進行基準案件の中には，社内カンパニーから工事損失引当金の計上の承認を求められたのに対して，経営トップがこれを拒否したり先延ばしの方針を示したと認められる案件があり，PC 事業においては，経営トップが，ODM 部品の押し込みを行わざるを得ない状況になりかねないことを認識しつつ，社内カンパニーに対して厳しい「チャレンジ」を課してそのような状況に追い込んだり，社内カンパニー側が ODM 部品の押し込みによる見かけ上の利益の嵩上げを解消する意向を示したのに対して難色を示した事実も認められる。
　このようにコーポレートの経営トップらの関与等に基づいて，不適切な会計処理が多くのカンパニーにおいて同時並行的かつ組織的に実行又は継続された不適切な会計処理については，経営判断として行われたものと言うべく，これを是正することは事実上不可能であった。また，東芝においては，このような経営トップらの関与等に基づき組織的に不適切な会計処理が実行・継続されることを想定し，これを防止するためのリスク管理体制等はとられておらず，後述するように諸部門の監督機能も十分に機能しなかった。

　(2)　カンパニー側
　いくつかの案件については，CP［カンパニー社長］又は事業部長といった社内カンパニーのトップが不適切な会計処理の実行又は継続に関与していたものが認められ，さらにこれらのうちのいくつかの案件については，社

内カンパニーのトップである CP が自ら積極的に不適切な会計処理を指示するなどしている事実が認められる。

このように社内カンパニーのトップの関与に基づいて組織的に実行され又は継続された不適切な会計処理については，社内カンパニーが自ら是正することは事実上不可能であった。

2 経営トップらにおける「見かけ上の当期利益の嵩上げ」の目的

いくつかの案件においては，コーポレートの経営トップら又は社内カンパニーのトップらが，「見かけ上の当期利益の嵩上げ」を行う目的を有していた事実が認められる。そして，幹部職員等の担当者らは，コーポレートの経営トップら又は社内カンパニーのトップらが有している当該目的の下で，不適切な会計処理を実行し又は継続してきたことが認められる。

3 当期利益至上主義と目的必達のプレッシャー

社長月例等においては，P から各 CP に対し，「チャレンジ」と称して設定した収益改善の目標値が示され，その目標達成を強く迫っており，業績不振のカンパニーに対しては，収益が改善しなければ当該担当カンパニーの事業からの撤退を示唆することもあった。とりわけ，不適切な会計処理が幅広く行われた 2011 年度から 2012 年度にかけては，予算を達成するために当該カンパニーは P から厳しい「チャレンジ」（過大な目棲設定）数値を求められていた。そのため，各カンパニーの CP らは，これらの目標を必達しなければならないというプレッシャーを強く受けていた。

P が示す「チャレンジ」のほとんどは，長期的な利益目標などの視点から設定されるものではなく，当期又は当四半期における利益を最大化するという観点（当期利益至上主義）から設定される目標達成値であった。また，各四半期末が近づいて，もはや精一杯の営業努力を尽くしても多額の収益改善を図ることが困難となってからも，会社の実力以上に嵩上げして設定された予算を達成するための「チャレンジ」が示されていた。そのような経営方針から，各カンパニーにおいては「チャレンジ」を達成するためには，当期末の経営成績どおりの会計処理を行うのではなく，実質的に来期以降の利益を先取りしたり，当期の損失や費用の計上を次期以降に先送りすることなどにより，当期における見かけ上の利益を予算やチャレンジの値に近づけるという不適切な会計処理を行わざるを得ない状況に追い込まれていた。そして，

ある期において見かけ上の利益を嵩上げするために，利益の先取りや費用・損失の計上の先送りを行うと，その反動により次期以降において利益計上が厳しくなるところ，当該期においても過大なチャレンジが設定され，それを達成するために更なる多額の不適切な会計処理を行わざるを得なくなるということの繰り返しにより，不適切な会計処理が継続され，その規模も拡大していった。

4　上司の意向に逆らうことができないという企業風土

　東芝においては，上司の意向に逆らうことができないという企業風土が存在していた。このため，経営トップからの「チャレンジ」が行われた結果，経営トップの意向を受けたCP，その下の事業部長，さらにその下の従業員らは，上司の意向に沿って目標を達成するために，不適切な会計処理を継続的に実行していた。また，この企業風土の下，東芝の決算上，相当程度の影響を生じさせる事項については，経理規程等において定められた明文上のルールに基づく会計処理を行う前に，順次，上司の承認を求め，その承認が得られなければ実行できないという事実上のルールが存在していたため，仮に上司の承諾が途中で得られなかった場合には，明文上のルールに基づく適切な会計処理それ自体がなされないという事態に陥ることとなった。

5　経営者における適切な会計処理に向けての意義又は知識の欠如

　いくつかの案件においては，会計処理の担当者，その上長である事業部長やカンパニーCPらのみならず，コーポレートP，GCEO及びCFOに至るまで，数値上の利益額を優先するあまり，適切な会計処理に向けた意識が欠如していたり，希薄であったことがみられた。

　また，本案件のうちのいくつかの案件においては，実際に会計処理を担当する担当者ら，その上長である事業部長及びカンパニーのトップであるCPらにおいて，一般に公正妥当と認められる企業会計の基準について，十分な知識を有していない状況がみられた。このため，引当金の計上等の会計処理を行う必要性を裏付ける事実が発生していること自体は認識しつつも，合理的又は説得的な理由もないままに適切な会計処理を怠っているものがみられた。

　このように，東芝の役職員において，適切な会計処理に向けての意識が欠如していたり，必要な知識を有していなかったことが，本案件において適切

26 第1部 東芝不適切会計処理事件の原因・再発防止策・会社の措置

な会計処理がなされなかった原因の一つである。

6 東芝における会計処理基準又はその運用に問題があったこと

いくつかの案件については，東芝において定めている会計処理基準が適切なものではなかったことが原因で不適切な会計処理が行われていた。また，いくつかの案件については，東芝において定めている会計処理基準どおりの運用がなされていなかったことが原因で不適切な会計処理が行われていた。

7 不適切な会計処理が，外部からは発見しにくい巧妙な形で行われていたこと

調査の対象とした不適切な会計処理を見ると，その多くは継続的に実行されてきたものである。このように各案件の多くが継続的に行われてきたことの一因としては，それぞれの不適切な会計処理が，関係者に対して十分かつ真正な説明がなされることなく，外部からは発見しにくい巧妙な方法で行われていたことが挙げられる。

二 間接的な原因

東芝における内部統制はいかに述べるとおり，いずれも十分に機能していなかったものと認められる。

1 各カンパニーにおける内部統制が機能していなかったこと

(1) 経理部による内部統制

案件においては，経理部担当者が引当金の計上等の会計処理が必要となる事実を知りながら何らの行動もとらなかったり，経理部担当者が一定の会計処理の必要性を裏付ける事実を容易に知り得たにもかかわらず何らの行動もとらなかったり，さらに，その上長である事業部長やCPらの指示等により何らの行動がとれなかったりした案件が多く存在しており，経理部による内部統制が機能していなかった。

(2) 内部監査部門による内部統制

各カンパニーにおいては，経理部以外に不適切な会計処理をチェックすることができるような内部監査部門が設置されてなかった。

2 コーポレートにおける内部統制が機能してなかったこと

(1) 経営者による不正リスクに対する内部統制

東芝においては，経営トップや幹部職員の関与により，財務報告に係る内部統制機能を逸脱，無効化して，その枠外からの指示等により不適切な会計処理が行われていた。

そしてまた，これらの者の関与により不適切な会計処理が行われることを想定した内部統制（リスク管理）体制が構築されていなかったことを指摘しておかなければならない。

(2) コーポレート各部門における内部統制

ア　財務部

財務部は，決算処理に関する関与としては，主として，各社内カンパニーが作成した決算をとりまとめて連結決算のための対応を行うのみであり，各社内カンパニーにおける会計処理が不適切であるか否かをチェックする役割を果たしていなかった。

逆に財務部は，社長月例における「チャレンジ」の原案を作成するなどの役割を担っており，当期利益至上主義の下で，各社内カンパニーに対して目標達成のプレッシャーを与える過程に関与していたものである。

また，一部の案件においては，財務部の担当者自身が，不適切な会計処理が行われている事実を知りながら，何ら指摘・是正するなどの対応をとっていない事実もみられた。

さらに，財務部の担当執行役であるCFO自身が不適切な会計処理に関与している場合には，財務部による内部統制は全く機能していなかった。

イ　経営監査部

経営監査部は，業務分掌規程によれば，コーポレート部門，カンパニー，分社会社及び関係会社に対する監査をつかさどるものとされている。しかし，実際には経営監査部が東芝において主として行っている業務は，各カンパニー等において行われている「経営」のコンサルタント業務（業務監査の一部）がほとんどであり，会計処理が適切か否かといった会計監査の観点からの業務はほとんど行われていなかった。

そのため，実際には経営監査部の監査の結果として，監査対象としたいくつかの案件について，不適切な会計処理が行われている可能性があること

や，少なくとも一定の会計処理をとるべき必要性を裏付ける事実を認識していたにもかかわらず，経営監査部がその会計処理について何らかの指摘等を行った形跡も見られなかった。

また，一部の案件では，経営監査部が不適切な会計処理それ自体ではないものの，その原因となっている事象の改善を求め，これに応じて執行部が改善計画を一応立てはするもののそれが実行されないものもあった。そして，実行されない状態について，経営監査部によるフォローはなされなかった。

さらに，経営監査部は経営トップであるＰが所管していたものであったことから，Ｐの意向に反すると担当者らが考える事項については，必要な指摘等を行うことができなかった疑いが存在する。これらの事実からすれば，経営監査部による内部監査には不備があり，統制は十分に機能していなかったものと評価せざるを得ない。

　ウ　リスクマネジメント部

リスクマネジメント部は，業務分掌規程によれば，財務報告に係る内部統制の有効性評価（以下「J-SOX法対応」という）に関する基本方針の策定，J-SOX法対応に関する実施諸施策の企画，立案等及びJ-SOX法対応に関する社内カンパニー等に対する施策展開，支援，推進状況の確認等に関する業務をつかさどるものとされている。しかし，リスクマネジメント部の実際の業務において，カンパニー等における財務報告に係る内部統制が適切に機能しているか否かをチェックすることは行っていない。

　エ　有報等開示委員会

有報等開示委員会は，財務報告に係る内部統制システムの有効性評価結果の最終確認を行い，内部統制報告書の内容につき社長に助言すること等をその役割としている。

しかし，実際には有報等開示委員会においては，法務部及び財務部担当者らが作成した資料に基づき同担当者らから説明を聞くなどし，若干の質疑が行われていたことが伺われるのみで，財務報告に係る内部統制システムの有効性について独自に何らかの確認や検討をしていた形跡は見当たらなかった。

3　取締役会による内部統制機能（監督機能）が働いていなかったこと

取締役会規則によれば，コーポレート経営会議審議結果及びコーポレート

経営決定書による執行役社長決定事項は，取締役会で報告すべき事項とされているものの，工事進行基準が適用されるような工事の受注や当該工事における損失の発生については対象とはされていない。

また，取締役会規則運用要領によれば，カンパニーのCP及びGCEOは，各四半期決算取締役会において「業績，業務状況」の報告を行うこととされている。しかし，受注に数十億円以上の赤字が見込まれる案件や，受注後に数百億円の損失が発生することが判明していた案件が存在したにもかかわらず，これらの重要な案件に係る損失の発生について取締役会において何らかの報告がなされた事実は見当たらなかった。

さらに，調査を行ったいくつかの案件については，不適切な会計処理が行われていることを認識することが可能な資料に基づいて社長月例においてPらに対して報告がなされていたことが認められるものの，取締役会においてこれらの報告がなされた事実は見当たらなかった。

4　監査委員会による内部統制機能（監査機能）が働いていなかったこと

前述したように，いくつかの案件については，複数の監査委員が不適切な会計処理が行われている事実，又は，引当金の計上等の会計処理が必要となることを裏付ける事実を認識しているにもかかわらず，監査委員会において問題点を審議するなどの行動は行われず，また，監査委員会として業務執行者側に問題点を指摘したりするなどの何らかの行動を行うことはなかった。

PC事業におけるODM部品の押し込みの問題に関しては，1人の監査委員が他の監査委員や業務執行者側に懸念を指摘したにもかかわらず，監査委員会において問題点を審議するなどの行動は行われず，また，監査委員会として業務執行者側に問題点を指摘したりするなどの行動を行うこともなかった。

そもそも監査委員会には，財務・経理に関する監査を担当する常勤の監査委員が実質的に1名しか存在しないという状況であり，3名の社外監査委員の中には財務・経理に関して十分な知見を有している者はいなかった。また，監査委員会の補助スタッフとして，財務・経理に精通した人員が多く配置されていなかった。これらの事情により財務・経理に関する監査を担当する常勤の監査委員以外の監査委員が，東芝において実行，継続されていた不適切な会計処理を認識することは困難な状況があった。さらに，不適切な会計処理が行われてきた期間において，主として財務・経理に関する監査を担

当する常勤の監査委員がCFO経験者であったことも，不適切な会計処理を発見することができなかった一因として考えられる。

これらの事実関係に徴すると，監査委員会による内部統制は機能していなかったと指摘しておかなければならない。

5 会計監査人による監査

本調査の対象となった会計処理の問題の多くについては，会計監査人の監査（四半期レビューを含む）の過程において指摘がされず，結果として外部監査による統制が十分に機能しなかった。その原因の一つには，問題となった処理の多くは会社内部における会計処理の意図的な操作であり，会計監査人の気付きにくい方法を用い，かつ会計監査人からの質問や資料要請に対しては事実を隠蔽したり，事実と異なるストーリーを組み立てた資料を提示して説明するなど，外部の証拠により事実を確認することが困難な状況を巧みに利用した組織的に行われた不適切な会計処理であったことが挙げられる。

特に，工事進行基準による会計処理など，もともと個々の工事内容に精通した担当者による社内のデータに基づく見積りが会計処理の基礎となる事案においては，外部の会計監査人がその見積りの合理性を独自に評価することは極めて困難であり，基本的には適切な見積りを確保するための社内プロセスと内部統制が有効に機能していることが前提となる。内部統制機能は，それを有効に働かせようとする会社のトップマネジメントの意思と関連組織によるサポートがなければ有効に機能し得ない。経営トップや組織の不当な関与により内部統制が有効に機能しない状況下では，組織全体がごまかしや不正な操作による組織防衛行動に走ってしまう余地が生ずる。このような会社組織による事実の隠ぺいや事実と異なるストーリーの組み立てに対して，独立の第三者である会計監査人がそれをくつがえすような強力な証拠を入手することは多くの場合極めて困難である。

なお本調査の目的は，会社の不適切な会計処理について，その内容，原因，背景等を含めた事実関係を究明することにあり，会社の財務諸表全体につき監査意見を表明する会計監査人の監査の妥当性の評価，すなわち，監査手続や監査判断に問題があったか否かを調査することを目的としていない。問題事案の個々の局面に限定した局所的な調査結果だけでは，会計監査人の監査全体についての評価を誤ることとなり，ひいてはステークホルダーの判断を歪めることともなる。外部の独立会計監査人としての監査が適切であったか

否かの評価のためには，監査業務の全体的な枠組みとプロセスの視点からの組織的かつ綿密な調査が必要であり，委嘱事項について調査を実施する本委員会ではかかる評価は行わない。

6　業績評価制度

　東芝の役職員の報酬・賃金には業績評価制度が採用されている。例えば，執行役に対する報酬は，役位に応じた基本報酬と職務内容に応じた職務報酬から構成されている。このうち職務報酬の40％から45％は，全社又は担当部門の期末業績に応じて0倍（不支給）から2倍で評価されることとなっており，このような業績評価部分の割合の高い業績評価制度の存在が，各カンパニーにおける「当期利益至上主義」に基づく予算文は「チャレンジ」達成の動機付けないしはプレッシャーにつながった可能性が高い。

7　人事ローテーション

　財務・経理部門に配属される従業員は入社から退社までの期間，継続して財務経理部門に配属されるという人事ローテーションの結果，過去に他の財務・経理部門の従業員の関与により不適切な会計処理が行われたことに気づいても，仲間意識により実際にこれを是正することは困難な状況にあったものと推測される。

8　内部統制制度が十分に活用されていなかったこと

　東芝においては内部通報窓口が設置されており，毎事業年度数十件の通報が行われていたが，本案件に関係する事項は何ら通報されていなかった。東芝の規模を考慮した場合には，東芝の内部通報制度を利用した現状の通報件数は多いとは言えず，何らかの事情で内部通報制度が十分に活用されているとはいえないと推測される。

4．第1章のまとめ

　平成19年2月15日の「財務報告に係る内部統制の評価及び監査の基準並びに財務報告に係る内部統制の評価及び監査の実施基準の設定について（意見書）」において企業会計審議会は内部統制の限界として，

32　第1部　東芝不適切会計処理事件の原因・再発防止策・会社の措置

(1)　内部統制は，判断の誤り，不注意，複数の担当者による共謀によって有効に機能しなくなる場合がある。

(2)　内部統制は，当初想定していなかった組織内外の環境の変化や非定型な取引等には，必ずしも対応しない場合がある。

(3)　内部統制の整備及び運用に際しては，費用と便益との比較衡量が求められる。

(4)　経営者が不当な目的の為に内部統制を無視ないし無効化することがある。

　本案件は(1)と(4)が当てはまる。即ち，PC部品取引等において，取引先による協力がないと実施しえなかったし，全体を通して，経営陣による内部統制の無視化・無効化が社長月例を通して「チャレンジ」や「3日で120億円の営業利益を何とかせよ」との強圧的指示のもとに行われた。この「経営陣による内部統制の無視化・無効化」のことは役員責任調査委員会の調査報告書でも取り上げられている。しかし，「内部統制の限界」だから止むを得ないでは済まされない。因みに東芝の経営理念の基本は人間尊重である。このようなパワハラをやっておきながら，人間尊重とはどいうことか。所詮，絵に描いた餅とはこのことをいう。また，東芝は国連グローバルコンパクトに加盟していた。CSR（社会的責任）レポートはISO26000との関連付けも記述していた。これらの声明は一体何だったのか。単なる対外的お飾りだったのかと疑いたくなる。

　偽装ソフトを搭載したフォルクスワーゲン（VW）も「強烈なヒエラルキー構造で成り立っていた。下が上に物言えぬ社風が不正の遠因と言える。ピラミッドの頂点に長きにわたり君臨したのが，今年4月までVWの監査役会会長を務めたフェルディナント・ピエヒだ。彼が掲げる目標はすべて必達であり実現できなければ，その処遇は情け容赦なかった。」[4]そこに中期経営計画「ストラテジー2018」が加わり2018年までに世界販売1000万台を達成し，トヨタ自動車を超えて世界一の自動車会社になるとういうプレッシャーがかかってきたという背景がある。2015年12月10日VWは組織的関与を会社として初めて認めた。そして，VWも国連グ

ローバルコンパクトに加盟していた。会社のキャッチフレーズは "Think Blue" である。絶えず環境問題を全社挙げて考えることがモットーであったはずである。それが何故，NOX ガスと PM を世界にまき散らす排ガス不正事件をお起こしたのであろうか。トップからの強い「プレッシャー」があったこと，内部統制の甘さという「機会」があったこと，そして部下は"首になりたくない"という「姿勢」，「正当化」があったことにおいて，東芝と共通点があると言えるのではなかろうか。VW のマティアス・ミュラー社長は「分権型改革を進め，起業家精神を植え付け。イエスマンは要らない」と述べている。

　『会社は頭から腐る』なる著書を書いたのは富山和彦（2013）である。曰く「ひとりの人間も，集団としての組織も，インセンティブと性格の奴隷である」，「組織の強みが衰退の要因にもなる」，「株主主権型ガバナンスだけが選択肢として語られる愚」，「ガバナンス機構の究極的な役割は，経営者が適正かどうかの判断のみ」，「ガバナンス構造の企業理念は，会社の憲法」，「その会社は何のためにあるのか，が忘れられたとき，悲劇が起こる」と述べている。至言である。

　この種の事件が起こると，コーポレートガバナンス（以下 CG）に係わる制度，例えば会社法や金融商品取引法のようなハードロー（筆者は，国会の承認を得なくてはならない法律をハードローと定義する。それ以外の規則・決まり等はすべてソフトローである。）が悪いとか，CG コードのようなソフトローが不十分との制度論議になりがちであるが，「CG の実効性をあげるためには"制度とその運用と経営者資質の三位一体の改善・改革"がなされなくてはならない」が著者の持論である。

　因みに，平田光弘は『経営者自己統治論』（2008）の中で「制度と経営者資質とどちらが重要か」の 2 つについてエンロン・ワールドコム・雪印（2 件）・日本ハムの 5 つの事例研究から経営者資質の方が重要であると結論付けた。即ち，「私利を図ることに汲々とするような利己的経営者を一人でも減らすことが企業統治の実践に携わる者に課せられた最重要課題の 1 つではかなろうか。その意味において，すぐれた人間教育と倫理観に裏

打ちされた革新的な責任経営者や社員を育成することが，いまほど社会的に要請されている時代はないであろう。企業統治のハードづくりはもうほどほどにして，企業統治のソフトづくりに力を注ぐときではなかろうか。」（237 頁）と 2008 年に述べている。既に 8 年たった今また同じことが当てはまる大事件が次から次へと起きている。

【注】

1 2015 年 7 月 20 日㈱東芝第三者委員会調査報告書要約版 www.toshiba.co.jp/about/info-accounting/index_j.htm 参照。かつ，弁護士ら有志の格付けグループは「東芝の第三者委員会報告書について"独立性に乏しい"と評価した。」旨の 2015 年 11 月 27 日付け「日経」新聞を参照し，筆者が要約した。

2 NIKKEI BUSINESS, 2015.08.31, 38 頁参照。

3 第三者委員会調査報告書要約版，54 頁参照。

4 週刊東洋経済，2015.11.7, 60 頁参照。

第2章

東芝第三者委員会による
再発防止策提言と会社の措置

1．再発防止策とこれまでの会社の措置

　□枠の中は「2015 年 7 月 20 日㈱東芝第三者委員会調査報告書要約版 www.toshiba.co.jp/about/info-accounting/index_j.htm」72〜76 頁より転載。その中の小さい□は「会社の措置」を表す。

一　直接的な原因の除去
1　不適切な会計処理に関与等した経営陣の責任の自覚
　既に述べたとおり，本案件のうちのいくつかの案件における不適切な会計処理については，経営上層部の P，GCEO，CFO らや，カンパニーにおける CP らが関与等していたことが認められる。
　また，直接的な関与等はしていないとしても，不適切な会計処理により，意図的な「見かけ上の当期利益の嵩上げ」が実行されていることを認識又は認容していた取締役，執行役が存在したことが認められる。
　これらの取締役，執行役については，それぞれの関与等の程度や果たした役割に応じた責任を自覚することが求められるとともに，人事上の措置等が適切に行われることが必要と考える。

2　関与者の責任の明確化
　取締役，執行役ではなかった役職員の中にも，不適切な会計処理に関与していたり，不適切な会計処理により意図的な「見かけ上の当期利益の嵩上げ」が実行されていることを認識又は容認していた者も存在する。

36　第1部　不適切会計処理事件の原因・再発防止策・会社の措置

　これらの役職員のうち，少なくとも幹部職員（例えば，部長職以上の職にある職員）については，その関与の程度等を十分に検証した上で，人事上の措置（懲戒手続の実施を含む）を適切に行うことが望ましい。

会社の措置

　①　9月中旬，株主が現旧役員28人対し総額10億円の損害賠償を求める訴訟を起こすよう会社側に請求。

　②　9月17日，役員責任調査委員会（元札幌高裁長官大内捷司が委員長）が不適切会計問題に関し，2008年度以降の歴代取締役・執行役（約98名）について，その職務執行に関し任務懈怠の有無について，及び責任追及すべきか否かについて，3人の外部法律家による委員会が調査開始。

　③　11月7日，東芝は調査委員会などの報告に基づき，関与者14の内，旧経営陣5人（西田厚聡，佐々木則夫，田中久雄の3元社長と元CFOの村岡富美雄，久保誠2人）を相手取り，不適切会計を認識しながら是正を指示しなかつたため，善管注意義務違反として計3億円（金融庁の課徴金等が加わったので更に増える）の損害賠償を求める提訴を東京地裁に起こした。これに対して，旧経営陣は争う姿勢を示した。

　④　関与者の内，訴追を免れた9人について，「（不適切会計）を主導したとみとめる証拠がない」「注意義務を果たしていなかったとは言いがたい」などを理由に賠償責任がないとした。

　⑤　幹部社員（事業部長級以下）26人の懲戒処分も決めた。

　なお，本件に関し，室町社長他当時副社長や執行役上席常務だった現旧役員ら10人に対し，総額80億円の株主代表訴訟が別途起こされている。

以上の出典[5]

3　経営トップ等の意識改革

　まず経営トップ自らが，コンプライアンス重視の姿勢を堅持し，上場企業における適正な財務報告の重要性を自覚するともに，一旦今回のような不適切会計が発生した場合には，市場やステークホルダーからの信用を失墜し，企業価値を著しく毀損する事態となることを十分に認識し，あるべき確固たる企業倫理（企業理念）を策定・構築することが重要である。

　その上で，経営トップから全役職員に対して，コンプライアンス重視と適正な会計処理の重要性とその励行について，トップメッセージとして発信

し，公正かつ透明性のある企業風土を醸成すべきである。また，経営陣である取締役，執行役のみならず，従業員においても，コンプライアンス意識の向上と上場企業における適正な財務報告の重要性と適切な会計処理に向けた意識を涵養，向上させるために，研修，指導監督を継続的に実施し，人材育成に努めるべきである。

会社の措置
・10 月初旬に経営陣の意識改革研修を実施済み

上記の出典[6]

4 企業の実力に即した予算の策定と「チャレンジ」の廃止等

一連の不適切な会計処理の原因として，実力以上に嵩上げされた予算を前提とした「チャレンジ」の存在が認められる。予算や長期経営計画の策定に当たっては，現場からの積み上げ資料をベースにしつつ，全社的な観点及び長期的な経営の観点から，積み上げ金額に増額又は減額の調整を図ることになるものと考えられるが，あくまでも企業の実力に即した，実現可能にして合理的な予算及び長期経営計画を策定する必要がある。

また企業においては，予算達成のための目標設定それ自体は否定されるべきものではないが，東芝においてこれまで行われてきた「チャレンジ」については，内部統制制度の枠外からの不適切なプレッシャー（指揮・命令）に該当するものがあり，既に述べたとおり，必ず達成すべき目標としてその達成を強く迫られるものと受け止められていた。

とりわけ各四半期末近くになって精一杯の営業努力を尽くしても収益改善を図ることが困難となってからも，何が何でも予算を達成させるという意図での「チャレンジ」が行われていたことからすれば，これまで行われてきた時期，性格での「チャレンジ」については廃止されるべきである。

また同時に，経営トップらから役職員全員に至るまで，当期利益のみを問題とするのではなく，長期的な視点に立ち，実績どおりの利益を計上し適切に開示していくことを命題とするよう，意識改革を行うべきである。

会社の措置
・「社長月例」の廃止，キャッシュフローを中心とした議論へ
・予算策定の方法をトップダウンからボトムアップに変更

38　第1部　不適切会計処理事件の原因・再発防止策・会社の措置

上記の出典[7]

5　企業風土の改革

　上司の意向に逆らうことができないという企業風土を改革する。

　また，東芝において主として財務報告に係る内部統制を構築するために定められている各種の会計処理のためのルールについては，上司の意向に沿わない結果となる場合であっても遵守すべきことを，全ての経営陣及び従業員に徹底するとともに，これらのルールに基づく会計処理を行うに当たり，事前に順次上司の承認を求め，承認が得られなければ実行できない等の事実上のルールについては直ちに廃止し，本来のルールで処理すべきである。

会社の措置

①　役職・業務内容に応じた会計コンプライアンス研修を継続実施。

②　指名委員会の参考情報にするために，上級管理職（執行役・事業部長約120名）による社長再任指名に対する無記名信認投票制導入（毎年11月に実施）。第1回は2016年1月実施ずみ。公表せず。

(参考) 経営刷新委員長の伊丹敬之は『日本型コーポレートガバナンス』(2000年)「経営者監査委員会とコア従業員信認投票」(269頁～277頁) について述べている。

③　経営刷新推進部を新組織として新設，経営刷新に関わる施策を推進，企業風土改革，スタッフ業務プロセス改革。

上記の出典[8]

6　会計処理基準全般の見直しと厳格な運用

　東芝において定めていた会計処理基準が不適切であったことや，会計処理基準どおりの運用がなされていなかったことが不適切な会計処理の原因となっていることを踏まえれば，工事進行基準を含む会計処理基準全般を見直すとともに，厳格な運用を徹底すべきである。

二　間接的な原因の除去

1　ハード面からの再発防止策

(1)　強力な内部統制部門の新設

　社内カンパニーにおける内部統制部門を充実させる施策として，カンパニーの経理部が十分な牽制機能を働かせることができるようその人員体制を

増員するとともに，カンパニー内に CP の指揮命令系統から独立した内部監査部門を設置することも一案である。

　もっとも，カンパニー内における内部統制部門の充実化のみでは，P や CP らからの不正な指示等に対抗し切れないおそれもある。このため，経営監査部を発展的に解消するなどした上で，東芝及び全グループ会社を内部監査の対象とする強力な内部監査部門を新設することが有効と考える。新設する内部監査部門は，各カンパニー及びグループ会社の業務内容に習熟した者，法律やコンプライアンスの知識を有する者及び財務・会計に関する十分な知識を有する者等で構成される大規模な部門とし，各事業部門・カンパニー等から独立した立場で，東芝及び全てのグループ会社を高い専門性を有する者によって全社を統一的に内部監査する。またこの部門は，P や CFO 等の経営トップらを統括責任者とすることなく，社外取締役などを統括責任者とすることにより経営トップらからの独立性を確保するものとし，経営トップらによる不正が行われた場合においても監査権限を適切に行使できるような体制とする。さらに，同部門の充実・強化のため，役職員に対する無制限の資料徴求権限などの強力な権限を授与する。また，必要に応じて外部の監査や法律の専門家などの支援を得ることも有効であることから，そのための予算措置を講じるべきである。

会社の措置
① 監査委員会室の機能強化（室長は執行役常務：元法務部長），
② 委員会直轄の内部監査部新設（会計監査，違法性及び妥当性監査，内部統制監査）（部長は執行役常務：元経営企画部長），
③ 経営刷新推進部（企業風土改革）（代表執行役専務：元法務，総務人事担当），
④ 内部管理体制強化 PJ チームの新設（J-SOX）（執行役専務：元欧州総代表），
⑤ プロジェクト審査部（工事進行基準案件の受注前審査等）（執行役専務：元電力システム社副社長），
⑥ 各カンパニーの財務統括担当を CFO 直属とし，独立性を担保
なお，①②の人事承認権と解任権・解任拒否権は監査委員会が持つ。

上記の出典[9]

40   第1部　不適切会計処理事件の原因・再発防止策・会社の措置

(2)　取締役会による内部統制機能（監督機能）の強化

　取締役会に提供される情報量を増加させることにより取締役会の監督機能を強化するため，取締役会の報告事項を明確化するとともに，報告すべき事項を拡大する。

　さらに，少なくとも当面の間は，社長月例で用いられた資料を，取締役会への報告のための資料としても用いる。

会社の措置
取締役会の報告事項を拡大する。

上記の出典[10]

(3)　監査委員会による内部統制機能（監査機能）の強化

　東芝グループの規模を踏まえて，財務・経理に精通した監査委員の人数を増員するなどして体制を強化するとともに，社外取締役である監査委員を監査委員長とするなどの対応を行うことが望ましい。また，監査委員会の補助スタッフとして，財務・経理に精通した人員体制を増員・強化するとともに，社外取締役である監査委員との連携を強化する。また監査の方法としても，監査の必要性の高い部署等につき，ヒアリングを重点的に実施するなどの方法を導入する。

会社の措置
・原則として独立社外取締役のみで構成
・経営・財務・法律について高い専門性を有する者で構成
・監査委員会室の人員増強（3人を6〜7人に増強）
・監査委員会にも内部通報窓口を設置
・会計監査，適法性監査等の内部監査機能を執行側から切り離し，強化した内部監査部を監査委員会の直下に創設
・監査委員会が直轄する内部監査部及び監査委員会室の人事権等を掌握（独立性強化）

上記の出典[11]

(4)　内部通報窓口の活用

　内部通報制度は，内部統制制度の最後の砦ともいわれるものであり，通報

者が信頼し，安心して意見を言える制度に見直して，十分活用すべきである。

このため，内部通報窓口の存在や機能を東芝グループ全体に対して周知徹底させ，通報者が信頼し，安心して意見を言える内部通報制度に見直すための各種施策を実施し，内部通報窓口の利用を促進する。

> 会社の措置は上記の(3)に含む。

2　ソフト面からの再発防止

(1)　社外取締役の増員及び構成員の見直し

社外取締役を増員することにより，コーポレートガバナンス体制の強化に努め，社外取締役の独立性を一層確保するとともに，社外取締役に要求される各種の専門性にも配慮して構成員の見直しを行うことが必要と考える。特に，監査委員会を構成する社外取締役に関しては，法律関係の知識を有する人材とともに，財務・経理の知識を有する人材を含めて選任する必要があるものと考える。

> 会社の措置
> ・従来16名→11名に減員
> ・社外取締役の比率を過半数（社外取締役7名，社内取締役4名）
> ・取締役の専門性（経営者，会計士，法律家等）に配慮した取締役会構成を確保
> ・社外取締役が取締役会議長に就任
> ・社外取締役の支援体制強化
> ・社外取締役のみで構成するエグゼクティブセッション（取締役評議会）の設置

上記の出典[12]

(2)　適切な人事ローテーション等

内部監査部門の責任者や監査委員についても適切な人事ローテーションを実施すべく，外部専門家の意見を聞くなどして，改革に努める。

また，内部監査部門その他の監査をつかさどる部署の人員配置として，会計知識に精通し，監査実務にも精通した適切な人員を配置する。

最後に

　本委員会の調査の結果，東芝において，不適切な会計処理が継続的に実行されてきたことが判明した。

　東芝は，創業140年の歴史をもち，我が国の誇るリーディングカンパニーの一つとされてきた会社である。また，早くから委員会等設置会社となり，先進的なコーポレート・ガバナンス体制を構築していると評価されてきた会社であって，多くの他の企業の範となるべき会社である。

　にもかかわらず，極めて多額にわたる不適切な会計処理の継続的な実行が今般明らかになったことは，誠に驚きであるとともに，様々なステークホルダーの信頼を裏切る結果をもたらすものであり，誠に残念なことと言わざるを得ない。

　もっとも，本委員会の調査の過程において，東芝の多くの役職員にヒアリングを実施したが，おしなべて，真面目にかつ真摯に業務に取り組んでいることが窺われた。そして，ヒアリングの中で，多くの役職員から反省の弁と併せて，不適切な会計処理が行われてきたことを憂うとともに，その再生を心から望む声も聞かれた。また，本委員会の設置した内部通報窓口にも，同様の声が寄せられた。このような東芝人財と様々な関係者の絶えざる東芝への期待と想いが，東芝のこれからの再生を後押しするものと本委員会は考える。

　本委員会も，本報告書をその一助として，東芝が真に再生していくことを切に望むものである。

以上

　東芝の第三者委員会の再発防止策としての提言を受け，2015年12月21日，東芝は「新生東芝アクションプラン」の概要を発表した。この内，これまで述べてきた「会社の措置」に関連する部分についての実施状況について引用する。

「新生東芝アクションプラン」の概要（出典：www.toshiba.co.jp/）
・構造改革の断行（省略）
・内部管理体制の強化及び企業風土の変革

再発防止に向けた取り組み
- ✓会計・意識改革研修：組織長向けに応じた意識改革研修の実施（11/18〜）
- ✓会計コンプライアンス教育：役職や業容内容に応じた，階層別・職能別教育の実施（11/26〜）
- ✓会計プロセス見直し：工事進行基準，在庫評価，経費計上などについて経理規程を制定，第3四半期より適用
- ✓予算策定プロセスの見直し：キャッシュフロー重視への転換
 社長月例を廃止し，業績報告会を新設，カンパニーの自主自立経営に沿った事業計画策定
- ✓ガバナンス規程見直し：コーポレートガバナンスガイドラインを制定（12/21）
- ✓内部監査体制強化：内部監査部の機能強化し，人員も増強

企業風土改革に向けた取り組み
- ✓社長評価制度：役120名による信任投票を実施
- ✓経営幹部向け360度サーベイ：経営幹部177名を対象に，リーダーシップの資質を多面的・客観的に調査（2015/12〜）
- ✓経営幹部セミナー：経営幹部177名を対象に実施（10/3，12/19）
- ✓CSR職場ミーティング：再生に向けたアクションを各職場で議論（約8100職場）（10/23〜12/18）
- ✓情報開示の充実：決算情報の拡充（セグメント別からカンパニー別へ）

相談役および顧問制度の見直し
- ✓相談役・顧問制度等：廃止を含めた見直し検討

・事業ポートフォリオおよび事業運営体制の見直し（省略）
・財務基盤の整備（省略）

⇩

全てのステークホルダーからの信頼回復に繋げるとともに強靭な企業体質への変革を図る

44 第1部 不適切会計処理事件の原因・再発防止策・会社の措置

2．第2章のまとめ

真に倫理的価値観を持った責任経営者や従業員を育成するためには何が必要なのかについて考えてみる。

1992年，米国のトレッドウェイ委員会組織委員会（COSO：The Committee of Sponsoring Organization of the Treadway Commission）は「共通の内部統制の統合的枠組み」を明らかするため，1992年に統制環境要因として誠実性（Integrity）と倫理的価値観（Ethical Value）を取上げた画期的内容を公表した。意思決定者は「何が適法か」超えて「何が正しいか」で決めなくてはならないと述べた。即ち，「企業倫理の制度化」を法令遵守の上位概念として述べている。そして，「内部統制の有効性は，内部統制を設定し，管理し，監視する人々の誠実性と倫理的価値観の水準を超えることはできない。それらは統制環境の不可欠の要素であり，内部統制のそれ以外の構成要素の設計，管理及び監視基準に影響する。全ての職位に亘って強固な倫理的環境を確立することは，企業の繁栄を図る上でも，従業員や社会の方々にとっても極めて重要であり，且つ，企業の方針や統制システムの有効性を大きく高める」と内部統制に関わる方々の誠実性と倫理的価値観等のモラルの高さが内部統制の有効性を決めると述べている。このことは誠に重要なことである。

現に東芝の経営監査部は職務分掌規程に違反して，会計監査を棚上げし，コンサルティング（業務監査）の仕事をしていた。また，リスクマネジメント部は職務分掌規程によれば，財務報告に係る内部統制の有効性評価（以下「J-SOX法対応」という）に関する基本方針の策定，J-SOX法対応に関する実施諸施策の企画，立案等及びJ-SOX法対応に関する社内カンパニー等に対する施策展開，支援，推進状況の確認等に関する業務をつかさどるものとされていた（注：SOX法とは米国 Sarbanes-Oxley Act of 2002 のことで，わが国の金融商品取引法を通称J-SOX法という）。しかし，実際の業務において，カンパニー等における財務報告に係る内部統制が適切に機能し

ているか否かをチェックすることは行っていなかった。これら２部門のエリート集団に倫理的価値観を持った者が一人もいなかったのであろうかと思うと誠に残念である。

　また，米国の犯罪学の権威者である Dr. ドナルドソン・R・クレッシー教授の「不正のトライアングル」即ち，「善人による不正行為」として，動機（Pressure），機会（Opportunity），姿勢と正当化（Rationalization）の３要素が揃うと善人といえども背信行為を行うとの法則を数百人の犯罪人との面談・調査から導き出している。これは

　　i　米国監査基準（Statements of Auditing Standard）の 99 条
　　ii　企業不正対策の国際的資格である公認不正検査士（Association of Certified Fraud Examiners）の教育体系に組み入れ
　　iii　日本公認会計士協会の監査基準委員会報告書 240「財務諸表における不正」（付録）
　　iv　企業会計審議会監査部会「監査における不正リスク対応基準」
　　v　新 COSO の原則８の着眼点

等で取り上げられている。この「不正のトライアングル」の３要素各々を撲滅する，またそれらが揃わないように分断するのが内部統制の要諦である（詳しくは，「第４章 監査委員会機能と内部統制」を参照）。

　東芝の場合，「チャレンジ」というプレッシャーがあり，「内部統制の甘さ」という機会があり，これに「会社のため」という正当化，中には「不正会計の罪悪感よりも，私たちの間ではチャレンジをとげたという達成感さえ漂っていた（2015.10.12 日経ビジネス 12 頁）」というモラル・ハザード等が重なったといえる。奇しくも社外取締役で経営刷新委員長の伊丹敬之（ひろゆき）の持論は「性弱説」である。即ち，「古代中国で性善説を唱えたのは孟子であった。孟子の性善説は，『全ての人は善人だ』というような楽天的な意味ではなく，『人によって善の兆しが備わっている』と言う意味であるという。荀子の性悪説も，『全ての人間の本質は悪である』という単純な性悪説ではなかった。荀子は，『人間は自然の欲望を持っている，そのために努力をしないと，ついつい悪い面が出てくる，それを出

さないために学ぶ事が重要』と言いたかったのであろう。おそらく，性善説も性悪説も，ともにその本質は正しいのである。そして2つの説は必ずしも矛盾しないように思える。つまり，多くの人間が，善の兆しは持っているが，しかし放っておけば自分の欲望に負けてしまうことも十分ある。そのため，ついつい緩む危険も持っている。つまり弱いのである。勿論，強い人もいないではない。しかし，どこかに弱さを持った上で，しかし良い事をしたいと思ってはいる。それが多くの人の姿ではないか。従って，人は性善なれども弱し」と伊丹は性弱説を唱えている[13]。

　人間は生まれながら性善なれども弱い存在である。しかし，東芝のような伝統あるエリート集団はそんなに弱わかったのであろうか。かかる意味においても，取締役会（監督機能），三様監査機能を持つ内部監査部門，監査委員会，特に最後の砦である，新日本監査法人の責任は免れないであろう。

【注】

5　2015年9月18日，10月25日，11月8日及び2016年1月7日「日経」記事参照。

6　2015年9月8日「日経」記事「東芝会計不祥事」参照。

7　同上。

8　2015年9月8日「日経」記事「東芝会計不祥事」及び同年9月30日臨時株主総会資料参照。

9　同上。

10　2015年7月27日「日経」記事参照。

11　2015年9月30日臨時株主総会資料参照。

12　同上。

13　伊丹敬之（2008）『経営の力学』東洋経済新報社，24頁，第1章「人は性善なれど弱し」参照。

第3章
金融庁関連の指摘事項

1．証券取引等監視委員会の所見

　東芝の会計不祥事を巡り，2015年12月7日に証券取引等監視委員会[14]（以下は監視委）行政処分として同社に73億7,300万円の課徴金を課するよう金融庁に勧告し，金融庁は同月25日納付命令を出した。会計不祥事に関する課徴金としては過去最高額となる。東芝の歴代経営陣は損失の先送りを繰り返し，利益修正額は7年で総額2,248億円に上った。監視委は有価証券報告書への虚偽記載によって，投資家に与えた悪影響が極めて大きいと判断。金融商品取引法上の「開示書類の虚偽記載」にあたると認定した。監視委は過去の利益や資産の変動を精査し，課徴金額を算定した。特に2011年度，2012年度の税引き前損益をそれぞれ800億円以上も下方修正しており，投資家の投資判断を狂わせたとみている。東芝は課徴金の対象期間に個人向けを含む300億円超の社債を発行。社債には発行額の2％超の課徴金を科すため金額が膨らむ要因となった。過去に経営陣主導で決算を粉飾したオリンパスの例では，課徴金処分の後に刑事事件として告発している[15]。東芝の場合も，監視委の特別調査課は歴代3社長（西田厚聰，佐々木則夫，田中久雄）の刑事告発について，東京地検特捜部と協議する方針を固めたと言われている。パソコン事業を巡る利益の水増し（約600億円）で主導的な役割を果たした疑いが強いと判断。監視委は金融商品取引法違反（有価証券報告書の虚偽記載）にあたる可能性が高いとみた[16]。既に，特別調査課はパソコン事業の利益水増しに関与した複数の

48　第1部　不適切会計処理事件の原因・再発防止策・会社の措置

社員から，経営幹部の指示などを聴いた模様である。

2014年2月から機関投資家向けのスチュワードシップ・コード及び2015年6月からコーポレートガバナンス・コードの適用が始まり，『企業統治改革元年（攻めのガバナンス）』と言われているが，東芝が今回，海外に与えた印象は「企業統治の形を整えても，日本企業は本当に活用できるのか」との不信感がある旨，マスコミは伝える。「守りのガバナンス」（必要条件）と「攻めのガバナンス」（十分条件）は車の両輪であることを忘れてはならない。

2．公認会計士・監査審査会の所見

公認会計士・監査審査会[17]は2015年12月15日，東芝を監査した新日本監査法人（上場企業役1000社の監査を担う国内最大手）に行政処分を科するよう金融庁に勧告した。これを受けて，金融庁は同年12月22日，東芝に対する監査手続きに重大な不備があり，リスク認識が甘かったと判断し，次の行政処分を発表した。

① 3カ月の新規営業（新規会計監査の受注，M&A，IPOへの助言業務）に関し業務停止命令（2016年1月1日から3月31日まで）
② 監査法人に対して初となる課徴金21億円を科した。
③ 東芝を直接担当した公認会計士7人に，1～6カ月の業務停止命令（長期間同じメンバーが東芝を監査担当したため過信が生じた）
　なお，担当していた浜尾宏ら6人は12月21付で退職した。
④ 経営責任の明確や再発防止を求め業務改善命令

2016年1月29日に提出された業務改善計画の概要は，
イ 透明性が確保されたガバナンス（社外ガバナンス委員会の新設等）
ロ 現場に密着した監査品質管理（5年間インターバル，筆頭業務執行役員のノーリターン等）

第3章 金融庁関連の指摘事項 *49*

ハ 監査品質の重視の組織風土の醸成（組織風土改革特別委員会の新設
 等）

審査会幹部は"多数の異常値を把握していても，実証手続をしていな
かった"と指摘。水増しした利益などの虚偽記載を検証しなかった上，会
社側の財務担当者の説明をうのみにするケースが見られたという。新日本の
審査体制は"重要な判断を客観的にに評価できず十分に機能してない"（同
幹部）と認定した。

大手監査法人に対する処分としては，2006 年に旧中央青山監査法人が
受けた全面的な業務停止命令に次ぐ重い処分となる。とくに監査法人への
課徴金処分は初めて。カネボウの粉飾決算を受け，2008 年の改正公認会
計士法が導入されたが，今まで実際に科せられた事例はない。これらを受
け新日本監査法人の英公一理事長は 2016 年 1 月末で辞任し，辻幸一氏が
新理事長に就任する。また，理事 19 人全員を 5 ～ 2 割，1 ～ 3 カ月の減
俸処分とする。東芝問題の発覚後，監査の質への信頼が揺らぐなか，経営
責任を明らかにして顧客をつなぎとめる。新日本は新しい業務の受注より
も監査の正確さを重視する人事制度や，理事長直轄で監査の質をチェック
する部署を作り，全面的な業務見直しを進めている[18]。

尚，参考までに平成 27 年 12 月 15 日付「公認会計士・監査審査会」に
よる「新日本有限責任監査法人に対する検査結果に基づく勧告について」
を以下に転載する。（出典：金融庁 www.fsa.go.jp/cpaaob/「公認会計士・
監査審査会事務局審査検査室」）

新日本有限責任監査法人に対する検査結果に基づく勧告について

平成 27 年 12 月 15 日
公認会計士・監査審査会

公認会計士・監査審査会（以下「審査会」という。）は，新日本有限責任
監査法人（以下「当監査法人」という。）を検査した結果，下記のとおり，
当監査法人の運営が著しく不当なものと認められたので，本日，金融庁長官
に対して，公認会計士法第 41 条の 2 の規定に基づき，当監査法人に対して

行政処分その他の措置を講ずるよう勧告した。

記

　当監査法人を検査した結果，以下のとおり，当監査法人の運営は，著しく不当なものと認められる。

1．当監査法人の理事長，品質管理本部長及び事業部長など経営に関与する社員は，過去の審査会検査，日本公認会計士協会の品質管理レビュー等で，リスク・アプローチに基づく監査計画の立案や分析的実証手続等の監査手続の不備を繰り返し指摘されてきたことを踏まえ，社員の品質管理に対する意識改革や期中レビューの強化，定期的な検証の実施担当者の選任方法の変更等，改善に向けた取組を強化してきたとしている。

　　しかしながら，下記2.にみられるように品質管理本部及び各事業部等においては，原因分析を踏まえた改善策の周知徹底を図っていないことに加え，改善状況の適切性や実効性を検証する態勢を構築していない。そのため，社員及び監査補助者のうちには，監査で果たすべき責任や役割を十分に自覚せず，審査会検査等で指摘された事項を改善できていない者がいる。また，下記4.にみられるように審査態勢も十分に機能していない。

　　経営に関与する社員はこうした状況を十分に認識しておらず，審査会検査等の指摘事項に対する改善策を組織全体に徹底できていない。

　　こうしたことから，下記3.に記載のとおり，これまでの審査会検査等で繰り返し指摘されたリスク・アプローチに基づく監査計画の立案，会計上の見積りの監査，分析的実証手続等について，今回の審査会検査でも同一又は同様の不備が認められており，当監査法人の改善に向けた取組は有効に機能していないなど，地区事務所も含めた組織全体としての十分な改善ができていない。

2．当監査法人では，品質管理本部及び各事業部等において，検査結果等に対する原因分析を踏まえた改善策の周知徹底及び浸透を十分に図っていない。

　　品質管理本部は，定期的な検証及び期中レビューにより，全ての監査の品質を一定水準以上に向上できているかを検証することとしている。しかしながら，これらの手段を組み合わせて用いても，早急に改善を要する監

査業務や監査手続への適時な対応となっていないなど，実効性のあるモニタリングを実施する態勢を構築していない。また，定期的な検証において，監査手続の不備として指摘すべき事項を監査調書上の形式的な不備として指摘している。そのため，監査チームは指摘の趣旨を理解しておらず，審査会検査等で繰り返し指摘されている分析的実証手続等の不備について，改善対応ができていない。

さらに，品質管理本部は，問題のみられる一部の地区事務所への改善指導を実施しているものの，前回の審査会検査で検証した地区事務所が担当する監査業務において，今回の検査においても重要な監査手続の不備が認められている。

監査での品質改善業務を担っている各事業部等は，品質管理本部の方針を踏まえて監査チームに監査の品質を改善させるための取組を徹底させていない。また，一部の業務執行社員は，深度ある査閲を実施しておらず，監査調書の査閲を通じた監査補助者に対する監督及び指導を十分に行っていない。

このように，当監査法人においては，実効性ある改善を確保するための態勢を構築できていないことから，監査手続の不備の改善が図られない状況が継続しており，当監査法人の品質管理態勢は著しく不十分である。

3．個別監査業務においては，業務執行社員がリスクの識別，リスク対応手続の策定等にあたり，職業的懐疑心を十分に保持・発揮しておらず，また，実施した監査手続から得られた監査証拠の十分性及び適切性について検討する姿勢が不足している。

このため，識別されたリスクに対応した監査手続が策定されていないなどリスク・アプローチに基づく監査計画の立案が不十分であり，重要な会計上の見積りの監査における被監査会社が用いた仮定及び判断について遡及的に検討をしていないほか，被監査会社の行った見積り方法の変更や事業計画の合理性について批判的に検討しておらず，分析的実証手続の不備が改善されていないなど，これまでの審査会検査等で繰り返し指摘されてきた監査手続の重要な不備が依然として認められる。加えて，重要な勘定において多額の異常値を把握しているにもかかわらず，監査の基準で求められている実証手続が未実施であり，また，経営者による内部統制の無効化に関係したリスク対応手続として実施した仕訳テストにおいて抽出した

仕訳の妥当性が未検討であるなど，リスクの高い項目に係る監査手続に重要な不備が認められる。

4．監査業務に係る審査においては，審査担当社員が，監査チームから提出された審査資料に基づき審査を実施するのみで，監査チームが行った重要な判断を客観的に評価していない。また，監査チームが不正リスクを識別している工事進行基準に係る収益認識について，監査調書を確認せず，監査チームが経営者の偏向が存在する可能性を検討していないことを見落としているなど，今回の審査会検査で認められた監査実施上の問題点を発見・抑制できていない。

　このように，当監査法人の審査態勢は，監査チームが行った監査上の重要な判断を客観的に評価できておらず十分に機能していない。

3．第3章のまとめ

　監査法人は「市場の番人」であるべきである。公認会計士法第1条は会計士の使命を「財務情報の信頼性を確保し，投資家や債権者を保護する」と定めている。それが「業務執行社員がリスクの識別，リスク対応手続の策定等にあたり，職業的懐疑心を十分に保持・発揮しておらず，また，実施した監査手続から得られた監査証拠の十分性及び適切性について検討する姿勢が不足している。」また「経営者による内部統制の無効化に関係したリスク対応手続として実施した仕訳テストにおいて抽出した仕訳の妥当性が未検討であるなど，リスクの高い項目に係る監査手続に重要な不備が認められる。」と公認会計士・監査審査会が指摘している。監査基準における不正リスク対応において，財務諸表監査における「職業的専門家としての懐疑心」については以下のように述べられている。

　「誤謬又は不正による虚偽表示の可能性を示す状態に常に注意し，監査証拠を鵜呑みにせず，批判的に評価する姿勢をいう。」即ち，不正を見抜くのは会計士の役割である。「だまされた」では済まされないのである。ところが，「審査会幹部は"多数の異常値を把握していても，実証手続を

していなかった"と指摘。水増しした利益などの虚偽記載を検証しなかった上，会社側の財務担当者の説明をうのみにするケースが見られたという。新日本の審査体制は"重要な判断を客観的にに評価できず十分に機能してない"。と断じている。「人間とは生まれながらにして性善なれども弱し」は企業人の側であって，公認会計士の側ではない。公認会計士は職業的専門家としての懐疑心をもって，経営者の性弱を見極めなくてはならない。「鵜呑み」，「監査手続に重要な不備」とは任務懈怠ではないのか。任務懈怠への処分が，3カ月の新規営業など業務停止命令，課徴金21億円，及び，業務改善命令等といった行政処分で幕引きをしてよいのであろうか。株主をはじめとするステークホルダーは収まらないであろう。

　日本公認監査役協会は新日本に対して専門の委員で構成する規律調査会で調査を始めると発表した。また，東芝は2016年3月期で契約を打ち切る新日本に代わり，来期からPwCあらた監査法人を起用すると発表した。約5年ごとに監査法人を見直すことも検討する

　アベノミクスによる「攻めのガバナンス」が強く標榜されているが，コーポレートガバナンスにおいて「守りのガバナンス」（必要条件）と「攻めのガバナンス」（十分条件）は車の両輪であることを忘れてはならない。監督と執行の分離が声高に叫ばれているが，そうであればなおさら，三様監査（監査役会／監査委員会監査，内部統制監査，外部監査）は鉄壁でなくてはならない。経営者資質が問われると同時に公認会計士の資質がいま問われている。監査役／監査委員は「知らなかった」では済まされないのである。公認会計士は「だまされた」では済まされないのである。

【注】

15　Wikipedia 参照。金融庁に属する審議会等の一つ。証券取引や金融先物取引等の公正を確保する目的で，1992年に当時の大蔵省に設置された。現在の委員長は検察官出身の佐渡賢一。

16　2015年12月5日及び12月8日「日経」新聞「東芝に課徴金73億円」参照。

17　2015年12月9日「日経」新聞「東芝巡り刑事告発協議へ」参照。

18　Wikipedia 参照。金融庁に属する審議会等の一つ。① 日本公認会計士協会による品質管理レビューのモニタリング，② 公認会計士等の処分の調査審議及び監督官庁への勧告，③ 公認会計士試験の実施に関する事務，④ 公認会計士等に対する立入検査等を行うことを目的とする（公認会計士法35条，49条の3）。

第4章
監査委員会機能と内部統制
（含むリスクマネジメント）

1．監査委員会機能と責任

(1)　はじめに

　『「知らなかった」では済まされない監査役の仕事』なる著書を書かれた
のは島村昌孝日本経営倫理学会監事（当時）である。企業不祥事が起こる
たびに強く責任を問われ，もはや"閑散役"では済まされない役職にある
監査役／監査委員であるはずである。しかるに東芝役員責任調査委員会報
告書（www.toshiba.co.jp/about/ir/jp/news/20151109）は不適切会計問題
に関し，次のように述べている。

---

① 2008年度以降の歴代取締役・執行役（約98名）について，その職務執
　行に関し任務懈怠の有無について，及び責任追及すべきか否かについて，
　3人の外部法律家による委員会が調査開始。
② 2015年11月7日，東芝は調査委員会などの報告に基づき，関与者14
　人の内，旧経営陣5人（西田厚聡，佐々木則夫，田中久雄の3元社長と元
　CFOの村岡富美雄，久保誠2人）を相手取り，不適切会計を認識しなが
　ら是正を指示しなかつたため，善管注意義務違反として計3億円（金融庁
　の課徴金等が加わったので更に増える）の損害賠償を求める提訴を東京地
　裁に起こした。
③ 関与者の内，訴追を免れた9人について，「（不適切会計）を主導したと
　みとめる証拠がない」「注意義務を果たしていなかったとは言いがたい」

第4章　監査委員会機能と内部統制（含むリスクマネジメント）　*55*

などを理由に賠償責任がないとした。

「市場の番人」であるべき監査法人や監査委員会がなぜ見抜けなかったのかの疑問がのこる。

(2)　監査委員会の内2名の監査委員長のみが任務懈怠である理由

□内は，「2015年11月9日㈱東芝役員責任調査委員会報告書（www.toshiba.co.jp/about/ir/jp/news/20151109）」より引用取り上げる。

重要でない項目は（省略）と表示してある。

下線部は筆者による。

1）東芝の取締役会規程
　ア　決定事項
　　(ア)　当社グループに係る経営理念，経営ビジョン，行動基準，コーポレート・ガバナンス，戦略・制度（事業ドメイン，リスク・コンプライアンス等に係る内部統制システム等），中期経営計画，年間予算大綱等，経営に基本方針の決定
　　(イ)　監査委員会の職務の遂行のために必要なものとして法務省令で定める次の事項の決定
　　　i　監査委員会の職務を補助すべき取締役及び使用人に関する事項
　　　ii　前号の取締役及び使用人の執行役からの独立性確保に関する事項
　　　iii　執行役及び使用人が監査委員会に報告するための体制その他の監査委員会への報告に関する体制
　　　iv　その他監査委員会の監査が実効的に行われることを確保するための体制
　イ　報告事項
　　(ア)～(カ)　省略
　　(キ)　取締役会で決定した事項のうち，ビジネスリスク等の観点から取締役会が継続して報告が必要と認めた事項
　以下省略
　（以上19頁）

リスク・コンプライアンス等に係る内部統制システムの決定と執行役及び使用人が監査委員会に報告するための体制その他の監査委員会への報告に関する体制の決定及び取締役会で決定した事項のうち，ビジネスリスク等の観点から取締役会が継続して報告が必要と認めた事項の報告がうたわれている。監査委員は何かビジネスリスクに係る兆候を感知・検出（ディテクション）できたならば，必ずや調査を指示しなくてはならない。

経営監査部及び監査委員会（下線部は筆者による。）

（前略）経営監査部は，監査委員会と緊密に連携し，指示があればこれを遂行するとされており，年度監査計画の立案に際しては監査委員会と調整，協議するものとされていた。監査結果については，経営監査部長は，監査終了後遅滞なく，監査委員会にたいして報告をすることとされていた。なお，東芝の内部規定では，内部統制システムの整備及び運用状況（財務報告に関する内部統制関係事項を含む。）は監査委員会に対して報告すべき事項とされていた。（以上㈱東芝役員責任調査委員会報告書22頁）

経営監査部は業務分掌規程に書いてある内部統制（会計監査）を行わず，専らコンサルタント業務（業務監査）を行っていたと第三者委員会報告は述べている。であれば，経営監査部長から監査委員会への報告がコンサルタント業務ばかり書かれていたならば，監査委員は「何か変だと」と思わなければおかしい。これは監査委員が鈍感であったのか，知っていての不作為なのか不明である。監査委員会は能動的に内部統制システムの整備及び運用状況の報告を求める責務を負っている。「知らなかった」では済まされないはずである。第三者委員会や役員責任調査委員会は監査委員会の議事録をしっかりチェックしたのであろうか。

善管注意義務違反

東芝が会社法上の機関設計として採用する指名委員会等設置会社においては，執行役も取締役も，会社との委任関係に基づき，会社に対して善管注意義務を負う（会社法330条，355条，402条の2項，419条2項，民法644条）。執行役も取締役がその善管注意義務に違反した場合は，任務懈怠となり，これにより会社に生じた損害を賠償する責任を負う（会社法423条1項）。（中

略）執行役又は取締役の任務には，法令を遵守して職務を行うことが当然に
含まれる（会社法 355 条, 419 条 2 項）。（中略）法令とは「公正なる会計慣行」
の遵守を定める会社法 431 条である。（以上㈱東芝役員責任調査委員会報告
書 23 頁）

　東芝 Group 行動基準「13. 適正な会計」における基本方針として「会計
に関する法令・基準を遵守し，一般に公正妥当と認められた会計原則に
従って適正に会計処理と会計報告を行います。」と定めている。これを受
けた「役員・従業員の行動基準」として，
　①　会計情報を，一般に公正妥当と認められた会計原則に従って正確か
　　　つ適時に会計処理を行います。
　②　会計情報を，法令に則り正確にかつ迅速に開示します。
　③　経理システムの維持・改善をし，財務報告に係わる内部統制の整備・
　　　運用に努めます。
と定めてある。監査委員は東芝 G の行動基準を読まないのであろうか。
また，監査法人と定例ミーティングを持たなかったのであろうか。もし，
そうであるならば，それは任務懈怠に当たるのではないか。監査委員会の
不作為ではないのか。監査法人は監査報告書で「無限定適正意見」とする
だけで，何も言わなかったのであろうか。（以下㈱東芝役員責任調査委員
会報告書 27 頁及び 29 ～ 46 頁）

内部統制システム構築義務違反（下線は筆者による）
　会社法上，指名委員会等設置会社の取締役会には，内部統制システムを構
築する義務がある。（会社法 416 条 1 項 1 号ロ，ホ，同条 2 項同法施行規則
112 条）そして，指名委員会等設置会社の権限分配に照らせば，
　①　取締役会には，内部統制システムの大綱について決議する義務があり，
　②　大綱が定められた後，執行役が善管注意義務の内容として具体的な内
　　　部統制システムを構築する義務を負い，
　③　取締役会及びこれを構成する取締役がその構築義務の履行につき監
　　　視・監督義務を負うものと解される[19]。

この点に関し，内部統制システム構築義務が争点となった最高裁判例によれば，通常想定される不正行為を防止し得る程度の管理体制を整えていた場合，通常容易に想定し難い方法による不正行為については，その発生を予見すべきであったという特別な事情がない限り，内部統制システム構築義務違反とはならないとされる[20]。

内部統制システムの運用に関する義務違反
(1) 内部統制の限界
　(前略)「経営者」すなわち東芝における執行役及び取締役は，一般的に，適切に構築された内部統制システムがその限界を超えて無効化されることのないようにこれを運用する善管注意義務，より具体的には，自ら「不当な目的の為に内部統制を無視ないし無効ならしめる」行為をしない善管注意義務はもちろん，他の執行役及び取締役がそのような行為をしないよう監視・監督する善管注意義務を負うものと考えられる。(後略)

(2) 執行役の義務（省略）
(3) 取締役の義務
　他方，東芝の取締役は，執行役による当該義務の遂行を監視する義務を負うにとどまる（会社法415条，416条1項2号）。すなわち，取締役は，執行役による内部統制システムの機能不全への関与又は機能不全状態の放置を認識し，または認識し得る特段の事情があったにもかかわらず，監視・監督を怠った場合は，取締役としての監視・監督義務（前記6.2.3.1）に違反する。
　もっとも，取締役であっても，上記の監視・監督義務の範囲を超え，自らの職務分掌として積極的に内部統制システムを適切に運用すべき義務を負う場合が考えられる。東芝のような指名委員会等設置会社では，監査委員会は，執行役等の職務執行に関する違法性監査の権限を有することに加え，内部統制システムが適切に構築・運営されるかを監視し，必要に応じて内部統制部門に対し具体的指示をすることが任務とされる[21]。したがって，監査委員である取締役は監査委員会の構成員として，上記の権限及び義務を積極的に遂行する会社法上の義務を負うとともに，各監査委員が会社法上有する是正権限（会社法406条，407条等）を行使することによって，自らが内部統制システムの運用の担い手として執行役又は他の取締役の違法・不正行為を阻止すべき義務を負うと考えられる。

7 インフラ関連案件に関する役員の責任

7.2.1.3 関与者以外の責任

(2) 内部統制システム運用義務違反

前記の通り，G案件にかんして，電力社において不適切な会計処理が行われていたものと認められるが，同社経理部，コーポレート経営監査部，監査委員会，会計監査人等の機関の整備によって構築された東芝における内部統制システムは，当該不適切な会計処理を予防又は解消するに至らず，したがってその予防又は解消のために相応するものとしては機能不全お起こしていたと認められる。そして取締役が，執行役による内部統制システムの機能不全への関与又は機能不全の放置を認識し得る特段の事情があったにもかかわらず，その監視・監督を怠った場合は，取締役としての監視・監督義務に違反するが，本案件において，関与者と認定された取締役を除く取締役については，上記の特段の事情があるとは認められない。

よって，関与者以外の本件調査対象者につて本案件に関する内部統制システム運用義務違反は認められない。

かくして，村岡富美雄と久保誠は取締役兼代表執行役（財務グループ担当）及び取締役監査委員長在任中，不正会計が行われていた事実を知っていたにもかかわらず，取締役会や監査委員会にその旨を報告する等，適切な監査権限を行使すべきであったのに，これを怠ったとして，善管注意義務違反にとわれた。それでは2人の監査委員長を除く歴代監査委員（2008年度以降の調査期間）は「知らなかった」で，無罪放免でよいのであろうか。

2．歴代監査委員が内部統制システム運用義務違反にならない理由

2人の監査委員長を除く歴代監査委員（2008年度以降の調査期間）は内部統制システムの機能不全への関与又は機能不全の放置を認識し得る特段の事情がなかったのであろうか。

1）本当に知らなかったのであろうか

① 島岡聖也監査委員は，2015年1月26日，久保誠監査委員会委員長に対し，2014年9月に開催された取締役会において決議されたPC

事業再編の件の会計処理（この中に密かに ODM 部品の押し込みの減少に伴う損失計上が織り込まれていた）について不適切なものが含まれていないかどうか精査し，法律及び会計の専門家の意見を徴した上で，第3四半期の会計処理として問題ないことを確認いただきたい旨を申し出，その後も再三にわたり，久保誠監査委員会委員長にも，田中久雄P等の執行側にもそれを求めたものの，監査委員会において取り上げられることはなかった。（東芝第三者委員会調査報告書要約版 54 頁）

② 2009 年 10 月，PC 事業部のトップの深串方彦は不適切会計を正常化しようとして2度，当時の2人の社長に進言している。及び PC 事業部の経理部長も改善を進言している旨，2015 年 11 月 10 日「日経」新聞が伝える。残念ながら押しが弱く，諫言は通らなかった。

　特に，島岡聖也監査委員の場合は監査委員会に報告すべきであった。

　監査法人は，これらの情報に接していなかったのか，監査委員会は監査法人との定例ミーティングを持たなかったのか。持ったが何も言わなかったのか。なぞは多く不思議な集団である。前述のように，監査法人が行政処分を受ければ済む問題ではない。

2）不正を感知・検知（ディテクション）する能力がなかったのか

内部統制システムの構築・運用において，構築はされていたが，職務分掌規程を全く無視していたという運用面において機能不全をきたしていたことにたいして，2人の監査委員長を除く歴代監査委員（2008 年度以降の調査期間）は，経営監査部門，リスクマネジメント部門からの月報を見て，不思議に思わなったのであろうか。あるいは月報さえ見てなかったのであろうか，もっとも，最後の3人の社外監査委員は経歴から推定すると統制環境の構築義務の1つである「内部統制システムの構築・運用義務とは何か」を真に理解していたのであろうか。監査役／監査委員は「知らなかった」では済まされないと言われるが，現実は異なる。

CG コードの原則 4-4 を参考とされたい。

【原則 4-4. 監査役及び監査役会の役割・責務】

　監査役及び監査役会は，取締役の職務の執行の監査，外部会計監査人の選解任や監査報酬に係る権限の行使などの役割・責務を果たすに当たって，株主に対する受託者責任を踏まえ，独立した客観的な立場において適切な判断を行うべきである。

　また，監査役及び監査役会に期待される重要な役割・責務には，業務監査・会計監査をはじめとするいわば「守りの機能」があるが，こうした機能を含め，その役割・責務を十分に果たすためには，自らの守備範囲を過度に狭く捉えることは適切でなく，能動的・積極的に権限を行使し，取締役会においてあるいは経営陣に対して適切に意見を述べるべきである。

　まさしく，「守りのガバナンス（必要条件）」と「攻めのガバナンス（十分条件）は車の両輪でなくてはならない。

3．日本システム技術事件における「不正行為の発生を予見すべき特別な事情」とは何か

　今回の役員責任調査報告書において，2人の監査委員長を除く歴代監査委員（2008年度以降の調査期間）を不問に付した根拠は，日本システム技術事件（高裁まで責任肯定したが，最高裁で責任否定）に依拠している（役員責任調査報告書27頁参照）。日本システム技術事件は従業員らによる架空売上げの計上を防止するためのリスク管理体制構築・運用義務違反の過失がないことがその理由である（最高裁判決平成21年7月9日，判例タイムズ1307号117頁）[22]。

　本件は，事業部長兼営業部長が部下数人と共謀し，注文書，検収書を偽造し，チェック部門に送付し架空の売上げを計上させた事案である。売上げは架空であったため，売掛金は長期にわたって未収となっていた。事業部長は社内で合理的な説明をしてごまかしていた（ここまでは東芝のPC部品取引に似ている）。監査法人は取引先に対し，毎年売掛金残高確認書を送付して回答を求めていたが，事業部長は，取引先に送付ミスであるな

62 第1部 不適切会計処理事件の原因・再発防止策・会社の措置

どと告げ確認書を回収し，つじつまが合うよう虚偽の残高を記入し，取引先の偽造印を押して，監査法人等に返送していた。

最高裁は，

(1) 事業部門と財務部門の分離，

(2) 別部署による注文書，検収書のチェック，検収確認，

(3) 監査法人が売掛金残高確認書を取引先に直接郵送し確認する

という体制をとっていたことから，「通常想定される架空売上の計上等不正行為を防止しうる程度の管理体制は整えていた」とし，さらに，過去に同様の不正行為が存在したなど「本件不正行為の発生を予見すべきであったという特別の事情も見当たらない」とした。

また，内部統制を機能（運用）させていたかという点については，

(4) 売掛金回収遅延の説明が合理的であった，

(5) 販売会社との間で過去に紛争が生じたこともなかった，

(6) 監査法人も適正意見表明をしていた

ことから「財務部におけるリスク管理体制が機能してなかったということはできない」とした。

今後，内部統制システム構築義務違反が争われるケースでは，次が問題になると思われる。

まず，どのような内部統制を構築する義務があったかという点に関しては，不正行為当時において，

(1) 当該不正行為は通常想定されるものかどうか

(2) 通常想定される場合，そのような不正行為を防止しうる程度の体制をとっていたか

(3) 通常想定することが困難な不正行為の場合でも，当該不正行為を予見すべき特別な事情があったかどうか

(4) 特別な事情があった場合，当該不正行為を防止し得る体制をとっていたかどうかが問われる。

また，現にあった内部統制を機能（運用）させていたかどうかという点に関しては，

第4章 監査委員会機能と内部統制（含むリスクマネジメント） 63

(5) 不審な兆候があったか

(6) 不審な兆候に対する調査，評価は適切であったかが問題になると思われる[23]。

　一方，日本監査役協会は平成27年9月29日「監査委員会監査基準」等の改定を行った。その中に「内部統制システムに係る監査委員会監査の実施基準」があり，この第2章に「内部統制システム監査の基本方針及び方法等」がある。そのうち重要な，第4条（内部統制システム監査の基本方針）及び第6条（内部統制システムの構築・運用の状況に関する監査）がある。また，第4章「法令等遵守体制・損失危機管理体制等の監査」に第13条（法令順守体制に関する監査）がある。（下線部は改定箇所：筆者挿入）

第4条

1．監査委員会は，内部統制システムが適正に構築・運用されていることが良質な企業統治体制の確立のために必要不可欠であることを認識し，自らの責務として内部統制決議の内容及び内部統制システムの構築・運用の状況を監視し検証する。

2．監査委員会は，内部統制システムの重要性に対する代表執行役そのたの執行役（本実施基準において「代表執行役等」という）の認識及び構築・運用に向けた取組みの状況並びに取締役会の監督の状況（必要な事項の取締役会への報告状況を含む）など，会社の統制環境を監査上の重要な着眼点として内部統制システム監査を行う。

3．監査委員会は，内部統制システムが，会社及びその属する企業集団に想定されるリスクの内，会社に著しい損害を及ぼすおそれのあるリスクに対応しているか否かに重点を置いて，内部統制システム監査を行う。内部統制システムがかかるリスクに対応してないと認めた場合いには，監査委員会は，内部統制システムの不備として，代表執行役等に対する助言若しくは勧告又は取締役会に対する報告，提案若しくは意見の表明など適切な措置を講じる。

4．監査委員会は，内部統制の実践に向けた規程類及び組織体制，情報の把握及び伝達の体制，モニタリング体制など内部統制システムの構成要素が，前項のリスクに対応するプロセスとして有効に機能しているか否かに

64　第1部　不適切会計処理事件の原因・再発防止策・会社の措置

ついて，監視し検証する。
5．監査委員会は，取締役会及び代表執行役等が適正な意思決定過程その他
　の適切な手続きを経て内部統制システムの構築・運用を行っているか否か
　について，監視し検証する。

（内部統制システムの構築・運用の状況に関する監査）
第6条
1．（省略）
2．監査委員会は，各事業年度の内部統制システムの監査の開始に当たり，
　当該時点における内部統制決議の決議及び内部統制システムの構築・運用
　の状況を把握し，内部統制システム監査の計画を策定する。事業年度中に
　内部統制決議の決議の内容に修正があった場合には，それに応じて監査計
　画等の必要な見直しを行う。
3．監査委員会は，取締役会，コンプライアンス委員会，リスク管理委員会
　その他関連する会議又は委員会等（本実施基準において「会議等」とい
　う。）への出席並びに執行役および取締役との情報及び意見の交換等を通
　じて，各体制の構築・運用の状況等について代表執行役等に対して報告を
　求める。
4．監査委員会は，内部統制部門等から，内部監査計画その他モニタリング
　の実践計画，その実践状況，その他実施状況及び監査結果について適時か
　つ適切な報告を受ける。監査委員会は，内部統制部門等から，各体制にお
　ける重大なリスクへの対応状況その他各体制の構築・運用の状況に関する
　事項について定期的に報告を受け，必要に応じ内部統制部門等が行う調査
　等への選定監査委員若しくは補助使用人等の立合い・同席，または内部統
　制部門等に対して追加調査等とその結果の監査委員会への報告を求める。
5．（省略）
6．（省略）
7．監査委員会は，会計監査人との定期的会合等を通じて，内部統制システ
　ムの構築・運用の状況に関する会計監査人の意見等について把握し，必要
　に応じ報告を求める。

（法令等遵守体制に関する監査）
第13条

第4章 監査委員会機能と内部統制（含むリスクマネジメント） 65

> 1．監査委員会は，法令等遵守体制について，いかに列挙する重大リスクに
> 対応しているか否かを監査上の重要な着眼点として監視し，検証する。
> 一 代表執行役等が主導又は関与して法令等違反行為が行われるリスク
> 二 法令等遵守の状況が代表執行役等において適時かつ適切に把握されて
> いない結果，法令等違反行為が組織的に又は反復継続して行われるリ
> スク
> 三 代表執行役等において把握された会社に著しい損害を及ぼすおそれのあ
> る法令等違反行為が，対外的に報告又は公表すべきにもかかわらず隠
> ぺいされるリスク

　これらは，実によくできている。約6,000社の上場会社・非上場会社が
参加する社団法人日本監査役協会がベスト・プラクティスの中から英知を
結集して集大成したものである。今回の改定は上記のように句読点の変更
とひらがなを漢字にしたぐらいの修正だけである。改定前のものと殆ど同
一である。
　東京地裁判決平成25年10月15日「ニイウスコー監査役に対する金商
法の虚偽記載責任訴訟」（月刊監査役627号44頁など参照）で「監査役に
よる監査の指針としては，社団法人日本監査役協会は監査役監査基準を作
成し，公表しており同監査役監査基準は，法令そのものではないが，本件
における被告らの監査役としての注意義務の内容を検討するに当たって考
慮すべきものと考える」[24]と述べている。監査役監査基準によれば，監査
役／監査委員は内部統制システムが適切に構築・運営されるかを監視し，
必要に応じて内部統制部門に対し具体的指示をすることが任務とされる。
したがって，「知らなかった」では済まされないはずである。不正の予兆
を知る特段の事情がない限り，無罪放免で済むならば，監査役／監査委員
は今後，能動的には何もしないのではなかろうか。大阪地裁判決平成12
年9月20日，判例時報1721号3頁（大和銀行ニューヨーク支店損失事件
株主代表訴訟第一審判決）「"監査役は，業務監査の職責を担っているから，
取締役がリスク管理体制の整備を行っているか否かを監査すべき職務を負
うものであり，これも監査役としての善管注意義務の内容である。"当時

66　第1部　不適切会計処理事件の原因・再発防止策・会社の措置

の会計監査人の財務省証券の保管残高確認法が不適切であったことは，ニューヨーク支店に往査に出かけた監査役は当然に知りえたものであって，その検査方法の不備を看過した点では当該監査役が任務懈怠の責を負うと判示したが，任務懈怠による損害の範囲が証拠上確定できないとして請求が棄却された。」[25]とある。この事件を起点にして，監査役が海外に往査に行きたがらなくなったといわれる。たまたま往査に行ったばかりに任務懈怠の責を負うと判示されたのでは叶わない。「知らなかった」方が良いということになりかねない。これは監査役制度の本質を外れた議論である。

　会社法が定める監査役／監査委員の権限は強大なものになっている。監査役／監査委員は「知らなかった」では済まされないのである。

4．リスクマネジメント

　東芝のリスクマネジメント部は「職務分掌規程によれば，財務報告に係る内部統制の有効性評価（以下「J-SOX法対応」という）に関する基本方針の策定，J-SOX法対応に関する実施諸施策の企画，立案等及びJ-SOX法対応に関する社内カンパニー等に対する施策展開，支援，推進状況の確認等に関する業務をつかさどるものとされていた。しかし，実際の業務において，カンパニー等における財務報告に係る内部統制が適切に機能しているか否かをチェックすることは行っていなかった。」と第三者委員会は述べている。

　米国SOX法とは，2002年7月成立したSOX法（Sarbanes-Oxley Act of 2002）のことで，わが国の金融商品取引法（通称J-SOX法）にも多大な影響を与えた連邦法（証券法制）として有名である。SOX法が制定された背景には2001年12月のエンロン社や2002年7月のワールドコム社の倒産事件がある。

　金融商品取引法（J-SOX）が要求するリスク管理体制は，有価証券報告書提出会社が作成する財務計算に関する書類・情報の適正性を確保する

ことを目的としている。これは，あくまで，「財務分野に限定」されている。その限定されている「J-SOX 法対応」を東芝は全く行っていなかったとはどいうことか。これに対して，前述の如く，証券取引等監視委員会は行政処分として同社に 73 億 7,300 万円の課徴金を課するよう金融庁に勧告し，金融庁はこれを科した。会計不祥事に関する課徴金としては過去最高額となる。東芝の歴代経営陣は損失の先送りを繰り返し，利益修正額は 7 年で総額 2,248 億円に上った。監視委は有価証券報告書への虚偽記載によって，投資家に与えた悪影響が極めて大きいいと判断。金融商品取引法上の「開示書類の虚偽記載」にあたると認定した。

　一方，会社法が要求する危機管理体制（リスクマネジメント体制）は，取締役・取締役会が行う会社の経営判断・業務執行全般の適正性を確保することを目的としている。即ち，会社の「業務執行全般」を対象としており，会社法が要求する危機管理体制（リスクマネジメント体制）の方が，金融商品取引法（J-SOX）が要求するリスク管理体制よりも幅広い範囲を対象としている。

　会社法が要求する危機管理体制（リスクマネジメント体制）とは，会社法 362 条④六号及び会社法施行規則 100 で定めめられた「取締役の職務の執行が法令及び定款に適合することを確保するための体制およびその他株式会社の業務の適正を確保するために必要なものとして法務省令で定める体制の整備」のことをいうが，会社法には所謂「内部統制」なる言葉は出てこない。また，「損失の危機の管理」とは，いわゆる「リスクマネジメント」のことである。危機管理とは，企業不祥事があった場合に企業が受ける損失を最小化し，早期に企業活動を再び正常化させることを目的としている。

　自社で発生する可能性がある多様な「損失の危機」リスクについて，取締役会で決議した事項の概要を公表することが求められている。

(1)　その発生を未然に防止するための手続き，体制

(2)　発生した場合の対処方法等を定めた社内規程の整備など

68　第1部　不適切会計処理事件の原因・再発防止策・会社の措置

(3)　「損失の危機」とは，防災などの危機管理だけではなく，全体的リスク・マネジメント（ERM）として，自社なりに定義することが望まれる。

　自社なりにリスクを定義し，事業継続計画（BCP：Business Continuity Plan）を策定し，事業継続管理（BCM：Business Continuity Management）によりBCPを運用，訓練，継続的改善に取り組むことになる。特に，東日本大震災から5年になるのにあたり，BCPの精度を高めて災害に強くなるため，イオンが食品，日用品メーカーなど50社と連携して新システム「BCPポータルサイト」を2016年3月にも稼働する等，自然災害への対応は各企業で確実に進みつつある。

　一方，上場企業の決算短信や有価証券報告書には，企業が直面しているリスクを示すページがある。東芝の第176期（2015年3月期）有価証券報告書（以下「有報」(2014年4月1日〜2015年3月31日)）によると，「事業等のリスク」として以下があると述べている。厳しい経営状況に置かれている企業は，事業を続ける上で重要なリスクの詳細を示さなければならない。（下線部は筆者による）

---

(1)　経営方針に係るもの
　1）戦略的集中投資
　2）戦略的提携・買収の成否
　3）事業構造改革
(2)　財政状態，経営成績及びキャッシュフローの状況に係るもの
　1）電力・社会インフラ部門の事業環境
　2）コミュニティ・ソリューション部門の事業環境
　3）ヘルスケア部門の事業環境
　4）電子デバイス部門の事業環境
　5）ライフスタイル部門の事業環境
　6）財務リスク
　　①　繰延税金資産について
　　②　為替変動の影響について
　　③　未払退職及び年金費用

④　長期性資産及びのれんの減損等
7）資金調達環境の変化等
(3)　取引先等に係るもの
1）資材等調達
2）人的資源の調達
(4)　製品・技術等に係るもの
1）新規事業
(5)　取引慣行に係るもの
1）履行保証等
(6)　新製品及び新技術に係るもの
1）新商品開発力
(7)　法的規制に係るもの
1）情報セキュリティー
2）コンプライアンス，内部統制

　当社グループは，世界地域において様々な事業分野を展開しており，各地域の法令，規則の適用を受けます。当社グループは，コンプライアンス（法令遵守），財務報告の適正性確保をはじめとする目的達成のために内部統制システムを構築し，運用していますが，常に有効な内部統制システムを構築及び運用できる保証はなく，当社において過去数年間にわたって利益の先どりや費用の先送り等不適切な会計処理が継続されていたことが判明し，財務報告に係る内部統制の重要性を認識しており，不備を是正するために，2015年5月15日に設置した第三者委員会からの提言を踏まえて，今後の経営体制，ガバナンス体制，再発防止策等着実に実施していくために経営刷新委員会を設置しました。この委員会を中心に上記不備を是正し新体制のもとで再発防止策を講じ，適切な内部統制を整備，運用します。また，内部統制システムは本質的に内在する固有の限界があるため，その目的が完全に達成されることを保証するものではありません。（後略）

　これを受けて，会社の措置としては以下をきめた。
①　監査委員会室の機能強化，スタッフ3人から6〜7人へ
②　委員会直轄の内部監査部新設と増員（会計監査，違法性及び妥当性監査，内部統制監査）

70　第 1 部　不適切会計処理事件の原因・再発防止策・会社の措置

③　経営刷新推進部（企業風土改革）
④　内部管理体制強化 PJ チームの新設（J-SOX）
⑤　プロジェクト審査部（工事進行基準案件の受注前審査等）
⑥　各カンパニーの財務統括担当を CFO 直属とし，独立性を担保
⑦　工事進行基準，在庫評価，経費計上などについて経理規程を制定
なお，①②の人事承認権と解任権・解任拒否権は監査委員会が持つ。

　従来からある東芝のリスクマネジメント部が，今後何をやるのかわからないが，自社なりにリスクを前述の「有報」の「事業等のリスク」にある如く定義し，事業継続計画（BCP）を策定し，事業継続管理（BCM）により BCP を運用，訓練，継続的改善に取り組み，いかなる企業不祥事や災害があった場合でも，企業が受ける損失を最小化し，早期に企業活動を再び正常化させることを念じてやまない。

5．第三者委員会とは

　日本弁護士連合会は「企業不祥事における第三者委員会ガイドライン」策定にあたって（改訂 2010 年 12 月 17 日）を出している。曰く，
　「企業等の活動適正化に対する社会的要請が高まるにつれて，この種の調査では，株主，投資家，消費者，取引先，従業員，債権者，地域住民などといったステーク・ホルダーや，これらを代弁するメディア等に対する説明責任を果たすことは困難となりつつある。また，そうしたステーク・ホルダーに代わって企業等を監督・監視する立場にある行政官庁や自主規制機関もまた，独立性の高い説得力のある調査を求め始めている。そこで，注目されるようになったのが，企業等から独立した委員のみをもって構成され，徹底した調査を実施した上で，専門家としての知見と経験に基づいて原因を分析し，必要に応じて具体的な再発防止策等を提言するタイプの委員会（以下「第三者委員会」という）である。すなわち，経営者等自身のためではなく，すべてのステーク・ホルダーのために調査を実施し，

第4章　監査委員会機能と内部統制（含むリスクマネジメント）　71

それを対外公表することで，最終的に企業等の信頼と持続可能性を回復することを目的とするのが，この第三者委員会の使命である。」

　しかしながら，問題点は以下のごとし。

1）第三者委員会の独立性，中立性

　本件に関しては，上場規則に，社外取締役の独立性と同じように，例えば，適用除外要件として，「過去5年以内に当該企業の顧問弁護士として担当していた弁護士事務所の所属弁護士，ないし，同期限内に一定金額以上の単発のコンサルティングを受けていた場合，また，それら弁護士の二親等以内の親族が当該企業に雇用されているケース等」を設ける必要がある。

2）調査スコープについて

　本件に関しては，「第三者委員会は企業等と協議の上，調査対象とする事実の範囲（調査スコープ）を決定する。調査スコープは，第三者委員会設置の目的を達成するために必要十分なものでなければならない。」とガイドラインは述べているが，スポンサーである企業と協議して，例えば，東芝のように，「担当監査法人には触れない」というような調査スコープを限定的に決定することは調査の客観性・完全性において齟齬をきたす。

3）第三者委員会報告書格付け委員会について

　第三者委員会報告書格付け委員会が2015年11月26日会見して，東芝の第三者委員会報告書は「会社からの独立性が乏しく，第三者報告書とはいえない」と厳しく評価した。しかしながら，企業等がスポンサーである限り，この問題の解決にはならないのではないか。別の仕掛けを考えないと「後の祭り」は解決されない。たとえば，いつも最後に出てくる証券取引等監視委員会の活用である。

①　上場会社で，規模，重要性の大きいケースに限定する。

72　第1部　不適切会計処理事件の原因・再発防止策・会社の措置

② 監視委の機能・陣容を拡大し，その指揮・命令の下に独立性のある第三者委員会を立ち上げる。

③ 監視委は調査スコープも調査予算も事前に非調査会社と相談しない。

④ 調査後金融庁に報告し，写しを非調査会社にも送る。

⑤ 金融庁が時間制に基づき実費プラスアルファを課徴金の有無にかかわらず被調査会社に請求する。

⑥ 日本弁護士連合会の協力の下，事件により専門分野別の，かつ独立性のある弁護士・会計士リストを作る。場合によっては，品質管理のプロ（東洋ゴムのケースで技術的知識のない弁護士による監査において，調査不備が指摘されている[26]）も入れる。

　東洋ゴムの第三者委員会調査報告書（2015年6月23日）に対して，やはり国土交通省が行った「免震材料に関する第三者委員会報告書（平成27年7月29日）」には独立性，客観性がある。なお，「第三者委以外の調査機関として，会社法が定める「検査役」の選任に注目する専門家もいる。発行済み株式の3％以上持つ株主が裁判所に選任を申し立てられる。選ばれた弁護士などが会社の業務や財産状況を調査する。東京大学の田中亘教授は"機関投資家が活用すれば，会社側に真剣に調査することを促す効果があるのではないか"とみている。」[27]とマスコミは伝えるが，果たして実効性はあるのであろうか。

6．第4章のまとめ

　『「知らなかった」では済まされない監査役の仕事』なる著書を書かれたのは島村昌孝がスタートである。企業不祥事が起こるたびに強く責任を問われ，もはや"閑散役"では済まされない役職にある監査役／監査委員であるはずである。しかし，知らなかったが故に無罪放免になったのが，東芝の村岡富美雄と久保誠の2名の監査委員長を除く，歴代監査委員（2008

第4章　監査委員会機能と内部統制（含むリスクマネジメント）　*73*

年度以降の調査期間）である。その論拠は日本システム技術事件の最高裁
判決における「不正行為の発生を予見すべき特別な事情」が存在しないた
めである。即ち，予見可能性の問題である。また，常勤の島岡聖也監査委
員は，知っていた時期が調査対象期間内の 2014 年末以前か以降かが問題
ではあるが，少なくとも不正会計の不審な兆候を感知していたことは間違
いない。しかし，彼は不問に付されたのはなぜであろうか。

　「"5 人への損害賠償請求で幕引きするのであるならば，よほどおめでた
い。" 2015 年 11 月 26 日。企業のガバナンスの監視活動を続ける弁護士，
久保利英明（71）は東京霞が関で記者会見を開き，強い口調で東芝の対応
を切り捨てた。損害賠償請求がなぜ 5 人なのか。疑念はくすぶるばかり
だ。責任調査委の内部でも "関与した副社長クラスまで広げて法的責任を
認めなければ報告書の正当性が疑われる" との指摘があった。」旨 2015 年
12 月 16 日「日経」新聞は伝える。しかし，適切な監査権限を行使して，
会計不祥事を防止すべき立場の監査委員はもっと責任があるのではないか。

　非常に重要であるので，再度述べるが，「内部統制構築義務」に関して
は，不正行為当時において，

⑴　当該不正行為は通常想定されるものかどうか

⑵　通常想定される場合，そのような不正行為を防止しうる程度の体制
　　をとっていたか

⑶　通常想定することが困難な不正行為の場合でも，当該不正行為を予
　　見すべき特別な事情があったかどうか

⑷　特別な事情があった場合，当該不正行為を防止し得る体制をとって
　　いたかどうかが問われる。

　また，「内部統制機能（運用）」に関しては，

⑸　不審な兆候があったか

⑹　不審な兆候に対する調査，評価は適切であったかが問題になると思
　　われる。

　村岡富美雄と久保誠は取締役兼代表執行役（財務グループ担当）及び取

74　第1部　不適切会計処理事件の原因・再発防止策・会社の措置

締役監査委員長在任中，不正会計が行われていた事実を知っていたにもかかわらず，取締役会や監査委員会にその旨を報告する等，適切な監査権限を行使すべきであったのに，これを怠ったとして，善管注意義務違反にとわれた。それでは2人の監査委員長を除く歴代監査委員（2008年度以降の調査期間）は「知らなかった」で，無罪放免でよいのかとの疑問がある。少なくとも常勤の島岡聖也監査委員は「不審な兆候」を感知していたことは間違いない。

　既述の如く，2015年1月，島岡聖也監査委員は久保誠監査委員長（元CFO）及び田中久雄社長らに2014年9月開催の取締役会で決議されたPC事業再編の会計処理について精査し，専門家の意見を聞いた上で，問題ないか再三，質したが監査委員長は取り上げなかったという。

　何故，島岡聖也監査委員が直ぐに，取締役会や監査委員会に報告しなかったのか不思議である。彼は2014年9月開催の取締役会で不審に思い自ら調べて確信した時点が2015年1月26日であるならば，今回の調査対象期間を外れることになる。即ち，「後の祭り」である。しかし，常識的には2014年9月〜12月末迄の不正会計実施期間内に知っていたと推論される。したがって，善管注意義務違反にも問われてもおかしくないが，彼は顧問として残っている。何があったのか藪の中であるが，役員責任調査委員会報告は島岡聖也監査委員の善管注意義務違反については具体的に何も触れてない。多分，関与者以外の者の中に入っているのであろう。

　また，2人の監査委員長と島岡聖也監査委員を除く歴代の監査委員（2008年度以降調査期間）については，「知らなかった」だけではなく，新日本監査法人が監査報告書で「無限定適正意見」を述べていたことも日本システム技術事件における「不正行為の発生を予見すべき特別な事情」即ち，予見可能性がなかったことの強力な支援材料となっている。それだけに，新日本監査法人の責任は重いと言わざるを得ない。

　公認会計士・監査審査会幹部は「"多数の異常値を把握していても，実

証手続をしていなかった"と指摘。水増しした利益などの虚偽記載を検証しなかった上，会社側の財務担当者の説明をうのみにするケースが見られたという。新日本の審査体制は"重要な判断を客観的に評価できず十分に機能してない"（同幹部）と認定した。」と述べている。

　このままでは監査役／監査委員は仕事をしない方が良いことにならないであろうか。機能不全や不作為が任務懈怠にならないのはおかしいのではないか。監査委員会は「監査をする」委員会ではなく「監査をやらせる」委員会であると言われている。監査役にある独任制が監査委員にはない。内部統制システムの整備・運用とは体制，即ち，形だけを作っておけば足りるのか。運用即ち機能させるために経営監査部やリスクマネジメント部が業務分掌規則を全く無視していたことぐらいチェックすべきではないのか。両部門の月報を読めばそのようなことに気づくはずである。そのようなことは「想定外」で済ませて良いのであろうか。であれば，監査委員（取締役でもある）はいてもいなくても良いことになりかねない。2015年9月30日の臨時株主総会で，ある株主が「社外取締役各人に一言ずつ事件についての意見表明を求めた」が，議長が引き取って済ませたが，株主は収まらないであろう。

　今回，日本監査役協会は平成27年9月29日「監査委員会監査基準」等の改定をを行った。その中に「内部統制システムに係る監査委員会監査の実施基準」があり，この第2章に第4条（内部統制システム監査の基本方針）及び第6条（内部統制システムの構築・運用の状況に関する監査）がある。また，第4章に第13条（法令順守体制に関する監査）がある。これらを忠実に読めば，監査委員による監査・監視義務は広く又能動的であるべきであると書いてある。改定前のものも大差なくよくできている。
　「ニイウスコー監査役に対する金商法の虚偽記載責任訴訟」（月刊監査役627号44頁など参照）で「監査役による監査の指針としては，社団法人日本監査役協会は監査役監査基準を作成し，公表しており同監査役監査基

準は，法令そのものではないが，本件における被告らの監査役としての注意義務の内容を検討するに当たって考慮すべきものと考える」とある。関係者は大いに参考にしていただきたい。

参考までに，日本システム技術事件の原審は以下の如くである。

(1) 営業部とチェック部門が同一の事業部に属しているなど，事業部長が意図すれば容易に不正を行えるリスクが内在していたのに，組織体制や事務手続きを改変するなどの対策を講じなかった。

(2) 財務部は長期売掛金が未収になっているのに取引先に直接，売掛債権の存在や遅延理由を確認しなかったために，不正の発覚が遅れ，リスク管理体制を機能させなかったとして代表取締役の責任をみとめた[28]。

上記の(2)は，島岡聖也監査委員が久保誠監査委員長（元 CFO）及び田中久雄社長らに 2014 年 9 月開催の取締役会で決議された PC 事業再編の会計処理について精査し，専門家の意見を聞いた上で，問題ないか再三，質したが監査委員長は取り上げなかったという事例と似ている。即ち，PC の部品取引で，一時営業利益が売上高を超えていた。不正リスク対応基準に準じて，取引先での異常な在庫確認，または売上債権残高確認を島岡聖也監査委員ないし新日本監査法人が指示すれば，不正は発覚できたはずである。少なくとも不正を予見すべき特段の事情はあったはずである。これは島岡聖也監査委員と新日本監査法人の任務懈怠ではないのか。監査役／監査委員は「知らなかった」では済まされないし，公認会計士は「だまされた」では済まされないのである。いかに「守りのガバナンス（必要条件）」が重要であるかを物語っている。

また，東芝第三者委員会や役員責任調査委員会の調査書について，おかしいのではないかとの観点から，第三者委員会の独立性基準の問題，調査スコープの限定の問題，第三者委員会の格付け評価委員会の「後の祭り」

第4章　監査委員会機能と内部統制（含むリスクマネジメント）　　*77*

の問題点等について提言してあるので参考にされたい。

【注】

18　2015 年 12 月 16 日，19 日，23 日，及び 2016 年 1 月 23 日付け「日経」新聞「新監査法人に処分」他参照。

19　大和銀行事件大阪地裁判決（大阪地裁平成 12 年 9 月 20 日判例タイムズ 1047 号 86 頁）参照。

20　日本システム技術事件判決（最判平成 21 年 7 月 9 日判例タイムズ 1307 号 117 頁）参照。

21　江頭憲治郎『株式会社法（第 6 版）561 頁以下（有斐閣 2015 年）。

22　浜辺陽一郎 2015 年 6 月 19 日「取締役の会社に対する責任に関する判例動向」日本経営倫理学会ガバナンス研究部会講演参照。

23　弁護士須井康雄　2011 年 7 月 7 日『法と経済ジャーナル』の「取締役の内部統制システム構築義務違反の最新動向」及び山口利昭法律事務所 2009 年 7 月 10 日『ビジネス法務の部屋』「日本システム技術事件について最高裁逆転判決」参照。

24　浜辺陽一郎（平成 26 年 12 月 19 日）講演資料「監査役の会社に対する責任に関する判例動向」4〜5 頁参照。

25　同上 5 頁参照。

26　2015 年 12 月 26 日「日経」新聞「東洋ゴム，社内調査ずさん」参照。

27　2015 年 11 月 23 日「日経」新聞「第三者委信頼揺らぐ」参照。

28　弁護士須井康雄　2011 年 7 月 7 日『法と経済ジャーナル』の「取締役の内部統制システム構築義務違反の最新動向」参照。

第2部

「守りのガバナンス」による持続的成長と
「攻めのガバナンス」による企業価値向上

第5章
不祥事防止と持続的成長に必要な仕組みづくり

1．はじめに

東芝の代表取締役（社長）等の職務執行を取締役会（東芝：2015年9月末まで，社内16人，社外4人）が監督する面で，社外取締役を除くほぼ全取締役が，社長を頂点としたヒエラルキーの一員であったため，その頂点にいた社長を効果的に監督することは，事実上困難で，逆に社長から監督され指揮命令を受けていたといえる。即ち，2003年来，形式的には機関設計において委員会設置会社であったが，所詮，監督中心のモニタリングボードではなく，業務執行中心のマネジメントボードであった。

「社長月例」等の執行役会議において，我が国特有の終身雇用制による，会社への忠誠心が経営トップへの忠誠心と混同されがちとなる。またムラ社会意識（Gemeinshaft）等が存在し，強い上下関係や否定しない文化につながっていた。カリスマ経営者のもとで，「チャレンジ」等のプレッシャーのために，物事を多様な視点から，批判的に評価する能力やモラルが欠ける「集団愚考（社会心理学 group-think）の罠」即ち，「まあいいか症候群（筆者による命名）」に陥りやすくなる。一糸乱れぬエリート集団であればあるほどその色彩は強くなる。

東芝会計不祥事事件は2008年から2014年12月までの7年間に起こっている。2015年6月の定時株主総会終了後，9月30日に臨時株主総会を行い新体制等について承認を頂いている。しかし，上場規程は「本年6月1日以降最初に開催する定時株主総会の日から6か月を経過する日までに」

第5章　不祥事防止と持続的成長に必要な仕組みづくり　*81*

CG・コード（巻末参考資料：参考－2及び参考－3参照）を作成し，「CGに関する報告書」を「東証」に提出しなければならないことが決まっている。2015年12月21日，東芝は「CGに関する報告書」及び「コーポレートガバナンス・ガイドライン（含む添付資料，取締役指名基準，執行役選任基準，社外取締役の独立性基準）」（巻末参考資料・参考－1参照）を発表した。これは比較的よくできている。しかも取締役会でしっかり決議している。企業の中には，コーポレートガバナンス・ガイドラインを作成せずに，いきなり「CGに関する報告書」に comply or explain を開示している企業があり，しかも詳細を自社のウエッブサイトのあちらこちらにありますよと言われても見る方々は探すだけでも大変である。このコーポレートガバナンス・ガイドラインにCGコードの番号が参考として付してあると，もっと分かりやすい。この手法は，商事法務 No. 2084（2015.11.25）の27頁にて「評価が高い」と記されている。詳細は拙著『実践コーポレートガバナンス・コード作成ハンドブック』（2015）文眞堂，を参考にされたい。この方式を最初に提言した書籍である。

　2015年6月1日から適用されているCGコードの目的は持続的成長と中長期の企業価値の向上である。自民党の2014年版再興戦略に則り，CGコードの中で強く「攻めのガバナンス」が求められている。（下線部は筆者による。）曰く，

（CDコードの目的7）
　「──本コードでは，会社におけるリスクの回避・抑制や不祥事の防止といった側面を過度に強調するのではなく，むしろ健全な企業家精神の発揮を促し，会社の持続的な成長と中長期的な企業価値の向上を図ることを主眼に置いている。」

補充原則 4-3②
　コンプライアンスや財務報告に係る内部統制や先を見越したリスク管理体制の整備は，適切なリスクテイクの裏付けとなり得るものであるが，取締役

会は，これらの体制の適切な構築や，その運用が有効に行われているか否かの監督に重点を置くべきであり，個別の業務執行に係るコンプライアンスの審査に終始すべきではない。

【原則 4-4. 監査役及び監査役会の役割・責務】
　監査役及び監査役会は，取締役の職務の執行の監査，外部会計監査人の選解任や監査報酬に係る権限の行使などの役割・責務を果たすに当たって，株主に対する受託者責任を踏まえ，独立した客観的な立場において適切な判断を行うべきである。
　また，監査役及び監査役会に期待される重要な役割・責務には，業務監査・会計監査をはじめとするいわば「守りの機能」があるが，こうした機能を含め，その役割・責務を十分に果たすためには，自らの守備範囲を過度に狭く捉えることは適切でなく，能動的・積極的に権限を行使し，取締役会においてあるいは経営陣に対して適切に意見を述べるべきである。

　即ち，リスクの回避・抑制や不祥事の防止といった側面を過度に強調するのではなく，また，自らの守備範囲を過度に狭く捉える「守りの機能」に拘泥せず，能動的・積極的に権限を行使しなさいと「攻めのガバナンス」を推奨している。また，個別の業務執行に係るコンプライアンスの審査に終始すべきではないとまで言い切っている。これでいいのか。

　その結果であるか否かは分らないが，最近，コンプライアンスやリスク管理の甘さからくる不祥事が顕在化している。即ち，「化血研」事件，旭化成建材事件，東芝事件，東洋ゴム事件（断熱パネル事件，免震ゴム事件，防振ゴム事件），タカタ事件等次から次へと不祥事が起こっている。折しも，第 1 回「スチュワードシップ・コード及びコーポレートガバナンス・コードのフォローアップ会議」が 2015 年 9 月 24 日から開催されているが，「会計不祥事が起きた東芝問題を踏まえ，内部通報や会計監査人の役割についての検証を求める声があがった。最高経営責任者（CEO）の選任・解任にあたっての社外取締役の重要性を指摘する意見もあった。」[29]

やはり「守りのガバナンス」は企業の持続的成長にとって重要である。「守りガバナンス（必要条件)」と「攻めのガバナンス（十分条件)」は車の両輪であることを忘れてはならない。

「東芝始まって以来 140 年の危機」であり，経営理念にある「人と，地球と，明日のために。」は，持続的成長に必要な社会的信認を得るために作られたものではなかったのか。また東芝の CSR レポートで関連付けを述べている ISO26000（詳細；後述）は「説明責任，透明性，倫理的な行動，ステークホルダーの利害の尊重，法の支配の尊重，国際行動規範の尊重，及び人権の尊重」の 7 原則を求めている。これらを全く忘れてしまったのであろうか。少なくとも東芝の過去の取締役会において，社会的責任問題や，CSR レポートで取り上げられているメインテーマなどが真剣に議論されていたとは思えない。一般論ではあるが，谷本（2014）は中期経営計画に CSR が盛り込まれている企業割合は 50.6％にとどまると述べている。それ以外の会社では CSR は CSR レポートの中で扱われるだけで，なかなか取締役会で議論されない。これでは困る。今後，第三者委員会の提言を受けて，東芝の取締役会規則・取締役会細則（一般的雛型として巻末参考資料：参考－ 3 参照）が見直されることであろうが，2015 年 12 月 21 日付東芝の「コーポレートガバナンス・ガイドライン」において，CSR について，第 12 条をもうけている。即ち，「第 12 条　さまざまなステークホルダーの期待に応え，グローバル・スタンダードに即した CSR 経営の実践を図るため，担当部署を定め，CSR 活動を推進する。」と定めた。また，「新生東芝アクションプラン」の概要で，CSR 職場ミーティングを約 8,100 の職場で展開すると述べているので，これらに期待すると共に，一般企業もこれくらい徹底して検討すべきである。

2．持続的成長に必要なこと

⑴　コーポレートガバナンスの定義と持続的成長

　金融庁と「東証」は CG コードの序文の冒頭において，「コーポレート

ガバナンス」の定義を,「会社が,株主をはじめ顧客・従業員・地域社会等の立場を踏まえた上で,透明・公正かつ迅速・果断な意思決定を行うための仕組みを意味する」と定めた。100人の学者に「会社は誰のものですか」と尋ねると,100通りの答えが返ってくるといわれる。

一つは,所謂「株主主権論（株主中心主義）」である。「会社は株主のもの」という主張である。曰く,株主は株主総会における議決権,配当請求権,残余財産の配分請求権等の自益権,共益権等を持つ。一方,ウオール・ストリート・ルールといわれるように「いつでも気に入らなければ,保有株式を売却して,処分する」ことができる。これに対する主張は「ステークホルダー（以下SH）論」である。会社は株主を含む顧客・取引先・従業員・地域社会等のためのものであるという考えである。勿論SHの権利を守る消費者保護法,労働法,環境法等がある。一般論ではあるが,前者は法律学者・経済学者に多い。後者は経営学者・経営倫理学者に多い[30]。勿論,それ以外に従業員主権論,コア従業員と株主の二階建て論,広義と狭義との使い分け論等諸説ある。大まかに整理すると図表5-1（会社は誰のものか）のようになる。加護野他（2010）の『コーポレート・ガバナンスの経営学』が非常によくまとめてある。

今回,金融庁と「東証」がSH論に立ったことは画期的なことである。その理由は,その目的に「持続的成長」を入れたためであると思う。持続的成長を図るためには,社会的信認（共感）の向上が欠かせないのである。社会とはSHと概ね重なる。SH論は,「会社とは社会の公器である」との立場にたっている。なぜならば,

　ⅰ.「会社は社会の中に既に存在する主体である」,
　ⅱ.「会社は法人格を持つ権利義務の主体である（法人実在説31）」,
　ⅲ.「会社は世のため人のためになるものでなくてはならない」,
　ⅳ.「会社は社会的インフラ等を利用して収益を上げ,社会から多大な恩恵を受けている」,
　ⅴ.会社は有限な資源（ローマクラブ）を利用して多大な環境損失を

第5章　不祥事防止と持続的成長に必要な仕組みづくり　*85*

図表 5-1　会社は誰のものか

基本的な会社観		会社はだれのものか	会社の目的
会社用具観	＜一元的用具観＞ 株主用具観	株主のもの（株主主権論：若杉敬明，神田秀樹，宮川寿夫，上村達男等の多くの法学者・法務省，経済学者）	利益の最大化： 企業価値の 最大化
	＜一元的用具観＞ 従業員用具観	従業員のもの（従業員主権論：伊丹敬之，宮島英明）	従業員所得の 最大化
	＜一元的用具観＞ 経営者用具観	経営者のもの（かなりの経営者はそのように思っている節がある―法制審議会における上村発言）	企業の成長： 規模の最大化 自由裁量利益の 最大化
	＜多元的用具観＞	労使共同のもの（ドイツの Aufsichtrat）	共同利益の最大化：
		多様な利害関係者のもの	交渉による 目的の形成
会社制度観		会社は公器（ステークホルダー論）（加護野，広田真一他多くの経営学者。高橋浩夫，梅津光弘他多くの経営倫理学者，金融庁等）	会社の存続と成長： （持続的成長） （社会的信認）

（出典）『コーポレート・ガバナンスの経営学』（加護野他：2010）より。但し，カッコ書きは『経営者支配とは何か』（2014）等に基づき筆者作成。

発生させている。即ち，「国連の責任投資原則（PRI：Principles for Responsible Investment）によると人類の経済活動による年間の環境損失は世界各国の GDP 合計の 11％で，世界企業の上位 3,000 社がその 1/3 に当たる 2 兆 1,500 億ドル分の外部費用（企業自身は負担しない費用）を発生させている（藤井：2014）」。企業が環境コストを全て支払うと利益の 41％を失う（出典：Trucost KPMG）。等の 5 項目の理由により「会社は社会の公器であらねばならない」となる。

　次に，経営者は会社を取り巻く様々な SH から信頼と共感が得られるような，明確なる経営理念（時代を超えた基本的価値観・存立意義）や会社目的・基本方針を持つこと。即ち，それらは，社会の目的や社会的価値観（ソフトローを含む法令，社会規範，社会の共通善等）に基づく社会的合意（public consensus）による信認（fiduciary，契約とはまったく異質のもので「信頼」「信用」のこと―高巌：2013，481 頁）である。

86　第2部　「守りのガバナンス」による持続的成長と「攻めのガバナンス」による企業価値向上

　経営者支配の正当性，即ち，経営者権限は社会的受容（コミュニケーションによる受容，受容されて初めて権威は成り立つ）による授権である。経営者の権力保持の正当性は，基本的には上記のコミュニケーションによる社会的合意（public consensus）によって信認されるかどうかにかかっている。この社会的合意とは世論ではない，その会社に関心があるか実際関与している，現在の株主及び将来の投資家（将来の投資家は消費者でもあり，従業員でもあり，債権者でもあり，取引先でもあり，地域社会住民でもある。）からの，会社によるコミュニケーションに基づくコンセンサスである。したがって，会社は機関投資家等の株主との「目的ある対話」だけでなく，消費者，取引先，環境団体，地域住民等との対話集会や工場見学等のコミュニケーション接点を頻繁に持ち，極力「情報の非対称性」をなくす努力をしなくてはならない。基本的に会社活動は，常日頃から社会からの信頼と共感を受けていることが重要であり，それなくして会社の持続的成長はない。それはレピュテーション・リスクの低減につながる。

　例えば，ブラック企業（この定義は，広義には暴力団などの反社会的団体との繋がりを持つなど違法行為を常態化させた会社を指し，狭義には新興産業において若者を大量に採用し，過重労働・違法労働によって使いつぶし，次々と離職に追い込む成長大企業を指す）[32] との噂が立っただけで，数十店の店を閉店せざるを得ず，また赤字が何期も継続することになる。

　「良き企業市民」を目指し，米国現地工場近郊に根を張っていた，あのトヨタでさえ，2009〜2010年に米国で燃え盛った約1,000万台のリコール問題での苦い経験がある。日本側は米政府の期待に沿ったテンポで対応できず，折しもGM社の経営破綻も重なり，反トヨタの感情が拡大した。豊田章男社長が米議会に呼び出された。最終的に米当局から「欠陥は見当たらない」との報告を得たが，失った信頼と和解による損失は甚大であった。社会的信認を失うと持続的成長が困難になる。

　「今また，タカタのエアバック事故で対応が後手後手に回っている。タカタのエアバック部品に対する米当局供給停止要請に加え，同社の情報開

第5章 不祥事防止と持続的成長に必要な仕組みづくり　　*87*

示の不備も発覚。部品会社の命綱である車メーカとの信頼関係が揺らぎ，タカタの経営は混迷の度合いを深めている。」旨，2015 年 11 月 5 日付け「日経」新聞は伝える。タカタが社会的信認を失った場合，持続的成長が可能なのか否かが問われている。

東芝も「創業 140 年以来の危機」という。東洋ゴムも「創業 70 年以来の危機的な岐路に立っている」という。いずれも社会的信認を失っている。これらは会社法・金融商品取引法等の法律・規則という制度の問題ではない。「ミッション・ビジョンの企業グループ内，価値観の共有化・制度化」の失敗である。

この一連の新しい SH 論の動きに対して，株主主権論者であると目される早稲田大学法学学術院教授の上村達夫氏は「会社法の再構築こそ王道」（「日経」経済教室：2015 年 4 月 2 日）において，

(1)　社外取締役のような会社の機関構造の根幹に関する問題が，なぜ法務担当でなくて金融庁なのかについて，きちんとした説明が必要である。有力な学者には，こうした作業を金融庁設置法違反と断ずる向きもある。

(2)　統治指針策定の有識者懇談会に会社法研究者は 1 人しかいない。法制審議会会社法部会には 12 人もいる。

(3)　「会社は株主のもの」という発想は，株主とは個人・市民という欧州の規範意識を背景にして成り立ってきたのである（後略）。

と批判的ともとられかねない発言をしている。

これに対して，金融庁油布企業開発課長（当時）は「CG コードについて」商事法務（No. 2068，2015.5.25）において，「たとえば，世界中から投資家や上場会社の方，研究者を 100 人集めて"コーポレートガバナンスとは何でしょうか？"とお尋ねすると，100 通り答えが返ってきてもおかしくはないと思いますが，このコードの原案の序文では，「本コード（原案）において」という限定付きですが，CG の定義を置いています。」と述べている。

88 第2部 「守りのガバナンス」による持続的成長と「攻めのガバナンス」による企業価値向上

(2) 提言—1「ミッション・ビジョンのタテの展開による，企業グループ内，価値観の共有化・制度化による持続的成長」

(CGコードの原則2-1，2-2，2-3，2-5，3-1，4-1，5-1，5-2の8つの原則の有機的一体化)[33]

(注) ミッション・ビジョンとは経営理念・倫理原則・行動準則・中期経営計画等

　従来の「東証」のCG原則 (2009年改正版) に記述がなかった「経営理念」が，本コードの原則2-1，3-1，4-1と3つのコードの中に挿入されたことは，正に画期的なことである。特に，原則2-1では経営理念に社会的責任とそれを踏まえたSHへの価値創造への配慮を取り込むことを強く示唆している。

【原則2-1. 中長期的な企業価値向上の基礎となる経営理念の策定】

　上場会社は，<u>自らが担う社会的な責任についての考え方を踏まえ，様々なステークホルダーへの価値創造に配慮した</u>経営を行いつつ中長期的な企業価値向上を図るべきであり，こうした活動の基礎となる経営理念を策定すべきである。(下線部は筆者による)

【原則3-1. 情報開示の充実】

　上場会社は，法令に基づく開示を適切に行うことに加え，会社の意思決定の透明性・公正性を確保し，実効的なコーポレートガバナンスを実現するとの観点から，(本コードの各原則において開示を求めている事項のほか，) 以下の事項について開示し，主体的な情報発信を行うべきである。

(i) 会社の目指すところ (経営理念等) や経営戦略，経営計画 (後略)

【原則4-1. 取締役会の役割・責務 (1)】

　取締役会は，会社の目指すところ (経営理念等) を確立し，戦略的な方向付けを行うことを主要な役割・責務の一つと捉え，具体的な経営戦略や経営計画等について建設的な議論を行うべきであり，重要な業務執行の決定を行う場合には，上記の戦略的な方向付けを踏まえるべきである。

　我が国は近江商人の三方よし「売り手よし，買い手よし，世間よし」に

みられる如く，古来，社是・社訓を貴ぶ風潮が強い。因みに，我が国には100年継続企業が約 26,100 社（帝国データ：2013 年），200 年継続企業が約 3,900 社（東京商工会議所：2012 年）存在するといわれる。これは世界に類例をみない。その主因の一つに，社是・社訓を貴ぶ気風があるためといわれている。なぜならば，松下幸之助は「経営成功要因 3 原則」として，

① 経営成功要因の 50％は経営理念の確立と浸透（絶対条件）
② 社員の個性を最大限に発揮できる環境をつくることが 30％（必要条件）
③ 戦略と戦術が 20％（付帯条件）

そして，「①と②こそが経営者の仕事であり，それができたら③は好きにやらせたらよい」と言うのです。松下氏は，「経営理念が確立できれば，その事業は半分成功したようなものや」と喝破しています[34]。

今回，基本原則 2 で「株主以外の SH との適切な協働（筆者注：従来の2009 年改訂版「東証」の CG 原則にある「尊重」から格上げ）」が入り，また，初めて原則 2-2 で「会社の行動準則（含む倫理基準）の策定・実践」等が入った。

【原則 2-2. 会社の行動準則の策定・実践】
　上場会社は，ステークホルダーとの適切な協働やその利益の尊重，健全な事業活動倫理などについて，会社としての価値観を示しその構成員が従うべき行動準則を定め，実践すべきである。取締役会は，行動準則の策定・改訂の責務を担い，これが国内外の事業活動の第一線にまで広く浸透し，遵守されるようにすべきである。

補充原則
2-2① 取締役会は，行動準則が広く実践されているか否かについて，適宜または定期的にレビューを行うべきである。その際には，実質的に行動準則の趣旨・精神を尊重する企業文化・風土が存在するか否かに重点を置くべきであり，形式的な遵守確認に終始すべきではない。

〔背景説明〕
　上記の行動準則は，倫理基準，行動規範等と呼称されることもある。

　同様に，原則2-3「社会・環境問題をはじめとするサステナビリティーをめぐる課題」等が盛り込まれた。

【原則2-3.　社会・環境問題をはじめとするサステナビリティーを巡る課題】
　上場会社は，社会・環境問題をはじめとするサステナビリティー（持続可能性）を巡る課題について，適切な対応を行うべきである。

補充原則
2-3①　上場会社の取締役会は，サステナビリティー（持続可能性）を巡る課題への対応は重要なリスク管理の一部であると認識し，適確に対処するとともに，近時，こうした課題に対する要請・関心が大きく高まりつつあることを勘案し，これらの課題に積極的・能動的に取り組むよう検討すべきである。

　今や，ESG 投資が叫ばれる。これは，環境（Enviroment），社会（Sosiety）企業統治（Governance）の頭文字をとったものであるが，企業の将来価値を見極め，投資収益と社会的な課題解決を同時追求する。国連が2006年に導入した責任投資原則（PRI）に明記され，欧米の年金基金を中心に広がっている。特に欧州では機関投資家の運用資産の6割，時価総額で800兆円を超えるといわれる。
　わが国でも，2015年9月28日 GPIF（年金積立金管理運用独立行政法人）が国連責任投資原則に署名した。このため機関投資家も33機関が署名し，今後さらに増えるであろう。

　以上これら5つの原則は持続的成長にとって真に重要な要素である。しかし，これらの原則をバラバラに考えて逐一，口頭試問のように comply or explian を「CG コードに関する報告書」に記述しても CG の実効性は上がらない。これらを一括り（社会的責任等を織り込んだ経営理念，倫理

基準，行動準則等）にしてミッションと呼称しよう。さらに，後述する原則2-5，5-1及び原則5-2の中期経営計画等加え8つの原則をミッション・ビジョンと呼称する。これらが国内外の事業活動の第一線まで広く浸透し，遵守されるようにしなければ意味がない。これを「ミッション・ビジョンのタテの展開による企業グループ内，価値観の共有化・制度化」という。これを構築するための仕組み・手順の概要を以下に記す。

「ミッション・ビジョンのタテの展開による企業グループ内，価値観の共有化・制度化」の仕組み・手順の概要

1）「経営理念と一体化された倫理規範・行動準則・経営計画等」（ミッション・ビジョン）が真に変化しつつある経営環境等に適応しているかについて取締役会で議論・決定し，共有する。

2）以下の委員会に大物推進担当役員（社長等）及び部門長・責任者を任命する。

3）「（仮称）企業倫理・コンプライアンス委員会」を設置し，責任者・各部門長等は関連部門の協力を得て次の7項目を推進する。

① 先ず，各種マニュアルの作成，執行役・事業部長等の教育・研修（ミッション・ビジョン教育，ケース・スタディ等による倫理研修を含む）とその評価，次に従業員対象の教育・研修の定期的実施と全社末端までの共有化・定着を図る。

② 経営層（含む取締役会・監査役会）及び「当委員会」への実施状況の定期的フィードバック，特に有事における悪い情報の早期報告とリスクマネジメントの実施。

③ 倫理監査の一環として，評価質問書及び従業員意識調査（無記名式が望ましい）の定期的実施。

④ 株主を含むステークホルダーとの対話による「外からの目」の活用。

⑤ 全役員・従業員から行動準則等の遵守誓約書をとる。

⑥ 内部統制部門等による重点的倫理監査（当システムが機能してない部署に絞り込んだ，有効性・実行性監査）を実施し，結果を人事考課に反映する。

⑦ 法令違反者の自己申告促進によるリーニエンシー（罰則減免）制度の

導入。特に，国内外独禁法・米国 FCPA（腐敗行為防止法）等

4）経営陣から独立した内部通報制度（弁護士，監査役と社外取締役の合議体を窓口とする等）の体制整備と適切な運営。これとは別に各種安心内部相談制度（ヘルプライン）の設置。

5）PDCA（Plan-Do-Check-Action）の管理サイクルを回し，ベスト・プラクティスを毎年積み上げること。

6）この制度化ができると，取締役会による経営基本方針（ビジョン）が対内的に広く・迅速に浸透する基盤を提供すると共に企業集団内部統制・FCPA 等に係る訴訟に対する耐性を強く持つようになる。

以下上記の項目の詳細を逐条解説する。

1）「経営理念と一体化された倫理規範・行動準則・経営計画等」（ミッション・ビジョン）が真に変化しつつある経営環境等に適応しているかについて取締役会で議論・決定し，共有する（原則 2-1，2-2，2-3，3-1，5-2 の 5 つの原則の有機的一体化を図る）。経営トップはこれをマネジメント・メッセージとして発信する（Tone at the top）。

　東芝の場合，第三者委員会は「経営トップ等の意識改革」において，「まず経営トップ自らが，コンプライアンス重視の姿勢を堅持し，上場企業における適正な財務報告の重要性を自覚するともに，一旦今回のような不適切会計が発生した場合には，市場やステークホルダーからの信用を失墜し，企業価値を著しく毀損する事態となることを十分に認識し，あるべき確固たる企業倫理（企業理念）を策定・構築することが重要である。（下線部は筆者による）と述べている。現在の経営理念である「人間尊重」を基本とした「人と，地球と，明日のために。」のままでよいのか真に取締役会で議論してみる価値がある。

東芝グループの経営理念である「人と，地球と，明日のために。」

東芝グループは，人間尊重を基本として，豊かな価値を創造し，世界の人々

第 5 章　不祥事防止と持続的成長に必要な仕組みづくり　*93*

の生活・文化に貢献する企業集団をめざします。
1．人を大切にします。
　東芝グループは，健全な事業活動をつうじて，顧客，株主，従業員をはじ
　め，すべての人々を大切にします。
2．豊かな価値を創造します。
　東芝グループは，エレクトロニクスとエネルギーの分野を中心に技術革新
　をすすめ，豊かな価値を創造します。
3．社会に貢献します。
　東芝グループは，より良い地球環境の実現に努め，良き企業市民として，
　社会の発展に貢献します。

　因みに，東芝の CSR レポートにおいて関連付けを述べている ISO26000
は「説明責任，透明性，倫理的な行動，ステークホルダーの利害の尊重，
法の支配の尊重，国際行動規範の尊重，及び人権の尊重」の原則を求めて
いる。これも選択肢の 1 つになるのではなかろうか。

参考：国際規格 ISO26000 とは何か

　ISO26000 は 2010 年 11 月 1 日，99 カ国（先進国 31 カ国，新興国・途上
国 68 カ国），6 ジャンルセクター（消費者，政府，産業界，労働，NGO，学
術研究機関他）から 470 人以上のエキスパートが参加し，作業部会において
5 年以上の歳月をかけて，まとめ上げられた壮大なものであり，「国連グロー
バルコンパクト」や GRI（Global Reporting Initiative）などの新しい CSR
を包み込むようなものとの意欲を反映したものである。ステークホルダー参
加型のガイダンス規格である。日本は 2011 年 10 月にこれに批准している。
そして，「社会的責任」を次のように定義した。
　「組織の決定及び活動が社会および環境に及ぼす影響に対して，次のよう
な透明且つ倫理的な行動を通じて組織が担う責任。
　①　健康および社会の繁栄を含む持続可能な発展に貢献する。
　②　ステークホルダーの期待に配慮する。
　③　関連法令を遵守し国際行動規範と整合している。
　④　その組織全体に統合され，その組織の関係の中で実践される。」

田中宏司（2012）「国際規格 ISO26000 と CSR 経営」によると，組織統治（Organizational governance）なる用語が7つの主題のトップに使用されている。「ISO26000 における，組織統治とは，組織がその目的を追求する上で，意思を決定し，実施するときに従うシステムのことである。効果的な統治は，社会的責任の原則として7つの原則がある。

① 説明責任，
② 透明性，
③ 倫理的な行動，
④ ステークホルダーの利害の尊重，
⑤ 法の支配の尊重，
⑥ 国際行動規範の尊重及び
⑦ 人権の尊重

これらを，意思決定及びその実行に組み入れることを基本とすべきである。ここには合計40の検討ポイントがあり，規格の実践をスタートする部分となっている。続いて，社会的責任の中核主題として，7つの主題がある。

① 組織統治
② 人権，
③ 労働慣行，
④ 環境，
⑤ 公正な事業慣行，
⑥ 消費者問題，
⑦ コミュニティへの参加・発展，

である。これの主題には約250の検討ポイントがある。

このような「7つの原則」「7つの主題」の内容を十分理解し，自らの組織を点検することにより，組織がこの規格の示す社会的責任をどの位実現しているか，改善すべき課題は何かを知ることが出来る。

もう一つの特徴はステークホルダーの特定とエンゲージメント（積極的参加）である。ISO26000 は規格全体を通してステークホルダーを重視し活用しようとするものである。特に「社会的責任の認識及びステークホルダーエンゲージメント」において，ステークホルダーの特定（優先順位）と参加の手順を説明している。ステークホルダーエンゲージメント（積極的参加）の定義は「組織の決定に関する基本情報を提供する目的で，組織と一人以上のステークホルダーとの間に対話の機会を作り出すために試みられる活動」と

ある。ここでは,「組織の決定に関する基本的な情報を提供するため」と「対話」がポイントである。すなわち,単にステークホルダーからの意見を聞くための懇談会などをここでいう「エンゲージメント」とはみなされない。また,「対話」の原文は dialogue であり,「双方による問題解決などのための意見交換」という意味がある。

また,「社会的責任を組織全体に統合するための手引き」では,

① 組織の特徴と社会的責任の関係
② 組織の社会的責任の理解
③ 社会的責任に関する組織の行動及び慣行の見直し・改善
④ 社会的責任に関する信頼性の強化
⑤ 社会的責任に関するイニシアチブ
⑥ 社会的責任に関するコミュニケーション

がある。かかる意味において CG コードの【基本原則2】に「上場会社は,会社の持続的な成長と中長期的な企業価値の創出は,従業員,顧客,取引先,債権者,地域社会をはじめとする様々なステークホルダーによるリソースの提供や貢献の結果であることを十分に認識し,これらのステークホルダーとの適切な協働に努めるべきである。取締役会・経営陣は,これらのステークホルダーの権利・立場や健全な事業活動倫理を尊重する企業文化・風土の醸成に向けてリーダーシップを発揮すべきである。」及び,補充原則の2-3①「上場会社の取締役会は,サステナビリティー(持続可能性)を巡る課題への対応は重要なリスク管理の一部であると認識し,適確に対処するとともに,近時,こうした課題に対する要請・関心が大きく高まりつつあることを勘案し,これらの課題に積極的・能動的に取り組むよう検討すべきである。」とある。

これは ISO26000 のステークホルダーエンゲージメント(積極的参加)と符号するものとして一歩前進であるが,社会的責任を組織全体に統合する側面においてまだ完全であるとは言い切れない。

ISO26000 の7つの主題のトップに,ガバナンス(組織統治)の推進による企業価値の向上がある。この組織統治は企業統治を包含する概念である。

また,「経団連」は企業行動憲章(2010)の序文で「近年,ISO26000(社会的責任に関する国際規格)に代表されるように,持続可能な社会の発展に向けて,あらゆる組織が自ら社会的責任(SR:Social Responsibility)を認識し,その責任を果たすべきであるとの考え方が国際的に広まっている。」

と述べている。なお，ISO26000 の幹事会に相当する「議長諮問委員会」の委員に，日本からは「経団連」関係として富田秀美（ソニー）と「連合」元経済政策局長の熊谷謙一，両氏が参加した。

なお，経営理念，倫理基準，行動準則，中期経営計画の作成方法については拙著『実践コーポレートガバナンス・コード作成ハンドブック』(2015) 文眞堂を参考にされたい。

次に，実際，経営環境の激変に遭遇して企業理念等を一新した富士フイルムの事例を紹介する。

富士フイルムは写真フィルムがなくなるという経営環境の激変に遭遇し，2006 年に企業理念，ビジョン，コーポレート・ブランド（従来は I&I）を一新した。最近は，コーポレート・スローガンとして「Value from Innovation」を使用中。また，翌年の 2007 年に中期計画「Vision75」策定，Slim & Strong なるキャッチ・フレーズの下，意識改革運動を展開すると共に約 5000 人，のリストラを 2 回にわたって実施した（詳細後述）。

2) 以下の委員会に大物推進担当役員（社長等）及び部門長・責任者（コードリーダー・相談員等）を任命する。

3) 「(仮称) 企業倫理・コンプライアンス委員会」を設置し，責任者・各部門長等は関連部門（人事研修部門・内部統制部門・リスクマネジメント委員会等）の協力を得て次の 7 項目を推進する。

① 先ず，執行役・事業部長等の教育・研修（ミッション・ビジョン教育，ケース・スタディ等による倫理研修を含む）とその評価，次に従業員対象の教育・研修（多言語によるミッション・ビジョン等に関するマニュアル作成と研修の実施，ビデオ・E-ラーニング等の活用）の定期的実施と海外を含む企業集団の末端までの共有化・定着を図る（原則 2-2 の深化・拡大）。

② 経営層（含む取締役会・監査委員会等）及び「当委員会」への実施

第5章 不祥事防止と持続的成長に必要な仕組みづくり　*97*

状況の定期的フィードバック，特に有事における悪い情報の早期報告とリスクマネジメントの実施。

> 東洋ゴムは，免震ゴムについて，子会社における不正認識から出荷停止までに約1年半，国土交通省に届け出るまでに約2年掛かっていること及び説明が二転三転していることが新聞報道されている。担当役員（委員長）及び責任者は問題が発覚した場合，三現主義に基づき，「現場」に足を運び，場所を確認する。「現物（この場合データ等）」を手に取り，物を確認する。「現実」をこの目でみて，whyを連発して，事実・真実を確認することが重要である。ところが社長が免震ゴムについての知見が少ない。開発人員が1～5人で他社の5～30人に比して圧倒的に少ない。後発であるがゆえに，納期について販売部門・製造部門からの強いプレッシャーがあった。
> 　本件の免震偽装事件は，刑事事件に発展することとなった。

　結局「東洋ゴム事件の主因は，経営陣の甘さと不作為である」とマスコミは報道している(35)。東洋ゴムは断熱パネル事件と免震ゴム事件と防振ゴム事件と3回過ちを犯している。少なくとも2007年11月，に起こした断熱パネル事件に係る外部調査委員会の再発防止策をしっかり受けとめ，ここでいう「ミッション・ビジョンのタテの展開による価値観の共有化・制度化」が会社内にしっかりbuild-inされていたならば，その後の二つ事件は防止できたはずである。

　ここに事件の後始末を見てみよう。

> 断熱パネル事件
> 　2007年11月，ウレタン製断熱パネルの防火認定を不正入手していたことが発覚・公表した。外部調査委員会が再発防止策を策定したが，形式的監査のみで僅か1か月で終息宣言してしまった。
>
> | （再発防止策） | （その後の会社の措置） |
> | --- | --- |
> | 1．社長直属の品質監査室設置 | （組織変容・機能薄弱化） |
> | 2．コンプライアンス研修実施 | （実施） |
> | 3．コンプライアンス委員会権限強化 | （1回も開催されず） |
> | 4．部門間人事ローテイション | （適用させず） |

5．事業決定プロセスの改善・強化　　（実行されず）
6．内部通報制度の活用促進　　（内部通報活用認識薄い）(36)

　要は，継続的倫理監査の欠落と全社的企業風土改革（制度化）の失敗が免震ゴム（2013年1月偽装発覚）・防振ゴム事件への伏線となったと言える。その上，防振ゴム事件は，実は，2013年12月〜2014年1月までに本社取締役や執行役員が報告を受けていたが，対応を先送りしていたことが分かった。即ち，免震ゴム事件の直後に起こっていたことになる。

③　倫理監査（後述）の一環として，評価質問書（図表5-2参照）及び従業員意識調査（無記名式が望ましい）の定期的実施。（東芝は，既に記名式で1回実施したことが報道されている。）(37)
④　株主を含むステークホルダーとの対話（原則5-1）による「外からの目」の活用（ステークホルダー・ダイアログの活用）

> **ステークホルダー・ダイアログとは**
> 　ステークホルダーとの対話については，ともすると企業はNPO，NGO，環境団体，オンブズマン等との対話を回避しがちであるが，すべてのステークホルダーのオピニオン・リーダーと平等に対話する「ステークホルダー・ダイアログ」を持つことを薦めます。これを回避すると1株運動などで株主総会において痛い目にあうことがある。
> 　ステークホルダー・ダイアログとは有識者やステークホルダーの代表を集めて，その会社の社会的責任活動の取り組みについて評価・意見をいただくことです。有識者の選定にはこの分野の学者（例えば，日本経営倫理学会[38]の先生方や，日本経営倫理実践研究センター[39]の実務経験のある先生方等）や自社及び業界に詳しい先生方及びステークホルダーの代表などを，女性及びグローバル企業の場合には外国人も含めバランスよく選び，10項目程度の当社を取り巻く社内問題・環境問題等について提案していただく。一方，経営者の方は自社で対応すべき課題をリスト化する。この際，優先順位付けとして，有識者やステークホルダーの代表等が重要と考えている項目と会社が重要と考えている項目という両方から，考えていくことが重要である。最

終判断は独立社外取締役を含む，取締役会で決定すべきである。2010年11月に社会的責任のガイダンス規格であるISO26000が発効したことを受けて，今後のダイアログは同規格に基づき行うことを推奨する。

⑤　全役員・従業員から行動準則等の遵守誓約書をとる。
⑥　内部統制部門等による業務監査等共に重点的倫理監査（当システムが機能してない部署に絞り込んだ，有効性・実行性監査）を実施し，結果を人事考課に反映する。
⑦　法令違反者の自己申告促進によるリーニエンシー（罰則減免）制度の導入。特に，国内外独禁法・米国FCPA（腐敗行為防止法）等

４）経営陣から独立した内部通報制度（弁護士，監査役と社外取締役の合議体を窓口とする等）の体制整備と適切な運営（原則2-5，補充原則2-5①）とは別に安心内部相談制度（ヘルプライン）の設置が重要。たとえば，「倫理問題ヘルプライン」，「セクハラ・パワハラ・マタハラヘルプライン」，「国内外独禁法・海外FCPA（腐敗防止法）サポートライン（グローバル企業は多言語）」等を専門部門に設けることが有効である。但し，匿名，秘密保持，調査・フォローアップ報告，報復禁止が重要である。

【原則2-5．内部通報】
　上場会社は，その従業員等が，不利益を被る危険を懸念することなく，違法または不適切な行為・情報開示に関する情報や真摯な疑念を伝えることができるよう，また，伝えられた情報や疑念が客観的に検証され適切に活用されるよう，内部通報に係る適切な体制整備を行うべきである。取締役会は，こうした体制整備を実現する責務を負うとともに，その運用状況を監督すべきである。

補充原則
2-5①　上場会社は，内部通報に係る体制整備の一環として，経営陣から独立した窓口の設置（例えば，社外取締役と監査役による合議体を窓口とする

等）を行うべきであり，また，情報提供者の秘匿と不利益取扱の禁止に関する規律を整備すべきである。

　経産省コーポレートガバナンスの在り方研究会「コーポレートガバナンスの実践〜企業価値向上に向けたインセンティブと改革」（2015 年 7 月 24 日，別紙 3—法的論点に関する解釈指針）において，原則として「以下の行為は業務を執行したことに当たらない」。
　・業務執行者から独立した内部通報の窓口となること
　・業務執行者から独立した立場で調査を行うために，社内調査委員会に
　　委員として加わること
　したがって，非業務執行役員である監査役や社外取締役が内部通報の窓口となること調査に加わることは原則として問題ないことになる。
　また，グループ企業外への内部告発は公益通報者保護法で強くガードされます。但し，「信ずるに足りる相当の理由」の外に次の条件がある。
　①　証拠隠滅の恐れがある。
　②　不利益な取り扱いを受ける恐れがある。
　③　企業に告発したのに 20 日以上たっても調査が開始されない。
　④　個人の生命，身体に危害が生じる切迫した危険がる。
などのいずれかに該当するケースに限る。

　5）PDCA（Plan-Do-check-Action）の管理サイクルを回し，ベスト・プラクティスを毎年積み上げること。特に内部統制組織等による業務監査・会計監査等と併せて，重点的倫理監査（評価質問書，意識調査書，内部通報等を活用して絞り込む）を含むトータルとしての監査を確実に実施すること。その結果を人事考課に反映させること。

　倫理監査とは，従業員意識調査の項目で述べたように，「経営倫理は企業経営のフィロソフィー（企業哲学）であるとともに企業行動を倫理的に導くための価値観である。したがって，全社的倫理監査の実施は経営倫理の定

着・浸透状況の評価，企業の倫理的立ち振る舞いの確認や内在する倫理的課題の発掘であり，単なるリスクマネジメントのための監査ではない(40)。」即ち，倫理・コンプライアンス体制の有効性のチェックである。

6）この制度化ができると，取締役会による経営基本方針（ビジョン）（原則 5-2，下記参照）が対内的に広く・迅速に浸透する基盤を提供すると共に，企業集団内部統制・FCPA 等に係る訴訟に対する耐性を強く持つこととなる。

【原則 5-2. 経営戦略や中長期の経営計画の策定・公表】
　経営戦略や中長期の経営計画の策定・公表に当たっては，中長期的な収益計画や資本政策の基本的な方針を示すとともに，収益力・資本効率等に関する目標を提示し，その実現のために，経営資源の配分等に関し具体的に何を実行するのかについて，株主に分かりやすい言葉・論理で明確に説明を行うべきである。

　日本航空（JAL）の場合，稲盛和夫改革が始まる前は，数度に及ぶ再建計画が取締役会で決定されたが，岩盤のような 8 つの戦闘的組合集団により，はねつけられ全く浸透しなかった。それが「ミッション・ビジョンのタテの展開による稲盛哲学の共有化・制度化」により，広く・迅速に浸透するように変化する（後述）。

　次に倫理監査項目を含む，内部統制部門等が通常行う評価質問書のひな型を紹介する。

図表 5-2　日本内部監査協会による「財務報告に係る全社的な内部統制に関する評価質問書」

質問の構成と質問数		
統制要素	評価項目	質問数
A. 統制環境	A-1. 誠実性及び倫理観（経営理念・倫理規程）	4
	A-2. 経営者の意向及び姿勢（財務報告の基本方針）	4
	A-3. 経営方針及び経営戦略	4
	A-4. 取締役会及び監査役会	4

	A-5. 組織構造及び慣行	2
	A-6. 権限及び職責	4
	A-7. 人的資源に対する方針と管理（配置）	4
	A-8. 人的資源に対する方針と管理（教育・訓練）	4
	A-9. 人的資源に対する方針と管理（評価）	4
B. リスクの評価と対応	B-1. リスクの評価と対応	4
	B-2. 不正リスクへの対処	4
C. 統制活動	C-1. 統制活動の方針と手続き	4
D. 情報と伝達	D-1. 社内での情報と伝達	4
	D-2. 社外への情報の開示	4
	D-3. 内部通報制度	4
E. モニタリング	E-1. 自己点検	4
	E-2. 独立的評価	4
	E-3. 内部統制上の問題点についての報告	4
F. IT への対応	F-1. IT 環境への対応	4
	F-2. IT の利用及び統制	4
		計 78

（注）下線部は倫理監査手続きの関連部分を示す（筆者挿入）。
（出典）2007 年 8 月 CIA フォーラム J-SOX 分科会より。

図表 5-3　企業風土の質問例

① 我が社のライン長は，倫理及び企業価値について，利益と同じように高い関心がある。
（はい，いいえ，わからない）
② 我が社では非倫理的行動をとっても昇進できる。
（はい，いいえ，わからない）
③ 我が社の上級管理職は倫理及び企業価値について，利益と同じように高い関心がある。
（はい，いいえ，わからない）
④ 我が社の上級管理職は，倫理及び企業価値よりも利益に関心がある。
（はい，いいえ，わからない）
⑤ 我が社のライン長は，手段を選ばず結果を要求する。
（はい，いいえ，わからない）

（出典）『企業リスク』季刊 2010.07 第 28 号 44 頁，森田克之トーマツ企業リスク研究所研究員
　　　「不正に強い企業風土の確立」。

　仮に東芝において上記に準じて 78 項目について全従業員に匿名で評価質問書を出していたら何かが判ったのではなかろうか。

　GE（General Electric Company）の例を参考にされたい。

第5章　不祥事防止と持続的成長に必要な仕組みづくり　　*103*

> GE の The Spirit & The Letter（「誠実性マニュアル」企業行動規範）より
> 筆者抄訳
> 　GE の全役員・全従業員が誓約する行動規範であり，これらの文言以上に
> その精神を遵守しなくてはならないこと，たとえ「数字で結果を出すこと」
> や「競争本能や上司の命令」に背くとも Integrity を犠牲にしてはならない
> ことを CEO ジェフリー・R・イメルトが声明。

　複数の調査で GE はインテグリティーと CG で 1 位にランクされるほど
制度化に成功している。この GE の「誠実性マニュアル」という企業行動
規範は日産自動車のカルロス・ゴーンが「就任時 "隠し事をした人物はそ
の時点で解雇する" と全社員に伝え，そして，企業にとって透明性とはコ
ストを度外視してでも不可欠なもの。これは企業の価値観というよりも義
務である」とのべていることに近似している[41]。トップのマネジメント・
メッセージ（Tone at the top）は真に重要である。

　さて，提言－1「ミッション・ビジョン（経営理念・倫理規範・行動準則・
経営計画等）のタテの展開による，企業グループ内，価値観の共有化・制
度化」の成功事例を紹介する。

3．日本航空（JAL）の再建に見る，
ミッション・ビジョンのタテの展開による，
企業グループ内の稲盛フィロソフィの共有化・制度化[42]

(1)　道徳的リーダーシップとは
　稲盛和夫の経営哲学の中心にあるのは，道徳的リーダーシップである。
これはバーナード（Chester I. Barnard）がその著書『経営者の役割』
(1938) で用いた言葉である。道徳的リーダーシップとは，「決断力，不屈
の精神，耐久力，勇気などにおいて，個人が優越している側面であり，「人
の行動に信頼性と決断力を与え，目的に先見性と理想性を与える」[43] もの

である。

　バーナードの言う，道徳とは様々な諸要因が個人に働きかけることによって個人の内に形成される遵守力，私的行動準則である[44]。また，それは何が正しいか，何が間違っているかについて自分に向けられる内面的諸力である。これを良心と呼ぶこともある。リーダーシップの本質は組織道徳の創造のことであり，こうした道徳性がリーダーシップの質を支えている。これらを文字通り実践したのが経営者稲盛和夫である。この道徳的リーダーシップ研修こそが，所謂倫理研修であり，これは通常のリーダー研修とは異なる。リーダー研修は約90％の企業が実施しているが，経営人材が育っているとの回答は31％にすぎない（2015年2月，野村マネジメントスクールによる上場会社120社調査）。その違いを以下で説明する。

(2)　JALの経営破綻の要約

1）組合対策の失敗

　1985年8月12日，JALは航空史上最悪の事故である御巣鷹山事件（死亡者520人，負傷者4人）を起こしている。事態を重く見た当時の中曽根首相は，カネボウ会長の伊藤淳二を会長に送り込んだが，何を間違ったか管理職であるべき機長に組合権と団体交渉権を与えた。また，最大の会社側組合（1万人のJALFIO）を敵に回す。

2）「政府・運輸族議員の関与」による財政基盤の脆弱化

　1970年，政府・運輸省は空港整備特別会計（空港特会）を作り，狭い国土に98の空港を作る愚挙をとり続けた。この「空港特会」の年間5,000億円規模の主たる財源は，2010年で航空燃料税，空港着陸料，航空援助施設利用料，合計2,761億円，この内JALは毎年1,700億円負担していた。

　「空港特会」ができると，航空官僚の天下り団体が続々と誕生した。航空関係の独立法人・特殊法人・公益法人・その他の団体を加えると，24団体630人になっていた。

第5章　不祥事防止と持続的成長に必要な仕組みづくり　*105*

3）JALの機能分担型組織の問題点と経営執行サイドのリーダーシップ不在

　JALの組織は組合に呼応するかのように，運行，整備，客室，空港，営業，企画の6部門から成り立っていたが，役割不可侵，あたかも別会社のようであった。予算は経営企画本部から東芝と同じようにトップダウンで降りてくるものであった。

4）「隠れ破綻」

①　2003年から2005年迄，航空機メーカーから航空機や部品を買ったときに受け取るリベートを，航空機の値引きとして取得価格から減額せずに，営業外収益（約400億円／年）とした。これがなければ5期連続赤字であったと推定される。奇しくも東芝と同様に，新日本監査法人が担当していた。政策投資銀行の指摘で，2005年以降これを止めさせた。

②　2006年3月期の退職給付関係の簿外債務が2,731億円存在し，且つ，所有権移転外ノンリコースのファイナンス・リースの簿外債務が3,922億円存在した。これを債務と認識すればこの時点で大幅債務超過となっていた。

5）ナショナル・フラッグは潰れない・潰せないのうぬぼれ意識㊺

6）取締役会の機能不全

　JALの破綻原因を調べていたJAL独立機関の「コンプライアンス調査委員会」は「重大事態に対する歴代経営者の不作為が原因で破綻した」との結論をだした。

(3)　**JALの再建計画**

　JALは2010年1月19日会社更生法の適用を申請し，同年11月に，東京地裁は再建計画を承認した。その内容は，

① 燃費の悪い4機種の退役。
② 国内10，国際39の不採算路線からの撤退。
③ 48,714人の人員を3年間で16,117人（33%）減らし32,597人にする。
④ ホテル事業等の売却。
⑤ 既存株式の100%減資。
⑥ 金融機関が持つ債権の内5,215億円をカット（カット率87.5%）。
⑦ 企業再生支援機構からの3,500億円の増資，等であった。

(4) 稲盛和夫JAL会長に就任，改革スタート

1）道徳的リーダーシップ教育開始⑯

2010年2月には稲盛和夫京セラ名誉会長が，JAL会長に無報酬で就任した。最初に行ったのは，従来からあった外部研修屋に丸投げしていた「階層別のマネジメント研修」をやめさせ，「道徳的リーダーシップ研修」を始めた。京セラから3人の稲盛ブレーンを連れてきた（後述）。リーダーとは，自ら動いて周囲を巻き込み，結果として，中長期の企業価値を着実に高められる道徳観・倫理観を持った人材のことを言う。言い換えれば，JALフィロソフィーと行動規範を，経営幹部から全社員・下請けに至るまで浸透・共有させ，業務における判断・行動が同じ倫理的価値観（「経営哲学の制度化」＝ Institutionalization，梅津：2002）のもとで展開されることを意味する。これが道徳的リーダーシップ教育の目的であった。因みに，稲盛の経営哲学である「リーダーの役割10か条」とは，以下の通りである。

1．事業の目的・意義を明確にし，部下に指し示すこと。
2．具体的な目標を掲げ，部下を巻き込みながら計画を立てる。
3．強烈な願望を心に抱き続ける。
4．誰にも負けない努力をする。
5．強い意思を持つ。
6．立派な人格を持つ。
7．どんな困難に遭遇しても決して諦めない。

第5章　不祥事防止と持続的成長に必要な仕組みづくり　*107*

8．部下に愛情を持って接する。
9．部下をモチベートし続ける。
10．常に創造的でなければならない。

　稲盛は経営改革の補佐役として，意識改革担当の大田嘉仁（リーダー研修担当専務執行役員に就任），アメーバ経営の専門家森田直行，経営管理のスペシャリスト米山誠の3人を京セラから連れてきた。彼らが倫理コードリーダーであり，相談指導員であった。2010年6月，第1回道徳的リーダーシップ研修が経営幹部52名を対象として，平日3日間プラス土曜日の週4日で17回の集中カリキュラムが組まれた。この研修は稲盛氏の経営哲学である上記の「リーダーの役割10カ条」「経営12カ条」「会計7原則」「6つの精進」47を中心とした倫理教育であったが，講義後は各グループに分かれての，缶ビール片手の車座討議と翌日までのレポート提出が義務づけられた。最初の頃は「製造業から来た老人の精神論に付き合う暇は無い」との懐疑的空気が流れていたが，徐々に「会長の話は目から鱗のような話が多くて，すごく腑に落ちた」との声が聞こえ始めた。研修の最後にある，缶ビール片手の車座コンパでの決意表明は1人3分であるが，延々と続き夜中の2時〜4時ごろまで掛かることがあった。意識改革は順調に滑り出し，8月には対象者も部長クラスへと裾野を拡大していった。

　2）JALグループの新企業理念・フィロソフィー（企業行動規範）の
　　作成・研修の開始48
　2010年7月末，稲盛氏は記者会見で「JALらしい企業理念，経営フィロソフィを本年内に作っていきたい」と述べた。8月には「JALフィロソフィ検討委員会」が道徳的リーダーシップ研修を終えた経営幹部中心に立ち上がった。メンバーには517頁の「京セラフィロソフィを語る」が事前に配布された。11回の検討会を経て4カ月後に完成された。その後130名の社員の意見を草案に反映させ，2011年1月，40項目からなる「JALフィロソフィ」が完成された。結果的に，約90％京セラのものに近くなっ

たが，JAL 独自の項目も入った。企業理念についても同時並行的に議論が進められ，同時に発表された。

① JAL グループの新企業理念（下線部は JAL オリジナルの項目，その他は京セラフィロソフィーによる）49

> JAL グループは，全社員の物心両面の幸福を追求し，
> ・お客様に最高のサービスを提供します。
> ・企業価値を高め，社会の進歩発展に貢献します。

「物心」の「物の幸福」とは賃金・賞与等であるが，「心の幸福」とは，全社員のモチベーション向上のため，心に火をつけることを考えた。因みに，破綻前の企業理念は「JAL グループは，総合力ある航空輸送グループとして，お客様，文化，そしてこころを結び，日本と世界の平和と繁栄に貢献いたします」とお客様志向は入っていたが，強固な戦闘的組合集団という岩盤によって浸透せず，所詮絵に描いた餅であった。

企業理念において，お客様や社会貢献よりも，社員のことを最初に位置づけたことに対して，経営幹部から「社会貢献が一番ではないのか，何故一番に社員の幸福がくるのですか」との声が上がった。稲盛会長は「高慢な企業理念では社員にはわからんぞ。この会社で働き，幸せになりたいと思う社員がいて初めて，お客様へのサービスや企業価値，社会貢献が実現できる」と答えられた。いかに JAL 従業員の心がすさんでいたか，会社への忠誠心が薄れていたかを稲盛会長は既に洞察していたのではないかと思う。これまでの JAL では想像も出来なかった企業理念が制定された。

② 40 項目の JAL フィロソフィ（企業理念を実現するための心構え）50

> 第1部：すばらしい人生を送るために
> 　第1章　成功方程式（人生・仕事の方程式）
> 　　　　　人生・仕事の結果＝考え方×熱意×能力

第2章 正しい考え方をもつ
・人間として何が正しいかで判断する・常に謙虚に素直な心・小善は大悪に似たり，大善は非情に似たり・ものごとをシンプルにとらえる・美しい心を持つ・常に明るく前向きに・土俵の真ん中で相撲をとる・対極をあわせもつ

第3章 熱意を持って地味な努力を続ける
・真面目に一生懸命仕事に打ち込む・有意注意で仕事にあたる・パーフェクトを目指す・地味な努力を積み重ねる・自ら燃える

第4章 能力は必ず進歩する

第2部：すばらしいJALとなるために

第1章 一人ひとりがJAL
・一人ひとりがJAL・率先垂範する・尊い命をお預かりする仕事・お客様視点を貫く・本音でぶつかれ・渦の中心になれ・感謝の気持ちをもつ

第2章 採算意識を高める
・売上を最大に，経費を最小に・公明正大に利益を追求する・採算意識を高める・正しい数字をもとに経営を行う

第3章 心をひとつにする
・最高のバトンタッチ・現場主義に徹する・ベクトルを合わせる・実力主義に徹する

第4章 燃える集団になる
・強い持続した願望を持つ・有言実行でことにあたる・成功するまであきらめない・真の勇気をもつ

第5章 常に創造する
・昨日よりは今日，今日よりは明日・見えてくるまで考え抜く・果敢に挑戦する・楽観的に構想し，悲観的に計画し，楽観的に実行する・スピード感をもって決断し行動する・高い目標をもつ

　行動規範は，全社員の心をひとつにして，一体感を持ってお客様に最高のサービスを提供することを，究極の目標とするとともに，職業人としていかに生きるべきか，現場で判断に迷ったとき，どう対処するかを平易な言葉で綴ったものである。それはコミュニケーションとモチベーションの

基盤を提供する。第1部では企業理念にある「全社員の物心両面の幸福を追求する」を実現するための，人としての心構えを示している。

　第1章では，稲盛会長の成功の方程式として有名な「人生・仕事の結果＝考え方×熱意×能力」が示されている。そして，

　第2章から第4章までには，この3要素である考え方，熱意，能力においてどのような心構えが必要かを示している。また，

　第2部では，企業理念にある「お客様に最高のサービスを提供する」「企業価値を高め，社会の進歩発展に貢献する」を実現するための，JALグループ社員としての心構えを示している。

　第2章から第5章までは，JALの企業価値を高めるための心構えを示している。これらの中で，最も重要なポイントは第2章にある「正しい考え方をもつ」である。「人間として何が正しいかで判断する」ことは，上記3要素の中で最重要事項であると述べている。これはCOSO（後述）の考えに符号する。これは東芝のような不祥事を起こした企業においてもこの考え方は重要である。

　JALフィロソフィ策定と同時に，社長を委員長とするJALフィロソフィ委員会が発足した。メンバーは各本部長を中心に構成され，年4回開催されている。委員会では，JALフィロソフィ浸透についての全社方針を策定するとともに，各現場の現状報告が毎年なされている。PDCAの管理サイクルを回して，ベスト・プラクティスを積み上げることが重要である。2011年2月には，JALフィロソフィ手帳が完成し，日本語版4万冊，英語版4,000冊，中国語版600冊，がJALグループ（パート・派遣を含む）及び業務委託先にも配布された。社員の受け止め方は「フィロソフィによって，戻るべき原点が出来たことは大きい」とか「すごく浸透してきているので，忘れてしまうことはないといった自信が，なぜかあります」と率直な感想を述べ，ベクトルが合い出した。

　3）部門別採算制度（アメーバ経営）による意識改革⑤
　採算意識の欠如や，計画は企画部門からトップダウンで降ってくるもの

であった（この点は東芝, VW と似ている）ため, 計画の共有意識がなかったことについては, 前述の通りである。しかし, 経営破たん後の JAL は, 経営幹部から現場まで, 収益部門は勿論のこと, コストセンターでも, JAL フィロソフィに支えられた「部門別採算制度」が導入されたことによって採算意識が組織の隅々まで浸透した。

① 組織改編と採算責任の明確化㊕

2010 年 10 月, まで経営企画本部に集中していた権限を大幅に削減し, 機能別に分かれていた組織を改編した。

 i 収益責任を負う事業部門として路線統括本部, 旅客販売統括本部, 貨物郵便本部を新設し, 路線別収支の見える化を図った。

 ii 航空運輸サービスを提供する事業支援本部として運航, 整備, 客室, 空港の4本部とし, 社内売上げ制度として収益目標（上記の i への付け替えコストに一定のマージンを載せる）を持ち, コストについての小集団活動が活発におこなわれるようになった。

 iii 本社部門として, 経営企画, 経営管理, 財務・経理, 総務, 人事の5本部に統合され, コストセンターとしての意識が高まった。

② 業績報告会による職場での創意工夫㊳

部門別採算制度導入に先立ち, 業績報告会が始まった。1回／月, 2日間開催され, 役員全員・本部長・主要関連会社社長, 支社長等120名が参加し, 役員や本部長自らが, 前月の収支とその理由及び当月の予定・次月の見込み, 現在取り組み中の施策・課題を発表するということは, かつてのJALでは考えられないことであり, 劇的な変化であった。破綻前には月次実績は3カ月後であったが, 1カ月後に出すことに稲盛氏はこだわった。このころ現場では, 不思議な現象がおきていた。目標数値を大幅に上回るコスト削減が, 毎月実現されていった。JALの財務部がいくら分析してもその要因が判らない数百億円の利益が積み上がり始めた。東芝のように「3日で120億円出せ」というようなプレッシャーは全くなかった。

一連の仕組みにより現場は，初めて経営に自主的に全員参加できる機会を与えられ，職場での創意工夫と目標達成に幸福感を感じ出した。確固たる経営哲学と精緻な部門別採算制度をベースとしたアメーバ経営[54]により全員のベクトルが合い出した。

4）機長組合・乗員組合等の変化[55]

　破綻前，JAL の労使関係は緊張していた。なかでも機長組合・乗員組合はその急先鋒であった。普通の会社では部長職にあたる機長は非組合員であるべきである。これはカネボウ会長の伊藤淳二が JAL 会長に就任した頃の失政である。しかし，破綻後，これらの組合は過去の姿から一変し，協力的になった。これまでなかった以下の①～④を進んで行った。

- ①　運航本部長によるパイロット等の運航乗務員に対しての，直接的説明機会の増加。
- ②　「社員同士の信頼関係を取り戻そう」「プラスアルファのサービスを考えよう」「コスト意識を持とう」とのメッセージの度重なる発信。
- ③　経営数値の開示と機長・運航乗務員間等での共有化。
- ④　機長・運航乗務員だけでなく，異なる階層からなる JAL フィロソフィ教育とグループ討議による啓発。

などにより，機長組合・乗員組合は「機長のタクシー通勤の取りやめ，給与などの待遇削減の受諾，会社側との話し合いを尊重する」などの声明を発表した。因みに，現社長の植木義晴は航空大学校卒，17 年間 DC-10 の機長であり，「情の植木」といわれ，敵を作らない親分肌の人柄である。東大卒しかなれなかった JAL 社長に彼を抜擢したこの人事は正に「稲盛マジック」である。

5）JAL のコーポレート・ガバナンスの新基本方針と体制

　JAL グループは，新企業理念のもと JAL フィロソフィを定め，適切な経営判断を迅速に行うと同時に，高い経営の透明性と強い経営監視機能を発揮するコーポレートガバナンス体制を確立し，企業価値の向上に努め，

説明責任を果たすことを，コーポレートガバナンスの基本方針として，監査役設置会社であるが，指名委員会（社長プラス「その他の取締役」で5名以内，「その他の取締役」の過半数は社外取締役）と報酬委員会を持つ。2012年2月現在の取締役会は7名，うち独立社外取締役2名，監査役会は5名，内3名が独立社外監査役と40％以上が社外役員である。

6）稲盛経営哲学はいかにして培われたか

稲盛氏は，物事を判断する際の最もベーシックな倫理的価値観とは「人間として何が正しいのか」「正義にもとることなかりしか」「動機善なりや，私心なかりしか」などであると述べている。こうした倫理観は常に自分自身の中で反省し，繰り返し反復しながら，何年も掛かけて次第に身に付くものであると述べている[56]。

① 米国COSOの倫理的価値観と稲盛和夫の経営哲学

1992年米国トレッドウェイ委員会組織委員会（COSO）は，「内部統制の統合的枠組み」を発表した。その中で，「倫理的価値観（Ethical Value）とは，"意思決定者をして，何が適切な行動様式であるかを決定させることを可能とする，道徳的な価値観のこと"であり，それは，何が適法であるかを超えて，何が正しいかを基礎においたものでなくてはならない」と述べている。

JALの場合，「内部統制の基本システム」として，「JALフィロソフィ」をその基本におき，「人間として何が正しいかで判断する」等の40項目の精神を基軸において関連規程を定め，倫理監査を含めたPDCAの管理サイクルを毎年実施している。一方，東芝Group行動基準「13. 適正な会計」における基本方針として「会計に関する法令・基準を遵守し，一般に公正妥当と認められた会計原則に従って適正に会計処理と会計報告を行います。」と定めている。これを受けて，「役員・従業員の行動基準」として，

　i．会計情報を，一般に公正妥当と認められた会計原則に従って正確かつ適時に会計処理を行います。

ⅱ．会計情報を，法令に則り正確にかつ迅速に開示します。

ⅲ．経理システムの維持・改善をし，財務報告に係わる内部統制の整備・運用に努めます。

と定めてあるが，全く遵守されなかったのは「内部統制の基本システム」としてのフィロソフィとその制度化が欠落していたためである。

「JAL フィロソフィ」の元になった，「京セラフィロソフィ」は 1992 年の COSO よりも，かなり早く 1961 年に確立していた事実に驚かされる。既に，京セラは 1976 年に NYSE に上場していたので，1992 年に発表された COSO の倫理的価値観が奇しくも殆ど同じであることをこの時点で確認できたと思う。

②　稲盛哲学の信念体系の誕生

ⅰ　1937 年頃，4〜5 歳の時に父に「隠れ念仏」[57] に連れていかれ「これから毎日，なんまん，なんまん，ありがとう」といって仏さんに感謝しなさい[58]といわれ，これが彼の感謝する心の原型になったと述べている。

ⅱ　1945 年，13 歳の時，肺浸潤を患った。そのときに「生長の家」の創始者谷口雅春の「生命の実相」の中にある「我々の心の内にそれを引き寄せる磁石があって，周囲から剣やピストルでも災難でも病気でも失業でも，引き寄せるのであります」[59]とのくだりに衝撃を受けている。稲盛氏は「心に描いたとおりに結果が現れる。従って，肺浸潤も心の反映である」との教えに「自分はやましいことを，思ったことがないのにと思いつつ，必死に善き想念を描こうと努力した」「善き想念とは，世のため人のために尽くすことである」との考えに到達した。これは谷口雅春さんの唱えた「感情・感覚・本能は外部に現れた現象世界であり，内部の純粋は心こそが実相である」との思想の影響を受けている。彼はここから仏教に関心を持ち始める。「生長の家」は松下幸之助にも影響を与えている[60]。

ⅲ　稲盛氏は育った薩摩の風土がその精神形成に影響を与えている。彼は

第5章　不祥事防止と持続的成長に必要な仕組みづくり　*115*

京セラの経営理念「全従業員の物心両面の幸福を追求すると同時に，人類，社会の進歩発展に貢献する」を創業3年目の1961年に，南州西郷隆盛が書「敬天愛人」（社是）を基に，将来の待遇保証を求めた3日3晩の労働争議の経験から作り上げている。「天を敬う」とは，自然の道理，人間としての正しい道，即ち，「人間として正しいことを貫く」ことであり，「人を愛する」とは人を思いやる「利他」の心をもって生きるべしという教えである。そのほか，「南洲翁遺訓（儒教）」より「動機善なりや，私心なかりしか」[61]をいただいている。

iv　稲盛氏は，善を実現するためには，実相にある不滅の魂を磨く必要があり，それこそが人生の目的であるとして，1980年ごろから，禅の思想を学び，取り込んで行きます。遂に，1997年，臨済宗妙心寺派の円福寺で在家得度（僧名「大和」）し，托鉢を経験している。「日々反省をしながら善行を積もうと一生懸命努力していれば，その姿を見てお釈迦さまは慈悲の心で救ってくださる。この修行を通じて私はそう信じられるようになった」と述べている[62]。

　また，上記 ii の「世のため人のために尽くすとの善の想念」と iii の「敬天愛人」とが「考え方」を指し iv の「一生懸命の努力が熱意を生む」ことから，京セラフィロソフィにある「人生の結果＝考え方×熱意×能力」が生まれていると考えられる。能力とは先天的な知力・体力等を指す。熱意と能力は0〜100まであるが，考え方は100（正しい考え方）〜－100（悪い考え方）まで広がりがあり，最も重要な要素であると述べている[63]。我が国の企業文化には，石田梅岩の石門心学がある。心学とは「心」をもって人間の本質・真実とし，「道」を人のあるべき姿とし，調和を尊び，神道・儒教・仏教をも統合する，いわば日本人に内在する精神的なあるべき態度に立脚した企業文化である。稲盛氏の「心の経営システム」も「心」を大事にするところと，儒教・仏教（禅宗）から学んでいる点は近似している。

⑸　稲盛改革は一般企業にも適用可能な普遍性があるのかの検証

　以下に，稲盛経営哲学による経営改革は，企業不祥事を起こした企業とか再建企業だけではなく，一般企業に普遍的に適用可能なのかについて検証してみる。

1）高巌（2013，2015）の稲盛改革の評価

　「それが究極的には"顧客を見る経営を蔑ろにしてきた"ことにあると考えている。それゆえ，JAL 再生の道は，役社員の意識を"監督官庁・族議員を第一"から"生活者や顧客を第一に"へと転換させたことにあるといえよう。（中略）再建がうまくいった理由の一つに京セラで培われた"アメーバ経営"の導入があったとされる。これは，職場単位の収入と費用を把握させ，各職場の改善を促す経営手法であるが，これを持ち込んだことで，社員の意識は大きく変わった（『ビジネスエシックス』539 頁）。」また，「稲盛氏の思想と実践は，個人の体験の域を超え，社会全体に大きな影響を及ぼす"社会哲学"になっている（『稲盛哲学』7 頁）。」とその普遍性を強調している。

　しかし，いくつかの点で JAL には逆風が吹いている。稲盛氏の意向で政官界へのロビー活動を封印したが，今や，JAL は羽田発着枠等で ANA に大差（600 億円／年の売上高の差）を付けられた。完全民営化といえども，多くの許認可権を監督官庁が持ち，それに多くの地方空港から撤退した JAL に対し自民族議員が不快感を持っており，また，2013 年 3 月期末で 1 兆円弱の繰越欠損金を持ち当分税金を支払う必要がない点も ANA と比較して優遇されているとみなされている。前途は楽観できないが，大人げない話である。

2）水尾（2013）の「強い企業文化」論

　「企業文化には"強い企業文化"と"弱い企業文化"に区分することができる。さらに一元性と多元性の角度からも企業文化を分類すること

第5章　不祥事防止と持続的成長に必要な仕組みづくり　*117*

ができる。」（中略）「強い企業文化は内外の環境変化に対してタフな強さを有し，マネジメント・コントロールシステムの視点からは，組織のロイヤリティを強め，求心力の向上と一体感，組織の安定性とチームワークの協力体制の構築に結び付く。強い企業文化は革新力，即ち，新しい価値観を浸透・定着させるエネルギーを持ち，企業文化の変革や組織改革に必要な与件となる。またこのことは経営資源の有効活用にもつながり，意思決定や行動に要する時間とコストと金銭的コスト，さらには労働コストの削減につながる（237 頁）。」

と述べている。即ち，不祥事を起こした企業等には，新しいミッション・ビジョンや価値観を浸透・定着させる強いエネルギーを持ち，企業文化の変革や組織改革に必要な「強い企業文化」が必要であるといえる。

　この「強い且つ JAL フィロソフィーなる一元的・強い企業文化導入」による経営改革の凄みと普遍性は，「稲盛和夫の心の経営システム」において，如実に見ることができる。

　3）稲盛和夫のリーダーシップ教育とバーナードの「道徳的リーダー
　　　シップ」との類似性
　青山（2011）は著書『京セラ稲盛和夫　心の経営システム』（96〜101 頁）の中で，「リーダーの人格が企業に魂を入れる。心の経営がリーダーシップを必要とする5つの理由として，
　①　リーダーシップが経営理念を活かす。
　②　リーダーシップだけが人間の心を動かす。
　③　リーダーシップが挑戦と克服を可能にする。
　④　リーダーシップが組織に方向性を与える。
　⑤　リーダーシップが情報共有を可能にする。
と述べている。

　これは，バーナード（Chester I. Barnard）が言う道徳的リーダーシッ

プ，即ち，「決断力，不屈の精神，耐久力，勇気などにおいて，個人が優越している側面であり，人の行動に信頼性と決断力を与え，目的に先見性と理想性を与える（前掲」」に通ずる概念である。稲盛和夫の「リーダーの役割 10 か条」をこれに当てはめると，決断力とは「強い意思を持つ」，不屈の精神とは「誰にも負けない努力をする」，耐久力・勇気とは「どんな困難に遭遇しても決して諦めない」，先見性とは「具体的な目標を掲げ，部下を巻き込みながら計画を立てる」，理想性とは「常に独創的でなければならない」ということになる。

　経営者，稲盛和夫はこの道徳的リーダーシップ教育をもって JAL を再生したといっても過言ではない。不思議なことに 2010 年度の更正計画に基づく営業利益 641 億円に対して，実績は 1,884 億円であった。この改善額 1,243 億円の内 403 億円の増益要因は未だに要因不明である[64]。これは正に「人の行動に信頼性と決断力を与え，目的に先見性と理想性を与えた」結果，目に見えざる力が作用したのではないかと思う。ミッション・ビジョンのタテの展開において道徳性が伴うと「強い企業文化」を支えることにつながることとなる。この道徳的リーダーシップ教育は，今 CG コードにあるサクセッションプランニングにおける経営者倫理教育において強く・広く求められる点である。

　4）稲盛フィロソフィーの制度化と出見世の「倫理的行動の促進」
　「倫理的行動の促進（出見世：2012）——企業倫理の取り組みの相違」30 頁，によると，
　①　コンプライアンス型
　②　職場環境主導型
　③　価値共有型
の 3 つを挙げている。

　稲盛和夫による「道徳的リーダーシップ教育」は L. S. Paine が主張した，個人の裁量拡大と責任ある行動の実現を目指した上記の③の価値共有型である。

図表 5-4　倫理的行動の促進

コンプライアンス型	職場環境主導型	価値共有型
強制された基準に適用	職場に求められる基準に適用する	自ら選定した基準に適用する
違法行為の防止を目指す	「風通しのよい」職場を目指す	責任ある行動の実現を目指す
教育を行い，個人の自由裁量を縮小	教育を行い，職場の裁量範囲を拡大	教育を行い，個人の裁量範囲を拡大
個人は自己利益に導かれる自立的存在	個人は職場の人間環境により影響を受ける社会的存在	個人は自己利益，価値観に導かれる社会的存在

（出典）出見世（2012）。

　また，「JAL フィロソフィ研修」及び「部門別採算制度（アメーバ経営）」
は職場研修及び小集団活動としての出見世理論の② 職場環境主導型であ
り，風通しの良い職場と職場の裁量拡大をもたらした。ただし，アメーバ
経営の主目的はアメーバリーダーの育成であるので，②と③が混在したシ
ステムであるといえる。
　『アメーバ経営論』を著した三矢（2010）は京セラで「アメーバ経営」
を学び，その導入事例として，
　　①　システック（PC メーカーの下請け企業で 1995 年までの 7 年間業
　　　　績不振であったが，導入後大変身を遂げた。），
　　②　ディスコ（半導体装置メーカーで黒字会社，フィロソフィーは導入
　　　　せず，システムとして導入，無駄の排除等の効果あり。），
　　③　広島アルミニュウム（マツダ向け車アルミ部品メーカーで，90 年
　　　　代の円高不況に苦しんでいたが，導入後利益上の貢献のスコアが改
　　　　善した。）
等の事例研究を行っている。
　その共通点は，単なる採算改善だけでなく，その背後にある企業文化・
風土まで変化させ，従業員の考え方を大きく変えてしまう点にある。かか
る意味で，稲盛式「心の経営システム」は一般企業に広く普遍的に効果が
ある。また，理論的にも理に適っている。是非とも経営理念を全員参加で

見直し，「何が正しいかで判断する」企業文化を企業の末端まで浸透させる価値観の共有化・制度化をシステマチックに図ることは持続的成長にとって有意義であるといえる。

2013年12月現在，オーナー経営者を中心に約9,000名（内，中国の塾生1,400人を含む）が盛和塾[65]に所属し，国内外70拠点で稲盛氏から，人としての生き方（人生哲学），経営者としての考え方（経営哲学）を学んでいる。年に1回世界大会も開催されている。所属企業の企業理念・経営フィロソフィ（企業行動規範）・アメーバ会計システムによる意識改革活動は，かなり京セラのそれらと近似しており，その心酔ぶりには驚かされる。恐らく日本最大の経営塾であろう。JAL再生にあたり国内塾生が一人100人の仲間を集め「55万人JAL応援団」を結成し，JAL優先利用にとどまらず，グランドスタッフ等の多くのJAL社員に応援の言葉を添えたメッセージカードを渡し，破綻後のJAL社員の心の支えとなった。

これらのことは，稲盛経営哲学が社会的受容（コンセンサス）を受け，経営陣（取締役会）を中心とした再建活動が，株主をはじめ，従業員，取引先，利用客等多くのステークホルダーに信認された結果であろうと思う。

(6)　まとめ

経営破綻する前のJALは，素晴らしい企業理念，企業行動規範，再生中期プラン等を持っていたが，全く社員に周知徹底されなかったのは，取締役会及び経営陣が，日本で最強の「戦闘的組合集団」である機長組合等8組合を，とことん敵に回してまで，経営の根本的課題である，不採算路線の整理，高賃金・高年金の是正，隠れ債務の是正，意識改革運動等を，身命を賭してまでやらなかった不作為，及び取締役自身の国土交通省や政治家志向からの脱却ができなかったこと，等による。

JALの再建は，JAL会長に就任した稲盛和夫主導による，(1)道徳的リーダーシップ教育からスタートし，(2)JALグループ経営理念並びにJAL

第5章 不祥事防止と持続的成長に必要な仕組みづくり　*121*

フィロソフィ（企業行動規範）の作成・研修及び⑶ JAL フィロソフィの浸透に支えられた「部門別採算制度」（アメーバ経営）の三位一体の「心の経営システム」即ち，ミッション・ビジョンのタテの展開による稲盛哲学の共有化・制度化によって，意識改革運動が企業の末端まで浸透すると共に，これに拍手喝采する社会的受容（コンセンサス）があった。それは C. I. バーナードの「権限受容説」につながる。その上に，不採算路線からの撤退，40％の人員削減，20％の人件費削減，最大53％の企業年金削減等の再生戦略が社員や社会に共感を持って，受け入れられ2年8カ月で再建が成功したといえる。「稲盛氏の思想と実践は，個人の体験の域を超え，社会全体に大きな影響を及ぼす“社会哲学”になっている（高巌：2015）。」といえる。理論的にも理に適っており一般企業に広く適用可能な普遍性がある。特に，再生会社，創業以来の極めて危機感の強い会社等に有効であるといえる。是非とも経営理念を全員参加で見直し，「何が正しいかで判断する」強い企業文化を企業の末端まで浸透させることは真に有意義である。

　なお，再建時，
　①　既存株式の100％減資，
　②　金融機関が持つ債権の内5,215億円をカット（カット率87.5％），
　③　企業再生支援機構からの3,500億円の増資，
等の支援を受けたが，③は2012年8月4,784億円で売却でき政府は1,284億円の利益（約30％）を出すことができた。①と②は，歴代社外役員に，大株主や大口債権者である金融機関出身者等が名を連ねていたが，監督機能が有効に機能しなかった。JAL の破綻原因を調査していた独立機関の「コンプライアンス調査機関」は，「重大事態に対する，歴代経営陣の不作為により JAL は倒産した」と述べている。株式売買は自己責任とはいえ，一般株主は救われない。現在の JAL は CSR（ISO26000採用，国連グローバルコンパクト加盟等）に力を入れ，特に JAL 東北応援プロジェクトを立ち上げ，チャリティ・マイリッジなる募金活動を継続している。また，

お客様第一として安心・安全に力を入れると共に，「定時到着率世界１位」
を２年連続続けている。

４．第５章のまとめ

　ここで述べた，提言－１「ミッション・ビジョン（経営理念・倫理規範・
行動準則・中期経営計画等）のタテの展開による，企業グループ内の価値
共有化・制度化による持続的成長」は一般の企業にとっても非常に重要な
仕組みである。東芝，東洋ゴム，旭化成建材等は皆立派な企業理念・企業
行動憲章・行動準則・RC 方針等名称は異なるが持っている。東芝の行動
基準の 13 条には「適正会計・内部統制の整備・運用」が書かれているが，
所詮，絵に画いた餅であった。制度化ができてない典型である。仏を作っ
ても魂が入ってない。いくら取締役会の監督機能や三様監査（監査役会／
監査委員会監査，内部統制監査，外部監査）の４つの監督・統制機能を強
固に充実させていても，いとも簡単に無効化・無視化されてしまうことが
実証された。次の実証データは何を言わんとしているのかよく眺めてほし
い。
　上位４項目に「経営トップの姿勢・誠実性」「健全な企業風土」「企業倫

図表 5-5　企業不祥事の抑止要因（回答 2,264 社）

	回答数	％
1. 経営トップの姿勢・誠実性	2,126	92.2
2. 健全な企業風土	1,885	81.7
3. 組織・責任と権限・内部統制体制	1,656	71.8
4. 企業倫理に基づく行動基準等の周知徹底	1,543	66.9
5. 監査役（会）の監査機能	1,484	64.3
6. 内部監査部門の監査機能	1,400	60.7
7. 管理部門の管理機能	1,296	56.2
8. 取締役会の監督機能	1,270	55.0
9. 会計監査人の監査機能	1,132	49.1
10. 法令遵守規程・マニュアル等	1,087	47.1

（出典）月刊監査役 No. 562「企業不祥事と防止と監査役」（2009.12）。

理に基づく行動基準等の周知徹底」が入っている。そして，下位5〜9項目に「取締役会の監督機能」，と三様監査機能の「監査役（会）の監査機能」，「内部監査部門の監査機能」，「会計監査人の監査機能」の4項目が入っている。どんなに制度を充実しても，その運用と経営者資質に欠陥があった場合にはCGの実効性は上がらないことを実証している。即ち，経営者がそれら制度を無効化・無視化した場合，いとも簡単に内部統制機能等はその限界をむかえる。しかし，「限界があるから仕方がない」では経営は済まされないのである。企業は持続的成長と中長期の企業価値の向上という責務を「株主をはじめとするステークホルダー」に負っているのである。

　提言－1の「ミッション・ビジョンのタテの展開による，企業グループ内の価値共有化・制度化」とはCGコードの原則2-1，2-2，2-3，2-5，3-1，4-1，5-1，5-2の8つの原則の有機的一体化である。各々ばらばらに考え逐一comply or explainの回答案を「CGに関する報告書」に一生懸命記述しても，CGコードの目的である「持続的成長と中長期の企業価値の向上」は図れない。提言－1はCGコードというソフトロー（制度）を活用した「企業グループ内，価値共有化・制度化」という「運用」と倫理教育等による「経営者資質」良化の話である。筆者の持論である，CGの実効性を上げるためには「制度とその運用と経営者資質の三位一体の改善・改革」がなくてはならないのである。

　また，結論として，提言－1の「ミッション・ビジョンのタテの展開による，企業グループ内の価値共有化・制度化」は不祥事を起こした企業や再建企業等だけでなく，持続的成長を図るために，広く一般企業に普遍的に活用できるシステムであるといえる。経営トップの方々は心して検討・導入されたい。

【注】

29　2015年10月21日「日経」「金融庁・東証の有識者会議」参照。

30　今井祐（2015）『経営倫理』No. 80, 6頁「持続的成長と企業価値向上に生かすコーポレートガバナンス・コードの使い方」経営倫理実践研究センターより一部引用・参照。

31　法人有機体説・法人組織体説・法人社会作用説を纏めて，「法人実在説」という。法人擬制説に対するアンチテーゼ。日本の判例・学説においては法人実在説が主流となった。この

124　第 2 部　「守りのガバナンス」による持続的成長と「攻めのガバナンス」による企業価値向上

結果, 法人擬制説に傾倒している民法を法人実在説的に解釈していくということになった。1970 年 6 月, 最高裁は八幡製鉄政治献金事件において, 法人実在説によって実効的な法支配が受け入れられていることが確認されている。一方, 英米法では法人擬制説が基本で, 会社は「契約の束」でしかなく, 経営者は「契約の束」の中核にいて総合的に経営を管理する主体である。また, 経営者は株主に契約によって雇われたエージェントに過ぎないとの株主主権論に基づいている。

32　Wikipedia「ブラック企業」参照。

33　今井祐 (2015)『経営倫理』No. 80, 6 頁「持続的成長と企業価値向上に生かすコーポレートガバナンス・コードの使い方」経営倫理実践研究センターより一部引用してある。

34　経営者通信 Online, TOMA コンサルタンツグループ株式会社代表取締役・公認会計士藤間秋男 http://k-tsushin.jp/interview/toma/, 2015.11.06 参照。

35　2015 年 11 月 13 日「日経」新聞「東洋ゴム, 新体制が発足」参照。

36　東洋ゴム工業㈱ 2015 年 6 月 23 日「当社子会社製建築用免震ゴム問題における原因究明・再発防止策・経営責任の明確化について」及び国土交通省 2015 年 7 月 29 日「免震材料に関する第三者委員会報告書」参照。

37　日経ビジネス 2015.09.14「東芝, 広がる現場と経営の溝」10 頁参照。

38　日本経営倫理学会：創立 1993 年 4 月, 東京に本部 (電話：03-3221-1477) がある。学会の目的は,「本学会は, 経営倫理問題に関する事項について, 学術的かつ実際的な研究を行い, その研究成果の発表, 診断指導技法の開発, 国内及び諸外国における関連学会・研究団体との交流及び情報交換並びに連絡提携, 関連資料等の刊行等の事業活動を通じて会員相互の協力と資質の向上を促進し, もってわが国における経営倫理問題の健全な発展に寄与することを目的とする。」である。2014 年 7 月現在 475 名の学会員が参加している。

　　テーマ別部会には「理念哲学研究部会」「ガバナンス研究部会」「企業行動研究部会」「CSR 研究部会」「実証調査研究部会」「経営倫理教育研究部会」「関西地区研究部会」「中部地区研究部会」などがあり, 活発な研究活動を行っている。国際的な経営倫理の学術協会にも積極的に参加している。協力団体として「経営倫理実践研究センター (BERC)」及び「日本経営倫理士協会 (ACBEE)」がある。現在, 会長は 2015 年 6 月からは梅津弘光が就任している。

39　一般社団法人経営倫理実践研究センター (Business Ethics Research Center (通称 BERC)) は企業の経営倫理を実践研究する我が国初の産学共同の専門機関として 1997 年に発足した。そして, 日本経営倫理学会・日本経営倫理士協会との強い連携のもと, 経営倫理・コンプライアンス (含むパワハラ・セクハラ)・リスクマネジメント・内部統制・CSR・CSV・コーポレート・ガバナンス・米国連邦腐敗防止法・国内外独禁法などについて, 内外の最新情報の収集と研究, 企業活動におけるコンサルティング, インストラクターの養成, 広く企業人への啓発普及など, 文字通り具体的な研究と実践に努めてきた。その結果, 企業会員も一流企業中心に 150 社を超え (年間登録者数：約 300 人超), 参加企業数において我が国最大の経営倫理実践研究センターとなることができた。『経営倫理』なる内容のある雑誌を刊行している。また, 各種シンポジュウムや時局セミナーにおきまして,「経団連」の後援をいただいている。

　〒 102-0083 東京都千代田区麹町 4-5-4 桜井ビル 3 階, 専務理事：河口洋徳, 渉外担当主幹：平塚直, 電話番号 03-3221-1477, E-mail：hiratsuka@berc.gr.jp

40　貫井陵雄 (2002)『企業経営と倫理監査』93 頁参照。

41　「日経」新聞 2004 年 6 月 13 日参照。

42　今井祐 (2015)『日本経営倫理学会誌』第 22 号,「日本航空 (JAL) の再建に見る経営者稲盛和夫の経営哲学」より一部転載・引用してあるが, 全体として, 内容・形式共に充実・

第 5 章　不祥事防止と持続的成長に必要な仕組みづくり　*125*

改善（本文 7 頁→ 21 頁）してある。

43　飯野春樹（1979）『バーナード経営者の役割』有斐閣新書 151 頁（バーナードの原文 217 頁）。

44　田中求之（2009）「チェスター・バーナード『経営者の役割』を読む」参照。

45　引頭麻実（2013）『JAL 再生』40 頁。

46　稲盛和夫（2012）「再び成長路線へ」「日経」2012 年 10 月 31 日，「日経」2013 年 2 月 18 日〜21 日「日航・稲盛和夫 1〜4」, PRESIDENT2013.3.18 号「稲盛和夫の叱り方」23〜33 頁，及び引頭麻実（2013）『JAL 再生』61 〜 67 頁参照。

47　①　経営 12 カ条：事業の目的，意義を明確にする，具体的な目標を立てる，強烈な願望を心に抱く，誰にも負けない努力をする，売上を最大限に伸ばし，経費を最小限に抑える，値決めは経営，経営は強い意思で決まる，燃える闘魂，勇気をもって事にあたる，常に創造的な仕事をする，思いやりの心で誠実に，常に明るく前向きに，夢と希望を抱いて素直な心で。

　　②　会計 7 原則：キャッシュベース経営の原則，一対一対応の原則，筋肉質経営の原則，完璧主義の原則，ダブルチェックの原則，採算向上の原則，ガラス張り経営の原則。

　　③　6 つの精進：誰にも負けない努力をする，謙虚にして驕らず，反省のある毎日を送る，生きていることに感謝する，善行，利他行を積む，感性的な悩みをしない。

48　稲盛和夫（2012）「再び成長路線へ」「日経」2012 年 10 月 31 日，「日経」2013 年 2 月 22〜23 日「日航・稲盛和夫 5〜6」, PRESIDENT2013.3.18 号「稲盛和夫の叱り方」23〜33 頁，参照。

49　引頭麻実（2013）『JAL 再生』76〜80 頁参照。

50　同上，80〜94 頁参照。

51　同上，99〜105 頁，113〜118 頁参照。

52　同上，106〜113 頁参照。

53　同上，120〜125 頁参照。

54　アメーバ経営とは「組織を小集団に分け，市場に直結した独立採算制により運営し，経営者意識を持ったリーダーを育成し，全従業員が経営に参画する「全員参加経営」を実現する経営手法です」。

55　引頭麻実（2013）『JAL 再生』142〜143 頁参照。

56　同上，148 頁参照。

57　隠れ念仏とは，江戸時代に薩摩藩で浄土真宗が弾圧されて以来，密かに活動を続けた念仏講の一つであると見られる。

58　稲盛和夫（2004）『生き方』141 頁。

59　稲盛和夫（2004）『稲盛和夫のガキの自叙伝』32 頁。

60　稲盛和夫（2001）『稲盛和夫の哲学』198 頁, 青木良和（2013）『変革のための 16 の経営哲学』207〜208 頁参照。

61　皆木和義（2008）『稲盛和夫の論語』5〜6 頁，24 頁参照。

62　稲盛和夫（2001）『稲盛和夫の哲学』201〜206 頁参照。

63　稲盛和夫（2004）『生き方』24〜26 頁，稲盛和夫（2012）『ゼロからの挑戦』98〜103 頁参照。

64　引頭麻実（2013）『JAL 再生』16〜39 頁。

65　盛和塾：1983 年に発足。京セラ，KDDI，ワタベウェッディング，ブックオフコーポレーション，バリュークリエイト等 8031 人の主として中堅企業経営者・準経営者からなる日本最大の経営塾。

第6章

ウェスティングハウス社に
不正会計処理はなかったのか

1．ウェスティングハウス社に不正会計処理がなかった

⑴　事実関係

　2015年9月1日の「日経」によると室町正志社長は「米国子会社で水力発電所のコスト見直しがあったが，ウェスティングハウス社ではない。」と述べている。即ち，不適切会計は東芝の米国子会社では起きているがWHCでは起こってないとのことである。因みに，WHCの会計処理についてはG案件がある。即ち，東芝役員責任調査委員会の報告書11～12頁から引用する（下線部は筆者による）。

> 　東芝の米国連結子会社である westinghouse Electric Company LLC（以下「WEC」という。）は，2007年から2009年にかけて，AP1000と称する加圧水型原子炉を用いた原子力新規プラント建設プロジェクト等を受注した（以下G案件という）。G案件では，設計変更によりコストが増額し，WECの会計監査を務める米国会計事務所から，2013年度第2四半期末時点で，見積工事原価総額の3億8500万米ドルの増額が見込まれる状態であるとの指摘がされたことから，WECを所管する電力システム社（以下電力社という）においては，会計上同時点において当該見込みに従って工事原価総額を見積もるとともに，工事損失引当金の計上を行うべきであった。また，同年度第3四半期末においても，少なくとも見積工事原価総額について，4億100万米ドルの増額が見込まれていたのであるから，当該見込みに従った工事原価総額の見積もり及び工事損失引当金の計上が行われるべきであった。

しかしながら，実際には同期末時点では，2億9300万米ドルのみが計上された。

　本委員会は，調査の結果，後記7.2.1記載のとおり，本件調査対象者のうち田中久雄氏（以下「田中氏」という。）及び久保誠氏（以下「久保氏」という。）が上記行為に関与しており，同氏らに善管注意義務違反による損害賠償責任が認められると判断した。

　以上は，WHCでの会計処理及び米国会計事務所からの指摘共に正しかったが，連結四半期決算調整処理を行う東芝本社が意図的に期ずれ処理を行い，損失の先送りを行ったのである。これと同じことが，WGCが2012年〜2013年にかけて新規建設部門とオートメイション部門の2部門（他に燃料部門とサービス部門がある）で行った1,156億円の，のれんの減損処理で起こっている。

減損処理とは
　わが国では，「固定資産の減損に係る会計基準」の導入により，2006年3月期から強制適用となった。その兆候は以下のごとし。
1．資産又は資産グループが使用されている営業活動から生ずる損益又はキャッシュフローが，継続してマイナスとなっているか，あるいは，継続してマイナスとなる見込みであること。
2．資産又は資産グループが使用されている範囲又は方法について，当該資産又は資産グループの回収可能価額を著しく低下させる変化が生じたか，あるいは，生ずる見込みであること。
3．資産又は資産グループが使用されている事業に関連して，経営環境が著しく悪化したか，あるいは，悪化する見込みであること。
4．資産又は資産グループの市場価格が著しく下落したこと[66]。

　以下は，東芝本社の意向に反してWHCと米監査法人がいかに厳正な会計処理を行ったかを示している。即ち，2015.11.14日「日経」新聞は，「東芝は13日午前取引終了後に，WHは一部部門を減損して計13億ドルを計上した。（中略）WHが所属する原子力部門全体の収益性は確保され

ている」旨発表したことを伝えている。一方，日経ビジネス 2015.11.16 は
「米監査法人アーンスト・アンド・ヤング（EY）が，同年 7 月 23 日 WH
の監査報告書にサインし，減損処理をおこなうことが確定した。（筆者挿
入：東芝本社の）久保は EY の監査プロセスに不満を抱いたのだ。（中略）
久保は，減損に対する EY の見解を変えたかった。その期待に応えられな
かった（筆者挿入：EY と提携関係にある）新日本にたいして，"ビット"
という言葉で契約打ち切りを示唆したのだ。」とのべている。以上のやり
取りは，いかに WHC と米監査法人（EY）が東芝本社と新日本監査法人
に対して，頑固で，厳正なる会計処理をやったかを示している。即ち，
WHC が正直に行った減損損失を東芝本体の連結決算では，逆仕分けを入
れて修正し，計上してない。

　東芝は WHC の減損会計 1,156 億円を開示しなかったため「東証」から
適時開示をすべきであったとの指摘を受けた[67]。これを受けて，2015 年
11 月 27 日，東芝は「米子会社 WH をめぐる開示義務違反について，情報
公開の改善を約束する。また今年度，原子力事業は営業黒字である」旨の
記者会見を行った。

⑵　WHC の紹介

　WHC は原子力関連の広範な製品の販売とその関連サービスを行う多国
籍原子力関連企業。核燃料，サービスとメンテナンス，制御と計測，原
子炉の設計などを行っている。旧ウェスティングハウス・エレクトリッ
ク（WEC）の一部で独立した原子力企業であったが，1997 年に WEC は
CBS を購入し，原子力部門を英国核燃料会社に売却，2005 年には東芝に
売却され，現在は東芝グループの一部となっている。本社はアメリカ合衆
国ペンシルバニア州バトラー郡に所在する。

　買収は 2006 年 10 月 16 日に 54 億ドルで行われ，東芝が 77％を保有し，
シェアパートナーとしてショーグループが 20％，IHI が 3％を保有するこ
ととなった。2007 年 8 月 13 日，東芝は株式の 10％を 5 億 4,000 万ドルで
カザフスタンの国営ウラン採掘企業カザトムプロムに売却した。カザトム

プロムは株式を所有はしているものの，取締役会でのプレゼンスや議決権や拒否権は受動的である。2011年9月東芝はショーグループの株式の取得交渉を行っていると報じられ，その直後両者がその話について確認した。これはショーグループが株式の売却オプションを行使したことによるもので，2013年1月に株式の取得は完了し東芝の株式保有比率は87%にまで上昇した。東芝は他のパートナーに取得した株式の一部を譲渡する考えを発表していたが，2014年3月31日現在，87%の株式を所有し続けている[68]。

東芝はこの買収に伴って，財産価値（純資産）をはるかに超える金額で買収したため，東芝のバランスシートには，その差額に当たる「のれん」などWH関連で約5,000億円もの無形固定資産が計上されている。

これは事業が将来生み出す収益が見込めなくなれば資産として正当性を失い，決算上で減損処理をすることが義務づけられている。本件に関して，「WHCは2012〜13年度の決算で計13億ドル（約1,600億円）の減損損失を計上していた。（中略）これは過去の決算訂正につながるものではないが，（東芝本社が）巨額損失を積極的に開示しなかった姿勢に批判の声がでている。（中略）東芝はWHC全体で見れば年平均2億〜3億ドルの事業利益が出ている，将来の収益も見込めるため，過去決算でも現時点でも減損の必要はないと説明する[69]。」

また，WHCに対する債務保証が2014年度で5,816億円になっている。それだけにWHCは持続的成長と中長期の企業価値の向上を続けなければならない[70]。

2．WHCの経営理念・共通の価値観と行動原則

図表6-1　WH社の経営理念・共通の価値観・行動原則

・ビジョン（経営理念）：
「未来に向かってイノベーションが第一」「顧客第一」
・ヴァリュウ（共通の価値観）

尊敬：従業員との約束やコミュニケーションによって尊敬の念が培われるように強い
　　　リーダーシップをとる。

優秀：原子力事業における卓越性，工事と従業員両面における安全第一を業務遂行，
　　　安全，品質，搬送の各面において高度の期待をもって実現する。

創造性：イノベーションは我々の DNA である。問題に直面しても，果敢に挑戦し，ア
　　　イディアをソリューションに転換できるように協調的発想をとることに我々の価値
　　　を見出す。

誠実性：誰も見てない時でも，我々は言行一致，正直，公平，に振る舞い結果に責任
　　　を持つ。

顧客への熱意：我々はどこにいようが，顧客の期待，ニーズに十分に応え，顧客が成
　　　功するように一生懸命努力する。

遂行：柔軟性，機敏さ，確固たる戦略，卓越した技術をもって計画を策定し実行する。
　　　安全性，継続的改良，学習，効率性へのあくなき追及を求め，世界市場に応えていく。

・行動原則（2011 年 5 月 20 日）
　　原則 1：安全，健康，放射線からの防御（26 項目）
　　原則 2：原子力プラント建設における設計等の保証（20 項目）
　　原則 3：環境保全，使用済み核燃料の処理（14 項目）
　　原則 4：原子力事業における損害に対する保証（8 項目）
　　原則 5：核兵器拡散反対と防御措置（5 項目）
　　原則 6：倫理基準
　　　6.1　顧客との間での高い倫理基準の遵守
　　　6.2　これらの原則について透明性及び誠実性の精神をもって伝達する。
　　　6.3　労働安全を促進し，環境保全，国民の健康をまもる。
　　　6.4　環境と社会への効果的対策を含む持続的成長の原則を絶えず考慮にいれる。
　　　6.5　原子力建設計画についての一般情報とその潜在的な環境及び社会に対する影響
　　　　　について周辺地域住民との参加方式による情報開示を顧客と協力して推進する。
　　　6.6　米国及び英国の腐敗防止法を遵守する社内規則の制定・実施。
　　　6.7　児童労働・強制労働の禁止，雇用における差別撤廃，組合結成の自由や団体交
　　　　　渉権を含む基本的労働者の権利について言葉だけではなく実行に移すこと。
　　　6.8　国際人権宣言に準拠して基本的人権を尊重する。
　　　6.9　これらの倫理基準を宣言することにより，原子力発電事業にかかわる取引先，
　　　　　下請け先を鼓舞する。

（出所）www.westinghousenuclear.com/ より筆者抄訳。

3．米国の倫理規範・行動準則は
法律と上場規則で作成から制度化までが求められている

(1)　はじめに

　そもそも，倫理規範（Code of Ethics）と行動準則（Code of Conduct）

とは米国で法律と上場規則で定められている。SOX 法（Sarbanes-Oxley Act of 2002）の第 4 章 406 条基づき，SEC（US Securities and Exchange Commission）は，その施行規則を公布している。この中で，倫理基準（Code of Ethics）を間接的に強制している。これを受けて，NYSE（New York Stock Exchange）と NASDAQ（National Association of Securities Dealers Automated Quotations）は上場規則において，行動準則（Code of Conduct）を定めることを求めている。ここまで来るには，長い歴史がある。

　一方，我が国には，今回の本コード（ソフトロー）の【原則 2-2. 会社の行動準則の策定・実践】が入るまで，法律（ハードロー）の本文には，倫理規範とか行動準則なる文言が存在しない。「東証」の上場規則に「企業行動規範」があるが，「第三者割当に係る遵守事項」「流通市場に混乱をもたらすおそれのある株式分割等の禁止」など 13 の個別遵守事項の羅列であって，米国のように基本的事項が体系化されてない。今回 CG コードの原則 2-2 で初めて【会社の行動準則の策定・実践】がソフトローとして入ったことは歓迎すべきことである。

(2)　連邦量刑ガイドラインの制定（1991 年）

　初めて Ethics なる文言が米国の法文上現れたのは，1940 年の連邦証券法の中の投資会社法である。文中に「SEC が作成・適用する規則・規制には Code of Ethics の適用が含まれる」との一文がある。Business Ethics and Conduct として正式に表示されたのは 1986 年の「防衛産業イニシアチブ」即ち，防衛産業に関わる契約業者が守るべき企業倫理と行動に関する協定である。

　米国の倫理コードの導入とその実効性に大きく影響を与えたのは，1987 年の「連邦量刑ガイドライン」である。1991 年 11 月の改正において企業等の違法行為に対する量刑指針が明示されただけでなく，企業が効果的なコンプライアンスや倫理プログラムを保有している場合，科された罰金が軽減される。梅津（2005，160～161 頁）によると，

「これは企業が不正をおこなった場合に，社内的な倫理やコンプライアンスの制度を講じていたかどうかによって罰金レベルに差をつけようというものであり，企業内制度の拡充を推進しようとするプログラムである。どこの国の企業でも同様だが，何か不祥事が起った時には『これは企業ぐるみで行ったものではない』という言い訳をするのが通例である。場合によっては一部の従業員に責任を転嫁する『とかげのしっぽ切り』も行われる。但し，『企業ぐるみでない』という弁明の真偽の検証は往々にして『やぶの中』と言うことが多い。アメリカでも事情は全く同じであったが，連邦量刑ガイドラインでは常日頃から企業内倫理制度を確立して，教育・研修など社内への徹底を図る地道な努力を続けている企業の場合には，仮に不正が起きたとしても『会社ぐるみでない』という弁明に客観的な証拠ありとみなして，罰金を軽減する措置がおこなわれるようになった。不祥事に対する罰金額が最大で80倍も違ってくることから，全米の企業が社内倫理プログラムの制度を整えることになった。」

と述べている。

　講ずる企業倫理を機軸にマネジメントすることが結局は「倫理的振る舞いの企業は継続・発展する」という新しいコンセプト（貫井：2002）に企業が気づく契機となった。その意味で「連邦量刑ガイドライン」の存在は企業倫理体制の普及促進に絶大な影響があったといえる。倫理に関する懲罰的な罰金制度のない日本との彼我の差は大きいといわざるを得ない。従って，わが国では，日本経営倫理学会（注14参照），経営倫理実践研究センター（注15参照），日本経営倫理士協会[71]等の諸団体による啓発・普及活動や企業自らの自主努力に基づく倫理的風土の普及促進に力を入れざるを得なかった。従って，今回の本コードの【原則2-2. 会社の行動準則の策定・実践】「上場会社は，ステークホルダーとの適切な協働やその利益の尊重，健全な事業活動倫理などについて，会社としての価値観を示しその構成員が従うべき行動準則を定め，実践すべきである。取締役会

第6章　ウェスティングハウス社に不正会計処理はなかったのか　　*133*

は，行動準則の策定・改訂の責務を担い，これが国内外の事業活動の第一
線にまで広く浸透し，遵守されるようにすべきである。（注〔背景説明〕
として，「上記の行動準則は，倫理基準，行動規範等と呼称されることも
ある。)」が入ったことは，正に画期的なことである。

　尚，2005年1月，連邦量刑ガイドラインは最高裁の違憲判決により強
制力を持たない文字通りガイドライン的色彩を強めることとなった。

⑶　COSO による「内部統制の統合的枠組み」の公表（1992 年）

　トレッドウェイ委員会組織委員会（COSO：The Committee of
Sponsoring Organization of the Treadway Commission）は「共通の内部
統制の統合的枠組」を明らかするため，1992年に統制環境要因として
「誠実性（Integrity）と倫理的価値観（Ethical Value）を取上げた画期的
内容を公表した。意思決定者は「何が適法か」超えて「何が正しいか」
を決めなくてはならないと述べた。この考え方は，その後 L. S. Paine の
Value Shift 論（2004）や「2004年版 OECD のコーポレート・ガバナンス
原則」にある「高い倫理基準の適用」や「倫理的行動の枠組みは法令遵守
を超える」に継承・深化される。即ち，「企業倫理の制度化」を法令遵守
の上位概念として述べている。そして，「内部統制の有効性は，内部統制
を設定し，管理し，監視する人々の誠実性と倫理的価値観の水準を超える
ことはできない。それらは統制環境の不可欠の要素であり，内部統制の
それ以外の構成要素（リスクの評価と対応，統制活動，情報と伝達，モニ
タリング，IT への対応）の設計，管理及び監視基準に影響する。全ての
職位に亘って強固な倫理的環境を確立することは，企業の繁栄を図る上で
も，従業員や社会の方々にとっても極めて重要であり，且つ，企業の方針
や統制システムの有効性を大きく高める」と内部統制に関わる方々の誠実
性と倫理的価値観等のモラルの高さが内部統制の有効性を決めると述べて
いる。このことは誠に重要なことである。東芝の場合，経営監査部とリス
クマネジメント部が業務分掌規程に誰も従わなかったために，内部統制シ

ステムが機能しなくなり，大不祥事の起因になっている。

　一方，我が国において，暗黙知という企業文化を，内部統制の「見える化」を図るために，膨大な手続き書や基準書に詳細を逐一記述してもコストばかり掛かり実効性が上がらないので簡素化すべきとの意見が学者の間でもある。特に，グローバル企業にとっては，

① 日本の暗黙知という企業文化を海外にまで持ち込み，現地を説得できるのか。

② 最近のFCPA（米国腐敗行為防止法）や海外独占禁止法の強化の動きと日本の企業文化の持ち込みとの融合について，現地法人は対処できるのであろうか。

③ 今般の会社法改正案では，企業集団の適正を確保するための体制（会362条4項6号）である企業集団内部統制の考え方が明確に出され，適正な企業集団内部統制を構築・運用しないと，親会社役員が善管注意義務違反に問われることもありうる。

このような問題があり，日本の企業文化を海外に持ち込み，内部統制の手続きの簡素化によるコスト削減を試みることは，そう簡単ではない。現実的には，日本の企業文化のうち，経営理念や国際的な倫理規範・行動準則を持ち込むべきで暗黙知の持ち込みは難しいであろう。

　次に，米国COSOの話に戻すと，事業上のリスク全てを掌握し対策を取る「全社的なリスク・マネジメント（ERM：Enterprise Risk Management）」の必要性が叫ばれたため，7年間検討を重ね，2001年に検討終了していた。その矢先にエンロン事件が起こり公表延期となり，2004年に「New COSO」として公表されるまで，実に10年を要した。わが国では八田・鳥羽・高田等（1996）により「内部統制の統合的枠組み（理論編）」が著書として発行され，9年後の2005年12月に金融庁企業会計審議会内部統制部会より，所謂，基準案（日本版COSO）が行政から正式に示された。残念なことに，この空白の9年間に，1996年の住友商事銅

簿外取引事件（損失額 18 億ドル），2003 年の足利銀行破綻事件（233 億円債務超過），2004 年の西武鉄道事件（「有報」虚偽記載），2005 年の鐘紡粉飾決算事件（2,150 億円粉飾）等 4 大不祥事が起こる。

2013 年 5 月，米国 COSO より，1992 年発行の「内部統制の統合的枠組み」を全面的に見直した改訂版が公表された。この改訂は従来の内部統制の定義や評価・管理方法を変えるものではなく，内部統制の 5 つの構成要素を支える概念を 17 の原則として明示したこと及び非財務報告も対象に含めた。特に，後者は現在の株式時価総額の約 80％が非財務情報，即ち，環境価値・社会価値・顧客満足度・主要リスク評価・従業員価値等から構成されている。

なお，「米コンサルタント業のオーシャン・トモ社が，米 S&P500 株指数の構成企業の株価を要因分析した結果，1975 年は約 8 割を財務情報で説明できたが，2009 年は約 2 割しか説明できず，非財務情報が企業価値を判断する軸になっている」ことを考えると当然であろう。

⑷　SOX 法，第 4 章，第 406 条及びその施行規則による倫理規範・行動準則

1）はじめに

2001～2002 年に起こったエンロン及びワールドコムの経営破綻は「CEO・CFO など経営陣のモラル・ハザード」，「取締役会や監査委員会による監督・監査の形骸化」，「監査法人と企業との癒着による証拠隠滅」が共に原因であった。エンロンの場合には内部告発による露見である。かなり東芝の場合と近似している。経営破綻しなかっただけ東芝は幸運であったかもしれない。エンロン及びワールドコムの経営破たんを受け，2002 年 7 月に成立した SOX 法（Sarbanes-Oxley Act of 2002）は，わが国の金融商品取引法（通称 J-SOX 法）にも多大な影響を与えた連邦法（証券法制）として有名であるが，第 4 章，第 406 条及びその施行規則にある倫理規範・行動準則はスキップされ我が国の金融商品取引法（通称 J-SOX法）の本文には導入されなかった。SOX 法が制定された背景には 2001 年

12月のエンロン社や2002年7月のワールドコム社の事件があった。

2）SOX法，第4章，第406条及びその施行規則とは

（2008 SEC Handbook, 446～447頁，1726頁，筆者抄訳）

　財務情報のディスクロージャーの強化の一環として，2002年7月SOX法第4章406条にもとづき政府機関であるSECは2003年1月，その施行規則を定め，株式発行者がCEO，CFO，CAO，コントローラー等のための倫理規範（Code of Ethics）を制定しているか，また制定してなければその理由を，開示しなければならないと規定した。また，倫理規範の定義を「犯罪を防止し，次に掲げる行為の促進を図るため合理的に必要とされる基準」と述べ遵守事項として以下を定めている。

① 個人と職業との間における明白な利益相反を倫理的に処理することを含む，誠実で倫理的な行動

② 発行者が提出すべき定期報告書を完全（full），公平（fair），正確（accurate），タイムリー（timely），分り易い（understandable）な形で開示すること

③ 適用される法令・規則の遵守

④ 倫理規定違反者を発見した場合の倫理規定に定められた者等への迅速報告

⑤ 倫理規則遵守に関する説明責任

などの行為を倫理規定基準と定義し，更に推奨事項として，内部通報システムや罰則を定めることなど「企業倫理の制度化」を求めた。

　これを受けNYSE，NASDAQは上場企業に対し，全ての役職員・一般従業員まで対象を拡大し，第4章406条規則の倫理規範（Code of Ethics）の遵守，行動準則（Code of Conduct）の採用と開示，違反に対する通報制度の確立などの制度化を求めた。

第 6 章　ウェスティングハウス社に不正会計処理はなかったのか　*137*

⑸　**米国ゼロックス社（Xerox Corporation）の取締役に対する倫理行動**
　　規範の事例（2007 年改訂版）―筆者抄訳

　ゼロックス社の取締役に対する倫理行動規範は以下の如し。また，これ
に準じて執行役員と従業員向けの倫理行動規範が作成され，説明・研修・
通報制度等の制度化ができているが，先ず経営トップから誓約し，範を垂
れることが重要である。

　1）利益相反の回避

　取締役個人及びその近親者の便益と会社の利害との不一致の回避と，も
しおこった場合には議長等への速やかな開示義務。例えば，

　①　第三者との取引回避（会社方針に反する場合や会社の取引先との個
　　　人的契約等）

　②　会社以外からの報酬・ギフトの受領の回避

　2）会社の資産・情報や取締役の地位等から発生する諸機会を個人的に
　　　利用することの禁止。

　3）機密保持

　4）会社資産の毀損・窃盗等からの防衛と効率使用の義務化。取締役は
　　　会社の時間・従業員・資産等を個人的に利用してはならない。その場
　　　合には議長等からの事前承認を受けること。

　5）執行役員や従業員の平等（fair）な取り扱い。えこ晶屓・偏見等の
　　　排除。

　6）法令順守

　7）当該倫理行動違反にたいする免責条項はない。免責が必要な場合に
　　　は直ちに取締役会の全員の同意と株主への情報開示が必要。

　8）管理職を含む従業員による法令違反や反倫理的行動の報告制度の奨
　　　励と報告者への報復の禁止。

　9）当該倫理行動規範に違反した場合，監査委員会委員長に報告され，
　　　調査委員会が取締役会の中にできる。

4．米国における「ミッション・ビジョンのタテの展開による，企業グループ内の価値共有化・制度化」の失敗事例 ～リーマン・ショック事件（2008年9月経営破綻）～ [72]

(1) 事件の経緯

　リーマン・ブラザース（Lehman Brothers）は NY に本社を置いた米国第4位の巨大証券会社・投資銀行であった。リーマン兄弟により 1850 年設立されたが，次第に同族経営から脱却し，1984 年にはアメリカンエキスプレスに，また 1988 年にはプライメリカに買収される。その後プライメリカはリーマン・ブラザース・ホールデイングとして NY 市場に再上場。1999 年，クリントン大統領がグラス・ステーガル法（1933 年に，大恐慌の教訓から，商業銀行と投資銀行の間に恒久的な壁を作る法案）を無効化する法案を成立（この無効化が行われなければリーマン事件は防げたといわれる法案）させたため，大手商業銀行が証券市場に参入してきたことに対抗して，1994 年リーマンの CEO に就任したリチャード・ファルド（Richard S. Fuld）は，1999 年に危険性の高いサブプライム・ローンの証券化をいち早く推進するという，ハイリスク・ハイリターンの方針を打ち出す。これが米国の低金利政策による住宅バブルの到来と軌を一にし，業績の拡大に成功する。彼は最大手の住宅ローン 2 社が契約したサブプライム・ローン債権を，細分化し組み合わせた CDO（Collateralized Debt Obligation）証券，住宅ローンの借り手が債務不履行（Default）するかに賭ける CDS（Credit Default Swap）なる新しい金融商品を開発し，全世界に販売した。しかしながら，これらの新しい金融商品を取り締まる政府機関は無かったし，金融の神様といわれた FRB（Federal Reserve Board）議長のアラン・グリーンスパンでさえコントロールできなかった。韓国開発銀行からの買収による救済提案も CEO が握りつぶし，取締役会に上程されることが無かった。2008 年 9 月 15 日，住宅バブルの崩壊により破綻した。その負債総額 6,130 億ドル（日本円で 64 兆 5,000 億円）

と米国市場最大の倒産となる。

⑵　経営理念はあったのか

「① 徹底したお客様第一主義と ② 最先端の金融商品とサービスの供給を通じて，常にお客様との強固な信頼関係の構築」を経営理念としていた。

最先端の金融商品とは前述の CDO，CDS などのリスクの高いデリバテイブである。会社の中から両事業から安全な事業への転換を訴える声が上がったが CEO のリチャード・ファルドはこれを取り上げなかった。マネジメント層を含め，多くの優秀な人材が辞めていった。コーポレート・ガバナンスの観点から言えば，経営理念・倫理コード（ミッション）を適切に実現できる優秀な「倫理コンプライアンス委員会」の委員長の不在とデリバテイブが分る金融専門家が取締役の中に少なかったためである。

⑶　SOX 法，第 4 章，第 406 条に基づく倫理コードはあったのか

1）リーマンの倫理コード

図表 6-2　リーマンの倫理コード

```
① 倫理規則の理解と説明責任
② 通報制度における報復の禁止
③ 個人的利益相反の処理
④ 会社及び顧客の資産保護
⑤ 法令遵守
⑥ 雇用機会均等
⑦ 公正な取引
⑧ 完全，公平，正確，分り易い，適時情報開示
```

このように内容は立派であったが，問題点は次の如し。

2）リーマンは保有する債券を投資家に貸す見返りに，現金を借り入れる「レポ 105」と言う取引きを利用した。実際には，貸した債券は数日後には戻ってくるのに、売ったことにしてバランスシートからはずした。いわゆる「飛ばし」を行っていた。このように負債規模を実態より少なく見せる不正経理（500 億ドル）を 2001 年から行っていた。

監査法人アーストン アンド ヤング（E&Y）はこれを見落とした。この粉飾が公表されなかったため，政府，格付け機関，投資家をミスリードした。本件は上記倫理コード①④⑤⑦⑧違反である。

3）CEO のリチャード・ファルドは Chapter11 申請直前に個人で所有するリーマン株を全て売却しており，倫理コードの①③⑤⑦に違反している。

4）ゴリラの異名をもつリチャード・ファルドは好戦的企業文化を好み，「毎日が戦闘だ」「敵を殺せ」を連発し，SOX 法第 4 章 406 条「CEO/CFO 等に対する倫理コードの間接的強制」にも拘らず，経営倫理の制度化（Institutionalization：梅津（2002））に，全く関心がなく，所詮，絵にかいたモチであった。リーマンの倫理コードは経営破綻後 IT オークションにおいて 2.99 ドルで売られたといわれる。しかも「ブランド・ニュウ」としてである。ということは机の中かどこかにしまってあったということかもしれない。

(4) 取締役会構成の問題点

①　CEO のリチャード・ファルド以外は全て社外取締役（10 名，内女性 1 名，ドイツ人 1 名，英国人 1 名）であり，CEO のお友達で独立性に問題があった。また，半数以上が在任 12 年以上の高齢者であった。在任期間が 12 年以上のものが半数を超えていたのでは，もはや社外取締役とはいえない。単なる身内でしかない。したがって，カリスマ経営者に対し勇気を持って意見具申する，真の意味での独立社外取締役が存在しなかった。

②　社外取締役の中に高度のデリバテイブを知る金融の専門家 2 名しかいなかった。

③　リスク委員会の委員長は在任 13 年の 81 歳のエコノミストでリスク委員会を年 2 回しか開催してなかった。

④　報酬委員会の前委員長は在任 18 年の 83 歳の元女優，8 年間に 4 億 8,400 万ドル（年平均約 60 億円）の CEO 報酬を承認していた。

結局 CEO のリチャード・ファルドと 10 名の社外取締役は資金の流動性問題を解決できず経営破綻した。この反省として政府は金融規制改革法（ドッド・フランク法）を制定した。

図表 6-3　リーマン・ブラザース（Lehman Brothers）の取締役会構成

取締役会構成（2008 年）
1．CEO のリチャード・ファルド（Richard S. Fuld）以外全て社外取締役で 10 名（内女性 1 名，ドイツ人 1 名，英国人 1 名），平均在任期間：12 年 2．社外取締役 10 名の専門性（Professional）：デリバティブを知る金融の専門家が少ない。 　　① 金融の分かる人 2 名のみ：ハーバード大学の金融論教授，U. S. Bank の子会社の元 CEO， 　　② 金融関係以外の元 CEO 等 8 名：オークション会社の元 CEO，元 IBM 会長，TV 局プロデューサー，石油掘削会社の元 CEO，海軍少将，通信会社元 CEO，スペイン語 TV 局元 CEO，エコノミスト

結局，リーマンは，経営理念はあったが意味をはき違えていた。新製品で博打を打ったことになる。倫理コードを作っただけで，全く全社末端までの価値観の共有化・制度化ができてない。CG 上も金融，なかんずくデリバティブの判る方がほとんどいないという取締役会構成の失敗である。ミッション・ビジョンのタテの展開ができなかった端的な失敗例である。

5．第 6 章のまとめ

WHC 社は経営理念（Vision），共通の価値観（Value），行動準則（Principles of Conduct），その内の倫理コード（Ethics）も立派である。原子力発電プラント事業が本業であるので，環境破壊や社会的影響に敏感である。従って，グループ会社だけでなく取引先，下請け先まで徹底してそれらの遵守を求めている。

WHC 社の共通の価値観（Value）にある「尊敬：従業員との約束やコミュニケーションによって尊敬の念が培われるように強いリーダーシップをとる。」とか「誠実性：誰も見てない時でも，我々は言行一致，正直，公平に振る舞い結果に責任を持つ。」とか「行動原則の原則 6」にある倫

理基準（Ethics）とかは，同業の良き例として，東芝のような会社にもあてはまる基準であり，グループ末端までの価値の共有化・制度化を進める上で参考となる。

　不幸にして，わが国には法律（SOX 法）やその施行規則のようなハードローによる倫理規範や行動原則の間接的強制はない。SOX 法は我が国の金融商品取引法（通称 J-SOX 法）に多大の影響を与えたが，遺憾ながら SOX 法第 4 章 406 条及びその施行規則の「CEO・CFO・CAO 等への倫理規定（Code of Ethics）の間接的強制」はスキップされ，我が国には導入されなかった。因みに，その前後にある 404 条は内部統制，405 条はコンプライアンス，407 条はコーポレートガバナンスに関する規定である。これらは少なからず J-SOX 法に影響を与えている。

　しかしながら，既述の如く，CG コードの原則 2-2 で【会社の行動準則の策定・実践】等が初めてソフトローではあるが入ったことは真に歓迎すべきことである。東芝に限らず，一般企業においても，条文にあるように「積極的・能動的に」取り組んで導入されたい。

【注】

66　Wikipedia「減損会計」参照

67　2015 年 11 月 17 日「日経」新聞夕刊「東芝，適時開示に不備」参照。

68　Ja.wikipedia.org/ ウエスチングハウス・エレクトリック・カンパニー。

69　2015 年 11 月 13 日「日経」新聞「東芝子会社減損 1600 億円」参照。

70　週刊東洋経済 2015.9.26「くすぶり続ける米 WH 減損リスク」53 頁及び NIKKEI BUSINESS・2015.09.21「東芝，膨らむ債務保証への疑念」参照。

71　特定非営利活動法人 日本経営倫理士協会（Association of Certified Business Ethics Expert JAPAN，通称：ACBEE JAPAN は，倫理に係る重要課題に対応するスペシャリスト「経営倫理士」の育成および諸活動を支援することが目的です。連続する企業不祥事を引き金として，我が国企業の経営倫理を問う声が，内外で増大しています。これに対応して，多くの企業が，経営倫理や CSR に取り組む姿勢が，次第に強化されつつあるのが最近の大きな流れです。この対応強化の動きを，いっそう強めることが緊急課題です。

　　しかし，いま企業が経営倫理の実現を具体的に進める上で，充分な知識やノウハウが確立されていないのが現状です。この重要テーマに役立つべく設けられたのが，NPO 法人日本経営倫理士協会です。

　　厳しい環境下のビジネス活動には，多くの危機管理テーマがあり，組織内に「経営倫理士」を配置しておくことこそ，いま，ビジネスインフラ形成上の絶対必要条件です。この「経営倫理士」資格取得のための講座運営が，本協会の役割です。企業不祥事対応をはじめ，本格的に経営倫理に取り組もうとする組織のための人材育成が目標です。発足して，この 18 年

【注】　*143*

間に 535 名（200 を超える企業・団体）の「経営倫理士」を認定しています。現在，これら
の「経営倫理士」は，それぞれ組織で経営倫理・CSR 等を担当し，スペシャリストとして
活躍中です。「経営倫理士」資格取得のための講座内容も，年々レベルアップしています。
その時に経済情勢，社会的要請にもとづいた講師の選定，講座編成は高い評価を得ています。
資格取得に際しての審査は公正・適切に行われ，「経営倫理士」のステータスを高めています。
　講座は，経営倫理実践研究センター（BERC：1997 年発足）と日本経営倫理学会（JABES：
1993 年発足）の全面協力のもとに開講しています。
〒 102-0083 東京都千代田区麹町 4-5-4 桜井ビル 3 階
TEL. 03-5212-4133 / FAX. 03-5212-4133 ※受付時間：平日 9:00 ～ 17:00

72　今井祐（2014）『日本経営倫理学会誌』第 21 号 289～290 頁「米国大企業の経営破綻」よ
り一部転載してあるが，内容を充実・改善してある。

第7章
ミッション・ビジョンの
ヨコ展開による中長期の企業価値向上

1. 東芝の取締役会構成

　第三者委員会が「社外取締役の増員及び構成員の見直し」について，以下のように勧告した。

> 　社外取締役を増員することにより，コーポレートガバナンス体制の強化に努め，社外取締役の独立性を一層確保するとともに，社外取締役に要求される各種の専門性にも配慮して構成員の見直しを行うことが必要と考える。特に，監査委員会を構成する社外取締役に関しては，法律関係の知識を有する人材とともに，財務・経理の知識を有する人材を含めて選任する必要があるものと考える。

　これを受けて会社は以下の如く会社の措置を決めた（前述）。

> 会社の措置
> ・従来16名→11名に減員
> ・社外取締役の比率を過半数（社外取締役7名，社内取締役4名）
> ・取締役の専門性（経営者，会計士，法律家等）に配慮した取締役会構成を確保
> ・社外取締役が取締役会議長に就任
> ・社外取締役の支援体制強化
> ・社外取締役のみで構成するエグゼクティブセッション（取締役評議会）の

第7章　ミッション・ビジョンのヨコ展開による中長期の企業価値向上　　*145*

設置

　会社は，第三者委員会の提言を受け入れ，社外取締役の強化と専門性（経営者，会計士，法律家等）を強く打ち出した。一方，2015年9月30日の臨時株主総会終了後新社長の室町正志社長は社長メッセージを一新し，

①　トップマネジメントの監督機能の強化を図り，生命・安全・法令遵守を最優先に事業活動を通じて社会的責任を果たしていく。

②　「エネルギー」「ストレージ」「ヘルスケア」を注力事業領域として，世界規模での競争に勝ち抜ける事業構造への変革に取り組む。

③　パワーエレクトロニクス技術など，当社の強みを生かした次世代への成長の種を育て，時代に適合した新しい顧客価値を提供していく。

旨，述べている。また，コーポレート・スローガンとして"Leading Innovation"を使用している。

　その後2015年12月21日，「新生東芝アクションプラン」の概要（出典www.toshiba.co.jp/）を発表した。

・構造改革の断行

・内部管理体制の強化及び企業風土の変革

・事業ポートフォリオおよび事業運営体制の見直し

・財務基盤の整備

　この過程で，上記②にある「ヘルスケア」の売却が俎上に乗っている。即ち，「事業ポートフォリオおよび事業運営体制の見直し」として以下のように述べている。

①　強化事業領域を再定義し，エネルギー事業とストレージ事業を今後の注力領域とする。

②　「小さく強靭な本社」を目指し，本社機能をカンパニー自主自律経営に即した機能へスリム化し，費用を事業ポートフォリオ見直しに伴う規模減に対応するレベルまで削減する。

③　中計・予算策定・業績管理・業績評価をCF重視のプロセスに見直すとともに，カンパニー有利子負債管理体制を強化する。

146　第2部　「守りのガバナンス」による持続的成長と「攻めのガバナンス」による企業価値向上

図表 7-1　東芝の社外取締役構成

社外取締役構成	国際派	M&A	経営力	法務・会計
・前田新造（資生堂相談役）取締役議長，68歳		△	○	
・野田晃子（公認会計士），76歳				○
・池田弘一（アサヒグループHD相談役），75歳		△	○	
・古田佑紀（弁護士），73歳				○
・小林喜光（三菱ケミカルHD会長），68歳	△	△	○	
・佐藤良二（公認会計士），68歳	○			○
・伊丹敬之（東京理科大学教授），70歳	△	△	○	

（注）平均年齢：71歳。
（出所）経歴に基づき筆者が作成：○は能力卓越，△はその中程度を表す。

「重要な兼職」において6職が1人，5職が2人いる。こられがためか2015年中間決算取締役会を土曜日に開催した。その理由は「日程が合わず，平日に決算取締役会を開けないようだ。」と2015年11月5日「日経」新聞は伝える。

　最近の東芝新取締役会の活動は，上記社長メッセージの①トップマネジメントの監督機能の強化を中心に進めると同時に事業ポートフォリオ及び事業運営体制の見直しに注力されており，マスコミの評価も高い。しかし，海外比率は58％で日立の47％より高い[73]。グローバル化や経営統合を含むM&Aは避けて通れない。また，一連の事業の構造改革が終了すれば，新しい成長に挑戦しなければならない。従って，中長期の企業価値の向上に取り組む必要が出てくることは言うまでもない。現に，新しい中期経営計画を作成すると述べている。

2．提言−2　ミッション・ビジョンの　ヨコ展開による中長期の企業価値向上

ミッション・ビジョン（原則2-1，2-2，3-1，4-1，5-2，即ち，経営理念・行動準則・中長期経営計画・経営戦略等）が，

(1)　サクセッションプランニング（補充原則4-1③）

（2）　取締役会構成（社外取締役の多様性：補充原則 4-11 ①）

（3）　取締役会の実効性評価基準（補充原則 4-11 ③）

に有効に反映されなければならない。なぜならば，これらの 3 項目は，一般に，いずれも comply 率が比較的良くない原則である。なぜならば，「(1)は自分の後継者は自分で決めたい。(2)の社外取締役の選任も自分で決めたい。」という社長がこれまで保持していた人事権に係る項目である。また，(3)は我が国の場合，社長（CEO）が取締役会の議長を兼務するケースが84％であるため，自らの取締役会運営について，自分が決めた取締役から評価されたくないという気持ちがある。因みに，2016 年 1 月 20 日「東証」「CG コードへの対応状況」によると，いずれも不実施事項ワースト 5 に入っている。

　したがって，これらについて，長い期間に亘って，創業者や歴代の経営陣が決めてきたであろうミッション・ビジョンに従って決めてゆけば，社長（CEO）の抵抗も和らぐし，理に適っている。そこで，ミッション・ビジョンについて，関連する原則に従って簡単に復唱する（ミッション・ビジョンのタテの展開の項目で詳しく述べてある）。

　即ち，原則 2-1「上場会社は，自らが担う社会的責任についての考え方を踏まえ，様々なステークホルダーへの価値創造に配慮した経営を行いつつ中長期的な企業価値向上を図るべきであり，こうした活動の基礎となる経営理念を策定すべきである」とある。さらに，原則 2-2（会社の行動準則［倫理基準を含む］の策定・実践）と原則 3-1（会社の目指すところ），4-1（取締役会の役割・責務等）及び 5-2（経営戦略や経営計画の策定・公表）とある。これら 5 原則（ミッション・ビジョン）の有機的一体化である。

　次に，これらのミッション・ビジョンからの視点を，次の comply 率の比較的良くない 3 つの原則に加え，取締役会の機能強化・活性化を図る。

⑴　ミッション・ビジョンは，サクセッションプランニング（補充原則4-1 ③）に反映されなくてはならない。

148 第2部 「守りのガバナンス」による持続的成長と「攻めのガバナンス」による企業価値向上

> 補充原則
> 4-1③ 取締役会は，会社の目指すところ（経営理念等）や具体的な経営戦略を踏まえ，最高経営責任者等の後継者の計画（プランニング）について適切に監督を行うべきである。

　現在，「スチュワードシップ・コード及びCGコードフォローアップ会議」が2015年9月24日から進行中，第1回会議で，CEOのサクセッションプランが中心的に議論されている。曰く，「OBガバナンス」の是正である。即ち，富山メンバーが「日本の上場会社の多くのトップは不真面目です。はっきり言って真面目にやっていない。"私の履歴書"に時々出てきますが，何か知らないけれども，社長が会長と相談して，相談役にも一言言って，Aさんに決まりましたと。それで，Aさんに電話がかかってきて，君にやってもらうよと言って，大体1日返事を持ち越すんですよね。即答しないで，翌日にははいと。はっきり言って世界的に見たら，ああいう決め方は極めてシェイムです。要はOBガバナンスなんです。」と述べている。

　ASTD（American Society for Training and Development）によるサクセッションプラニングの定義によると，「サクセッションプラニングとは，単に社長の後継者を決めるだけの施策ではない。"適切な人々を，適切な場所へ，適切なタイミングで配置する"ために，継続的に組織の中の将来のリーダーを特定し，リーダーの役割を果たすことができるよう育成するプログラムです。つまり組織内のあらゆる階層の人々を対象とする有機的で広範なプログラムであり，移動，評価，アセスメント，研修，など人事，人材開発の多くの機能と横断的かかわりを持っています。」[74]ということになる。

　但し，現状の問題点は，リーダー研修は約90％の企業が実施しているが，経営人材が育っているとの回答は31％にすぎない（2015年2月，野村マネジメントスクールによる上場会社120社調査）。単なるリーダー研修だけでは足りない。第4章で述べた「道徳的リーダーシップ教育」が必要である。

即ち,

> (任意) 指名委員会 (これがない会社は「取締役会」) は,ミッション・ビジョンに基づいて,人事・研修部門等に「人材育成計画」を作成させ,幅広い経営陣の次世代後継者を育成させる。即ち,倫理的価値観・先見性・決断力等を持った CEO を含む幅広い経営陣を,戦略的キャリア・パス,OJT 及びケース・スタディによる倫理研修 (部長研修・役員研修等—できれば合宿方式が良い), 及び経営幹部向け 360 度サーベイ等を通じて,中長期に亘って養成するためのサクセッションプランの仕組みを作成させ,評価・承認する。その後, 客観性・適時性・透明性に配慮して,経営陣の具体的後継候補者を絞り込み面談・評価・決定し,最終案を取締役会に上程する。

ことが必要である。因みに, 東レ, コニカミノルタ, 東京エレクトロン等は経営幹部候補者群育成プラン等につき, CG 報告書で開示している。

東芝の「コーポレートガバナンス・ガイドライン」(巻末参考資料−1参照) の別添として,

＜取締役指名基準＞

取締役の選任に関する議案の内容の決定に当たっては, 次の基準を満たし, かつ執行に関する監視・監督及び経営戦略の方向性の決定の職責を適切に果たすことが出来る者を選定するものとする。

① 人望, 品格に優れ, 高い倫理観を有していること
② 遵法精神に富んでいること
③ 業務遂行上健康面で支障の無いこと
④ 経営に関し客観的判断能力を有するとともに, 先見性, 洞察力に優れていること
⑤ 当社主要事業分野において経営判断に影響を及ぼすおそれのある利害関係, 取引関係がないこと
⑥ 社外取締役にあっては, 法律, 会計, 企業経営などの各分野における専門性, 識見および実績を有していること

とある。

職業倫理教育に関して, 村岡 (2015) は「経営者は, 従来の厳密な定義

に従えばプロフェッションではないが，果たしている機能に着目すれば，会社の目的と社会に対する特別な役割意識をもつ自律的存在であるから，プロフェッションの範疇に入るといってよい。」（中略）「現在，明らかになっている東芝の不正経理の問題は，東芝が社員個人の自律性を確保する環境（社風）の確立に失敗した点にある。」（中略）「職業倫理教育において，唯一の正解はないから，具体的な状況下で最もスマートな解を見出すことが目的となる。私たちが見出した最も効果的な教育方法は，

(イ) 倫理的ジレンマが生ずる構造的な問題を解決するために問題解決型アプローチ（problem-based learning）をとること。

(ウ) マイケル・サンデルのいわゆる「白熱教室」のような学生間討論を行うことによって多様な考え方の分岐点を知ること

(エ) 討論は，先に紹介したエシックス・ボウルの考え方により，「ベターな解」を創造するといった参加者の「協働」を目指すこと

(オ) 可能な限り，法曹倫理，経営倫理，生命倫理といった異分野の複数教員によるチーム・ティーチングを実現することにあった。」[75]

と述べていることは，会社の倫理教育とは場面が若干異なるが，大いに参考となる示唆を多く含んでいる。

　次に，

(2)　ミッション・ビジョンは取締役会構成（多様性：補充原則 4-11 ①）に反映されなくてはならない。

補充原則

4-11 ①　取締役会は，取締役会の全体としての知識・経験・能力のバランス，多様性及び規模に関する考え方を定め，取締役の選任に関する方針・手続と併せて開示すべきである。

　ビジョンはミッション（経営理念等）を基本として策定される。そのビジョン（例えば，グローバリゼイション，イノベーション，社会価値の創

第7章　ミッション・ビジョンのヨコ展開による中長期の企業価値向上　　*151*

造等）に沿って取締役会構成，特に独立社外取締役の多様性は考えられるべきである。また，

(3)　ミッション・ビジョンは取締役会の実効性評価（補充原則4-11 ③）に反映されなくてはならない。

補充原則
4-11 ③　取締役会は，毎年，各取締役の自己評価なども参考にしつつ，取締役会全体の実効性について分析・評価を行い，その結果の概要を開示すべきである。

通常，取締役会の実効性評価というと，取締役会構成や取締役会運営（開催頻度，所要時間，出席率，資料内容，資料以外の情報提供等）を取締役へのアンケート調査や聞き取り調査等で調べる。あるいは各人はどんな自己反省をしたかなどに焦点が当たるが，それだけでよいのであろうか。取締役会はミッション・ビジョンを如何に達成したかが最大テーマでなくてはならない。「取締役会が何故機能しなかったのであろうか。何故，経営基本計画が上手く達成されなかったのであろうか」から出発しなくてはならない。なぜならば原則4-1（取締役会の役割・責務）で以下のように述べている。

【原則4-1. 取締役会の役割・責務（1）】
　取締役会は，会社の目指すところ（経営理念等）を確立し，戦略的な方向付けを行うことを主要な役割・責務の一つと捉え，具体的な経営戦略や中長期の経営計画等について建設的な議論を行うべきであり，重要な業務執行の決定を行う場合には，上記の戦略的な方向付けを踏まえるべきである。

　これは，ミッション（経営理念等）とビジョン（経営戦略・中長期経営計画等）の建設的議論や重要な業務執行の決定の際に，これらを踏まえなさいと述べている。したがって，この観点からスタートした取締役会の実効性評価が行わなければならないことになる。
　例えば，TDKが2015年5月26日に行った外部評価による指摘事項に

おいて「中長期的な経営課題・成長戦略における主要なリスク等について，取締役会で議論に，より時間をかける必要があること，そのような議論を可能とする体制構築する必要がある」ことが明らかとなったと述べている。この中長期的な経営課題・成長戦略とは，正にビジョンのことである。

また，BHPBilliton（英国：外部評価と自己評価を隔年で行っている。）では，各取締役の自己評価の考慮要素として，以下のことが指摘された。

① 常に株主の利益を考えているか

② 経営戦略の開発に寄与しているか

③ 主要なリスクを十分に理解しているか

④ 経営管理に明確な方向性を与えられているか

⑤ 取締役会の一体性に寄与しているか等

である[76]。

これら(1)(2)(3)で述べた３つの原則は中長期の企業価値向上に極めて重要である。これを称してミッション・ビジョンのヨコ展開，即ち，CG コードの原則 2-1，2-2，3-1，4-1，4-1 ③，4-11 ①，4-11 ③，5-2 の８つのコードの有機的一体化による取締役会の機能強化と活性化である。なぜならば，

① 経営理念と企業価値向上に関しての実証研究（広田：2012，286～298 頁より要約）がある。我が国における，1986～2000 年までの 15 年間の 128 社（経営理念あり 64 社，なし 64 社）のパネルデータ（データの出所は「日経 NEEDS-Financial QUEST」）に基づくと，「企業理念がある企業は，ない企業に比べて，利益率（特に ROA—総資本利益率）が有意に高いことが明らかになった。また，副次的効果として従業員の定着率も高いとか負債比率が低いとかもある。

② 「役員構成の多様化と株価パフォーマンス」に関する論文を著した小池（2015）によると，

　i．米国の Carter, D 'Souza, Smpson（2010）：Fotune500 社の５年間，役員会における女性・人種に係る Diversity は ROA や企業価値（トービンの Q[77]）等に正の影響を及ぼす。

ii. 欧州の Accenture（2011）：性別・国籍・年齢構成の Diversity は業績や株価に正の影響を及ぼす。

iii. オーストラリアの Chapple and Humphrey（2014）：女性役員の登用は消費財産業や素材産業で業績に正の関係がみられる。

iv. カナダの Francoeur 他：企業が危機状態にある時は，多様性はマイナスに働く。

平時において，人材の多様性はアイディア・考え方の多様性をもたらしイノベーションの源泉になっていると考えられる。

以上2つの実証研究から，経営理念等の徹底と多様性のある取締役会構成は企業価値向上に有意の関係にあるといえるのではないかと推論する。

また，ミッション・ビジョンに基づくサクセッションプランニングに基づく，CEO 他経営陣への道徳的リーダーシップ教育や透明性のある選任が，持続的成長や企業価値向上にとって重要であることは言うまでもない。

一方，社外取締役の数は企業価値向上に資するのかとの疑問がある。

米国における社外取締役と企業価値に関する実証研究がある。社外取締役が取締役会に占める割合と会社の業績との関係を測定したところ，社外取締役が過半数を占める会社のほうが，社内取締役が過半数を占める会社よりも業績が良いという関係は見られなかった（Bhagat & Black：1999 *The Uncertain Relationship Between Board Composition and Firm Performance* 63, 942～944 頁）。

また，別の実証研究で，米国における社外取締役とその他の関係を見た場合，取締役会の構成と規模は，CEO の交代，企業買収の交渉，ポイズン・ピルの採用，役員報酬の決定，不正会計防止（Klein：2002）といった取締役会の判断の質に影響を与える（Benjamin E Hermalin & Michel S.weibach：2003 *Boards of Directors as an Endogenously Determined Institution: A Survey of the Economic Literature*）[78]。

154　第 2 部　「守りのガバナンス」による持続的成長と「攻めのガバナンス」による企業価値向上

　以上の実証研究から，「社外取締役の数は，企業価値向上とは関係ないが，CEO の交代，役員報酬の決定，M&A，企業買収防衛策，不正会計防止等に有効である」といえる。従って，東芝が 9 月 30 日の臨時株主総会で社外取締役の数を 4 人から 7 人に増やし，過半数を占めるようにしたことや法務・経理の専門家等を多く配したことは，不正防止の観点から理に適っているといえる。

3．ミッション・ビジョンのヨコ展開による，中長期の企業価値向上の良き事例〜日立グループ〜[79]

(1) 日立グループのアイデンティティ（Social Innovation—It's our future）とは

図表 7-2　社会の変化と日立グループ・アイデンティティ

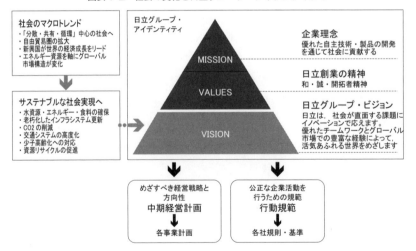

（出典）日立 G サステナビリティレポート 2014 より引用。

第7章　ミッション・ビジョンのヨコ展開による中長期の企業価値向上　*155*

⑵　会社のステージ：事を正す人（川村隆）

　　　　　　　　　　事を進める人（中西宏明）

　ミッション・ビジョンに基づくサクセッションプランニングにおいて，その時の経営者の置かれた状況，率いる組織の状態，試みる経営の在り方により，「事を興す人」「事を正す人」「事を進める人」の三つの経営者タイプがあるという[80]。この順序を間違えると大変なことになるが，日立の場合は比較的スムースにこれが進んでいるといえる。

⑶　経営者メッセージ

　2015年終了の中期経営計画で「イノベーション」「グローバル」「トランスフォーメーション」を掲げていたが，さらに「経営のグローバル化」を追加した。

⑷　取締役会構成（2015年6月）―機関設計は指名委員会等設置会社

　①　取締役会構成：社内4名，社外8名，合計12名

　②　社内社外取締役構成4名（中西宏明 CEO，東原敏明 COO，三好崇

図表 7-3　日立の社外取締役構成

社外取締役構成	国際派	M&A	技術・研究	国際法務
・勝俣宣夫（丸紅相談役）指名委員長，監査・報酬委員	○	○		
・榊原定征（東レ会長，経団連会長）指名・報酬委員	○	△	○ 機能性材料	
・望月晴文（通産省元事務次官，資源・エネルギー庁長官）	○	○	△	
・吉原寛章（KPMG インターナショナル副会長）	○	○		○
・シンシア・キャロル（アングロ・アメリカン元 CEO）	○	○	○ 資源	
・ジョージ・バックリー（3M 元会長）	○	○	○ 機能性材料	
・フィリップ・ヨー（シンガポール通産省元科学技術庁長官）	○	△	○	
・ルイーズ・ペントランド（米国＆英国弁護士，ノキア法務部長）	○	○		○

　（出所）経歴に基づき筆者が作成：○は能力卓越，△はその中程度を表す。

司監査委員長，持田農夫男監査委員）

③　社外取締役構成（ミッション・ビジョンに従い，かつ多様性に富んでいる）

　なお，2015 年 11 月 27 日付け「日経」新聞は，上場企業の総合ランキング「NICES」2015 年度版の企業統治項目で日立をトップに位置付けた旨伝えている。

⑸　ミッション・ビジョンに基づく取締役会の実効性評価（筆者による評価）

①　ビジネス・モデルとして GE・シーメンスをベンチマーキングし，直近の営業利益率で GE 11.3%，シーメンス 10.3%を目標にしている。

②　日立は 2018 年度中期計画で営業利益率 10%を目指す。
　　因みに，2014 年 3 月期まで包括利益基準で 4 年連続増益達成となる（以降 IFRS 基準に変更）。

③　ミッションにある自社技術開発として，研究開発テーマにセンサー，人工知能，ロボットを追加し，研究資源の投入を決定した。

④　ビジョンにあるグローバル化，及び成長性の面で，この 1 年で，海外で鉄道車両製造会社やビッグ・データのソフト会社等 7 社の買収案件を決めた。

⑤　ビジョンにあるグローバル化のため，国際法務の強化の一環として，日立オートモティブ米独禁法違反・司法取引（2013 年 9 月，$19,500 万ドル）の反省から，米国・英国弁護士のルイーズ・ペントランドを 2015 年，社外取締役に選任すると共に「行動規範」の国際化を進めている。

⑥　ビジョンにある経営のグローバル化では，海外での取締役会実施，人事制度のグローバル・グレード制（職務・職責の格付け）等を行った。

第7章　ミッション・ビジョンのヨコ展開による中長期の企業価値向上　　*157*

今後のさらなる持続的成長と中長期の企業価値向上を期待してやまない。

次にミッション・ビジョンを，(1)サクセッションプランニングの作成・実施・評価，(2)多様性のある取締役会構成，及び(3)取締役会の実効性評価へ反映させ，8つのコードの有機的ヨコ展開による，中長期の企業価値向上の失敗事例（コダック）とミッション・ビジョンのタテの展開による持続的成長の成功事例（富士フイルム）の2社を比較対照しながら説明する。

4．コダック社（Eastman Kodak）の　経営破綻と富士フイルムの変身[81]

(1)　はじめに

リタ・マグレイス（2014）『競争優位の終焉』[82] によると，「1980年に富士写真フイルムの社長に就任した大西實は，この経験（ハント兄弟によるフィルムの主原料である銀の買い占め事件―筆者挿入）で感じた大きな不安を拭いきれずにいた。写真業界で根本的な変革が進行中なのではないかと思っていたのだ。1988年ソニー初の家庭用デジタルカメラのマビカが世に出ると，フィルムレスの写真撮影が現実のものとなった。大西はのちに"そのとき，フィルム不要の技術は可能なのだと実感しました"と語っている。彼はこの明察をもとにすぐさま行動を起こした。デジタル技術の開発に大きく投資し，写真業界の次なる競争へ向けて準備を整えたのである。ビジネスウィーク誌の記者は，大西によるこうした転換の決意を"断固たるもの"と形容した。1999年までに同社がデジタル製品の研究と技術開発に投じた資金は，総額で優に20億ドルを上回るはずだという。さらに，この戦略は正しいという"不可思議な"信念が従業員のあいだに浸透しているとも指摘している。こうした姿勢は，元副社長の上田博造によってもたらされた。上田は"我々はやめるつもりはありませんし，この戦いに負けるとも思っていません"と語っている。2003年までに富士フ

イルムは全米チェーン店に 5000 近いデジタル現像所を設置していたが，当時コダックのそれは 100 にも満たなかった。

　大西は，写真のデジタル技術で自社の存在を高め続けようと決意しただけでなく，写真事業以外の事業にも手を伸ばした。会社はせっついて磁気テープや電子装置といった新製品の販路を確立した。また，アメリカ企業以外では初めてビデオテープを生産した。その後の経営の多角化によって，バイオテクノロジーやオフィスオートメーション分野にも参入を果たし，フロッピーディスクの製造にも着手した。（中略）だが結局のところ，変化に直面して威力を発揮したのは，新たな競争優位に投資する一方で，衰えつつある優位性から資源を引き揚げるという富士フイルムのやり方だった。同社は常に正しいことをしたわけではないし，ときには傷みを伴う変革があったが，それでも過去にとらわれはしなかった。」と述べている経営学者リタ・マグレイスの分析は概ね当たっていると言える。

(2) コダックについて

　1880 年，ジョージ・イーストマン（George Eastman）が創業。1888 年，力強くシャープな感じがすると同時に，ジョージのお気に入りでもあった「K」でスタートする KODAK なる社名と黄色のマークを使用した。経営理念として，「妥協のない Integrity，企業化精神（Entrepreurship），人間尊重，従業員尊重等」をもち，研究開発とマーケティング（特に，低コスト大量販売，国際販売，大規模広告，お客様重視）に尽力すると共に従業員思いであり，株式の一部を無償譲渡したり，従業員教育・研修に力を入れた。

　1935 年に世界初のカラーフィルムを発売し，世界を席巻したコダックは，ピーク時（1996 年，売上高約 160 億ドル，1999 年，利益 25 億ドルがピーク）株式時価総額は 4 兆円を超えていた。しかしながら，利益の過半を稼いでいた写真感光材料事業の総需は，日本（フォトマーケット調べ）を始め先進国では 1992 年〜1993 年以降に順次ピークを打ち，以降下降局面に入る。ハイテク企業への脱皮を急いだが，次の理由により成功しなかった。

第7章　ミッション・ビジョンのヨコ展開による中長期の企業価値向上　*159*

(3)　コダックの研究開発力・事業開発力

①　デジタルカメラの失敗

　1935年に世界初のカラーフィルムを発売し，世界を席巻したコダックは，その40年後の1975年には世界初のデジタルカメラを開発し，将来に対し磐石にみえた。とは申せその時のデジタルカメラはトースター並みの大きさでとてもカメラと言う代物ではなかった。本格的なデジタルカメラはその6年後の1981年にソニーが発表したマビカであった。コダックが一時的に成功したのは，2001年発売したEasy Share System（ドック式コンパクトデジタルカメラで，キャッチ・フレーズが『あなたはボタンを押すだけ，後はコダックが全部やります』）で，カメラは少々大きいが，撮影後，置かれたドックに付いているボタンを押せばパソコンを介して（1枚のソフトをPCに入れる）映像がコダック・ギャラリーにオンラインで飛び，全米にあるプリント申込者の住所の最寄りの現像所から申込者にメールオーダーでプリントが返送されて来るビジネス・モデルを構築した。これはカメラの販売利益とデジタルプリントの利益の囲い込みという意味で成功であった。しかし，日本の一眼5社（キャノン，ニコン，ソニー，オリンパス。ペンタックス）の技術進歩についていけずやがて衰退していく。特に，近年，デジタルカメラ（約1億台／年）のマーケット市場にスマートフォン・タブレット型PC（約10億台／年）が侵入し，コンパクトデジタルカメラは激減し，遂に，コダックは2012年2月にデジタルカメラから事業撤退した。

②　有機EL事業の売却

　1987年には有機EL発光素子をコダック研究所の2人の技術者が開発した。有機EL事業はスマートフォン，タブレット型PC等の用途において，液晶部材事業に取って代わる未来技術である。将来の飯の種の事業部と知的財産権を韓国LG社に約500億円で2010年に売却した。貧すれば鈍するとはこのことか。

160　第 2 部　「守りのガバナンス」による持続的成長と「攻めのガバナンス」による企業価値向上

③　インクジェット・プリンター事業の失敗

　HP 社から招聘されたアントニオ・ペレツ（Antonio Perez）は 2003 年以降，新規にインクジェット・プリンター事業に乗り出す。彼はそのために HP 社から，当時のコダックの取締役会の決定により招聘されている。HP からの数十人の技術者も引き抜いたといわれている。そのため業務用のインクジェット・プリンターのヘッドには特徴があったといわれる。しかしながら，世界の家庭用プリンター市場（台数シェア）は HP，キャノン，セイコーエプソンで 89.4％（2011 年，出所：カートナー）を占める岩盤のような知的財産権と販売網に阻害されて，8 年間かかっても僅か 2.3％しか，マーケット・シェアをとれず，最大の赤字事業となる。何故この様な難しい事業分野への市場参入を決めたのか，その後，医療機器システム事業や有機 EL 事業を売却して得た原資をこの事業に投資し続けたのかが不思議であるが，因みに，当時の取締役会メンバーには社内取締役が一人もいなかったし，社外取締役には既存事業のわかる方がいなかった。即ち，取締役会構成の失敗である。

⑷　コダックのコスト管理力・資金力

1）ピークの 1988 年には 14 万 5,000 人いた従業員は，1997 年に 19,000 人のリストラを行い，その後も人減らしを行ったが，高い人件費水準は直らなかった（2001 年〜 2010 年，10 年間の年平均売上高人件費比率 29％は驚くべき水準である）。

図表 7-4　コダックの 10 年間の年平均売上高人件費比率

	2001 年	2000 年	200 年	2011 年
人員	75,100	54,800	24,400	18,800
売上高人件費比率	28.9％	31.0％	22.7％	21.7％

2）経費管理の甘さ

　隆盛時，一般従業員も海外出張時ファーストクラスに乗れた。

3）コダックは，1995年頃は約1兆円近い自己資本を保有していたが，次頁の表の左に隠れているが，内部留保より株主還元を優先し，1995年前後から2000年の6年間に約6,000億円の自社株購入により財政的基盤を著しく脆弱にした。債務超過の最大の要因の1つとなる。

現在，我が国でROE，ROEと新聞紙上を賑わしているが，自社株買いの怖さはここにあるといえる。ROEは純利益を自己資本で除したものである。株主主権論に基づいて自社株買いを続けることは株主を喜ばせるが，危険な側面がある。また，ROEを構成する財務レバリッジ[83]は「借金で博打を打つ」リスクを伴うことも忘れてはならない。因みに財務レバリッジが高くて，ROEが高い会社に東京電力とか，過去に危機に瀕して借入金の多い会社が顔を並べている。これらをROEが高いからその会社の株を買いたいという方がどれほどいるのか疑問である。

次に，コダックは，「フィルムの巨人」「先駆者のおごり」が全社意識改革を鈍らせたのではないか。取締役会や経営トップに身命を賭して，何が何でも意識改革・コスト改革をやりぬくとの気概が見られなかった。また，しばらくの間，株主には我慢していただき，財務体質の健全化を優先する方策を採らなかった。取締役会の不作為・機能不全といわれてもしか

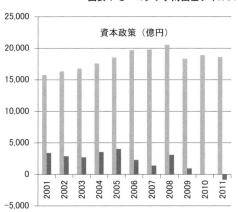

図表7-5　コダック対富士フイルムの資本政策の比較

たがない。

⑸ コダックのサクセッションプラン

1) 1993 年モートローラから日米構造協議で名を成したジョージ・フィッシャー（George Fisher）を招聘。

・1993 年，コダックの取締役会が，日米構造協議（通信分野）で名を成したジョージ・フィッシャーを招聘した段階から，彼らは市場における健全な競争ではなく，何か別の方法・手段で競いかけてくるであろうことは想像に難くなかった。果たせるかな，1995 年，コダックと米国 USTR は「日本政府は Fujifilm（FF）の組織的反競争行為を看過した」との理由で米通商法 301 条を発動した。これは米国法の域外適用である。これに対し富士フイルムは「歴史の改ざん（600 頁）」なる反論書を発表するなど懸命な努力の結果，訴状に書かれていた事実関係が殆ど虚偽であることを立証した。その後，世界貿易機関（WTO）に場を移して争ってきた日米フィルム紛争において，富士フイルムは 3 年後の1998 年，勝訴した。富士フイルムは勝訴したことを社外・社内とも報告会を実施せず，驕ることなく，粛々と対処したことは当時の経営トップ層（大西会長．宗雪社長他）の人徳を表していると評されている。

・次にフィッシャーが行ったことは，1994 年，6 年前の 1988 年に約 5,000億円で買収した医薬品会社 Stering Drug 社を，ばらばらにしてバイエル等に売却した。その理由は，債務の返済と写真事業への選択と集中を進めるためであった。既に先進国では写真事業のピーク（日本における写真感光材料の総需のピークは 1992 ～ 1993 年，レンズ付きフィルムを含むカラーロルフィルムの国内出荷量のピークは 1997 年であった。出典：フォトマーケット）は見えていたこの時期に，写真事業の利益率が未だ若干高いだけの理由で，写真事業に回帰することを認めたコダックの取締役会には，既存事業が分る人材が一人もいなかった。しかも，CEO をはじめ全員社外出身の取締役で構成されていた。

・1997～1999 年，複写機メーカーのキヤノンやリコー等の日本企業の高

第7章　ミッション・ビジョンのヨコ展開による中長期の企業価値向上　*163*

品質・低価格攻勢に，音を上げた Kodak は，1975 年から 20 年以上続けてきた複写機事業の営業・サービス部門を 1997 年に，ダンカ・ビジネス・システムに，また，工場を1999年，ハイデルベルグに売却した（一方，同様の経営環境から2年連続赤字となった米国ゼロックス社（Xerox Corp.）は独自改革を進め default の淵から甦ることとなる）。
・前述の如く 1995 年前後〜 2000 年，複写機事業等の売却代金約 6,000 億円を 6 年間に亘って，自社株買いに使用し，株主は喜ばせたが，財務体質を著しく弱体化させた。これは株主中心主義の弊害である。

2）2003 年，HP 社からアントニオ・ペレツ（Antonio Perez）を招聘（経営破綻するまで 9 年間在籍）
・前述の如く，2003 年以降，IJ プリンター事業に参入したが大幅なる赤字事業となる。
・2004 年，Digital Scitex Printing 社とジョイント・ベンチャー（J/V）を作る。2005 年，J/V の KODAK Polychrome Graphics 社を 100％買収，Creo 社も買収し，印刷事業の基盤を固める。
・2007 年，順調に運営されていた医療機器システム事業をカナダのファンドであるケア・ストリーム社に売却（約 2,000 億円超）。
・2010 年，前述の如く，有機 EL 事業部と特許を韓国 LG 電子に売却（約 500 億円）（注）液晶パネル事業で LG は 2012 年トップシェアとなる。
・2012 年 1 月 19 日，米連邦破産法 11 条の適用を申請した。

⑹　コダックと富士フイルムとの真逆の意思決定事例
　次頁以降にある図表 7-7 と図表 7-8 は富士フイルムとの比較において，コダックの取締役会の意思決定が複写機事業，医療事業，液晶部材事業／有機 EL 事業，において真逆の決定をしていることを示している。即ち，
1）1997 〜 1999 年，キャノン，リコー等の低コスト・高品質製品攻勢に押されたコダックは苦し紛れに複写機事業をハイデルベルグ（工場）とダンカ（営業部門とサービス部門）に売却したが，富士フイルムは

2001 年にそれまで米国ゼロックス社（Xerox Corp.）と 50：50 のジョイント・ベンチャー（J/V）であった富士ゼロックスの株式の 25％を買い増し，75％まで取得し，経営のリーダーシップを執ると共に，連結子会社化することができた（大西会長時代）。現在この事業が富士フイルムホールディングの営業利益の約 60％弱を稼いでいる。また，

2）医療事業については，コダックが 1994 年に医薬品事業を，また 2007 年には，医療機器システム事業をともに売却したが，富士フイルムは逆に 2008 年に富山化学を，その後もソノサイト等について買収に買収をかさねている。2014 年 3 月 24 日，医薬新製品，坑インフルエンザウイルス薬（アビカン，T-705）の販売承認を取得し，これがエボラ出血熱にも利くことが判明した。また，米 iPS 再生医療ベンチャーセルラー・ダイナミックス・インターナショナルを約 370 億円で買収し再生医療の総合企業を目指している。しかし，研究開発費増と成果が発現するまでに長期間かかるため前途は楽観を許されない。

3）液晶部材事業についても，コダックは 2010 年，将来液晶部材に取って代わると期待された有機 EL 事業部とその知的財産権を韓国の LG 電子に売却したが，富士フイルムは，液晶部材事業について，1958 年に TAC フィルム「フジタック」を発売，1996 年に視野角拡大（WV：ワイドビュー）フィルムを発売した。技術系経営陣（上田副社長他）の先見性により，しっかり育て上げられてきた。その後，静岡県の吉田工場や九州の熊本工場に生産展開する礎を提供した。また，この事業は長期にわたって漸減していった写真感光材料事業の利益を補填してきた。富士フイルムは写真事業で培ってきた技術に新規のテクノロジーを加え，貪欲に周辺事業を拡大しつつある。その液晶事業も今や，新規素材や，有機 EL 事業に取って代わられる時期に差し掛かっている。楽観は許されない。

(7) 富士フイルムの変身

コダックとのこの差の一因に富士フイルムグループの「企業理念・ビ

第7章　ミッション・ビジョンのヨコ展開による中長期の企業価値向上　　*165*

ジョン・企業行動憲章」が第二の創業として 2006 年に改訂されたことが
あると思われる。即ち，それまでの「技術の富士，品質の富士」や 1980
年代の冒頭にできた新 IC マークと“世界の富士フイルム”を一新し，富
士フイルムグループの企業理念を新設した。この企業理念は写真フイルム
が急減し，新規事業を大きく育てなくてはならないために，事業ドメイン
を大きく拡大する必要性に迫られていた。よって，「――社会の文化・科
学・技術・産業の発展，健康増進，環境保持に貢献し，――」を事業ドメ
インに追加した。

図表 7-6　経営環境の激変により企業理念等を変更した良き事例

富士フイルムグループ

企業理念

わたしたちは、先進・独自の技術をもって、
最高品質の商品や
サービスを提供する事により、
社会の文化・科学・技術・産業の発展、
健康増進、環境保持に貢献し、
人々のクォリティ オブ ライフの
さらなる向上に寄与します。

ビジョン

オープン、フェア、クリアな企業風土と
先進・独自の技術の下、
勇気ある挑戦により、新たな商品を開発し、
新たな価値を創造する
リーディングカンパニーであり続ける。

（出所）富士フイルムホールデイングスのウェ
ブサイト（www.fujifilmholdings.com/ja/
about/）より。

また，それにとどまらず，富士フイルムグループの企業行動憲章として，

ア　信頼される企業であり続けるために

イ　社会への責任を果たすために

ウ　あらゆる人権を尊重するために

エ　地球環境を守るために

オ　社員が生き生きと働くために

を定め，これらに基づき，富士フイルムウエイを「強い企業文化」として
グループの末端まで展開し，従業員のモチベーションアップとコミュ
ニケーション増進の基盤を与えた。これはまさしく，第4章で提言した
「ミッション・ビジョンのタテの展開による価値観の共有化・制度化」を
行った良き例である。

　一方，コダックは勝手知ったる事業を売却して得た資金を，主として二
つのことに投資した。
　一つ目は，1995～2000年にかけて，複写機事業等の売却で得た代金を，
事もあろうに，株主に自社株買いと言う形で還元した。
　二つ目は，2003年以降，主として家庭用インクジェット・プリンター
事業に投資した。しかしながら，キャノンやリコー等の岩盤のような知的
財産権や販売網の壁に阻害されて，8年かかっても2.3％しかマーケット・
シェアを取れず，大きな赤字事業を作ってしまった。この意思決定の差は
どこから来ているのであろうか。

　次頁の図表7-7の解説
　2001年，富士フイルムは富士ゼロックスの株式の25％を買い増し75％
とし，連結子会社化したため，2002年から売上高が連結対象になり，一
気にコダックの売上高を凌ぐこととなる。一方コダックは医療機器事業を
2007年に，また有機EL事業を2010年に売却し，ますます売上高は減少し，
新規に進出したインクジェット・プリンター事業の売上高はなかなか伸張
しなかった。

(8) コダックの経営理念 (The Kodak Value) と企業行動原則 (Corporate Responsibility Principles)

　コダックの経営理念には，人間尊重，妥協のないIntegrity，企業化
精神 (Entrepreneurship)，従業員間の信頼，職場での継続的改善と研
修，等創業者ジョージ・イーストマン (George Eastman) の基本的価

図表 7-7　コダック対富士フイルムの売上高比較

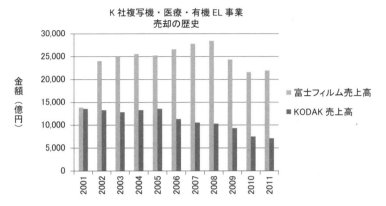

図表 7-8　コダック対富士フイルムの利益比較

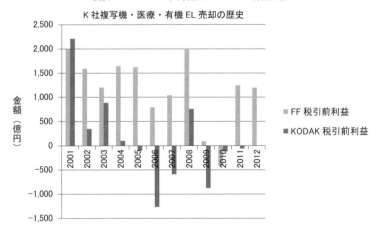

値観が生きている。しかし，企業行動原則（Corporate Responsibility Principles）の前文にある株主中心主義の「良好な株主関係と株主価値向上」が責任序列のトップに来ている。この株主主権論は1970年代のミルトン・フリードマンの影響を受け，コダックは1990年代に，この企業行動原則の前文に挿入したものと見られる。その理由は，GMが1993年～1994年にかけて「企業統治憲章」を作成した。これを受けて，カリフォルニア州の教職員企業年金団体のカルパースがこの憲章の採用を上場企業

168 第2部 「守りのガバナンス」による持続的成長と「攻めのガバナンス」による企業価値向上

に求めたが，これに呼応して，132 社が同種のものを作成したか作成中との記録がある。この中にコダックが入っている。因みに，GM の場合も，株主が責任序列のトップに来ている。

コダックの企業行動原則の本文は，①高い倫理基準の企業行動，②法令遵守，③環境遵守，④人権尊重，⑤機会均等，⑥雇用における Diversity の尊重等で，これはどこにでもあるような標準的なものであるがそれなりに良くできている。⑥の「雇用における Diversity の尊重」は 1960 年代の公民権運動の一環として，株主総会で指摘され，それまでの白人ばかりの採用基準を改め，企業行動原則に挿入したものである。

⑼ コダックの取締役会構成

図表 6-9　コダックの取締役会構成（2007 年の例）

```
⑴  Antonio Perez—CEO（元 HP 副社長）………………………………1人
⑵  他社の現・元 CEO/CFO 等 …………………………………………5人
    ①  PPG…………………………………………………ガラス工業
    ②  Advanced Micro Devices ……………………………半導体
    ③  MidOcean Partners……………………………… PE ファンド
    ④  BET—media & entertainment（女性）………………メディア
    ⑤  Sprint Nextel ……………………………………通信，携帯電話
⑶  大学教授…………………………………………………………………2人
    ①  MIT …………………………………………… Computer Science
    ②  CA 大学 Berkeley（女性）………………………… economics
⑷  元大使（南米）…………………………………………………………1人
```

① 2007年の取締役会構成の状態は，合計9名，内，女性2名，黒人1名，平均在籍9年で，HP 社から招聘した CEO のアントニオ・ペレツ（Antonio Perez）と8名の独立社外取締役で構成されていた。見ての通り，多様性には富んでいるが，社内取締役が1人もいない。これで，既存の医療事業や有機 EL 事業の売却と，新規参入した IJ プリンター事業との適切な比較検討等ができたのか疑問である。

② 独立社外取締役の専門性（Professional Diversity）においてコダックの既存事業が分かる専門家がいない。

③ 株主中心主義の弊害として，CEO と独立社外取締役に対する，インセンテイブは株式報酬が約 70％を占める。少なくとも独立社外取締役は現金による固定報酬であるべきである。また，株主優遇策として複写機事業等売却で得た約 6,000 億円を 6 年間にわたって自社株買いに使用し，財政基盤を弱体化させた。

⑽ コダックの経営破綻の真因

① コダックの企業行動原則の前文にある株主中心主義（ROE 中心主義でもある）。
② 「外部招聘 CEO プラス全員社外独立取締役」のアウトサイダーシステム（早大の宮島教授の命名）の全員社外取締役の取締役会構成。
③ その取締役会構成員の中に既存事業が分る取締役が存在しない。

上記の 3 条件が揃った場合，取締役会の意思決定は，

① サクセッションプランに基づき，外部招聘した CEO が自らの在任期間に業績を上げようとする短期業績主義に走り勝ちとなる（J.フィッシャーは医薬品事業を売却して，前途のない事業であることがはっきりしているのに，まだ比較的に高採算の写真事業へ安易に回帰したなど）。また，
② ROE 中心主義であるが故に，分母の自己資本を小さくしようとするため，やたらと自社株買い（J.フィッシャーによる約 6,000 億円の自社株買い）に走り財務基盤を著しく毀損することとなり，債務超過の一因となった。
③ 取締役構成として，社内出身取締役が全くいない場合，経営基本方針設定，事業ポートフォリオ戦略，M&A 戦略が適正にかつ真剣に議論できたか疑問である。
④ 取締役会の監査委員会メンバーに，リスク・マネジメントの専門家や財務専門家（Financial Expert）等がいない。財務状況を年々よくチェックし，経営が破綻する前に異議を唱える牽制者が不在。こ

の点は過去の東芝と似ている。

　これ等の結果，コダックは経営破綻したといえる。従って，エンロン，ワールドコム事件〜リーマン・ショック，GM事件，コダックの経営破綻までの約10年間の反省として，NYSEのコーポレート・ガバナンス委員会 が纏めた "Report of the NYSE Commission on Corporate Governannce" でいみじくも指摘をしている10項目の内，本件に関係する，下記3項目を示す。即ち，

① 取締役会の基本目的は，株主価値の長期的・持続的拡大を目標にすべきで，過度の役員報酬に刺激された risk-taking は厳に慎むべきである。

② 取締役構成は，独立性（社外）と非独立性（社内）の適切なバランスと多様性，専門性の確保をはかるべきで，「CEO プラス全員社外取締役」を NYSE の規則は強制してない。

③ 経営理念・倫理観等を持った CEO を戦略的に内部で養成するための succession plan の作成・実施が重要である。

　③について，ピーター・ドラッカーの教え子と自らいう，ジム・コリンズは『ビジョナリーカンパニー③衰退の五段階』160〜161頁で，「偉大な企業の構築と外部からの CEO 招聘の間には，強い逆相関関係があることが分っている。今回，（彼が）分析対象とした衰退企業11社の内8社は，衰退の過程で外部から CEO を招聘しているが，比較対象成功企業では対象期間に外部の人材を CEO に迎えたのは1社に過ぎなかった。（中略）良好な企業から偉大な企業への飛躍を指導した経営者の90％は社内から昇進している。」と述べている。サクセッションプランニングの参考とされたい。結局，第6章で提言した「ミッション・ビジョンのヨコ展開による中長期の企業価値向上」にコダックは失敗したことになる。理由は，創業者のミッション・ビジョンはそれなりに立派であったが，

① ミッションの前文（CRP）を途中で変更し，株主中心主義とした。

② CEO を外部招聘に頼るサクセッションプランニングの失敗

第7章　ミッション・ビジョンのヨコ展開による中長期の企業価値向上　　*171*

③　取締役会の多様性はあるが，全員社外取締役であることと既存事業
　　の分る専門性（Professionnal Diversity）の欠落
④　取締役会の実効性評価等のアドバイザーとして PE（Private
　　Equity Fund）から2名社外取締役入れたが，時すでに遅かった。
⑤　コダックは，経営学者リタ・マグレイスの言う「競争優位の終焉」
　　に気が付くのが遅かった。

5．第7章のまとめ

⑴　数多くの実証研究が進んでいる

　ミッション・ビジョン（原則 2-1, 2-2, 3-1, 4-1, 5-2, 即ち，経営理念・
行動準則・中長期経営計画・経営戦略）のヨコ展開が，
　　1）サクセッションプランニング（補充原則 4-1 ③），
　　2）取締役会構成（多様性：補充原則 4-11 ①）
　　3）取締役会の実効性評価（補充原則 4-11 ③）
に反映され，8つのコードが有機的に一体化されなければならない。
　そして，実証研究として，
　　1）経営理念のある会社は，ない会社に比べて有意（ROA の改善）な
　　　関係がある（広田：2012）。
　　2）取締役会の多様性は，あった方が多面的な意見やアイディアが生ま
　　　れ，業績と正の関係にある（小池：2015）。
　　3）社外取締役の数は不正会計防止等に効力がある（川口幸美：2004）。
　　4）サクセッションプランニングにおいては Jim Collins の実証研究
　　　において，外部招聘よりも社内でじっくり教育・研修した方が良い
　　　CEO が育つ。
などの数々の論文が増えつつある。特に，バーナード（Chester I
Barnard）がその著書『経営者の役割』（1938）で用いた言葉である「道
徳的リーダーシップ」とは，「決断力，不屈の精神，耐久力，勇気などに
おいて，個人が優越している側面であり，「人の行動に信頼性と決断力を

与え,目的に先見性と理想性を与える」は極めてサクセッションプランや従業員研修に重要である。先に述べた如く,単にリーダー研修をやっても経営者は育ってないとの調査結果がある。

　失敗例としたコダックは,経営理念の変更の失敗,安易に外部招聘に走るCEOサクセッションプランニングの間違い,全員社外取締役からなる取締役会構成,既存事業が判らない社外取締役の集まりという専門性(Professionnal Diversity)の失敗,等が重なったためである。我が国にもこれに似た事例がなくはない。他山の石とされたい。

(2)　**成功例として示した日立について**
　1)　会社の成長過程における,或る経営ステージにおいて,即ち,日立は2009年3月期に▲7,873億円の欠損を出した。このとき,「事を正す人」川村隆を選任し,どの家電メーカーよりも早く構造改革を実施し立ち直った。

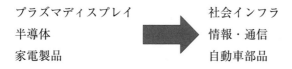

　　この「事を正す人」をサクセッションプランとして選出できるか否かは会社の生死を分ける。昨年表した拙著『実践コーポレートガバナンス・コード作成ハンドブック』で三洋電機の衰退事例を書いているが,「事を正す人」を選ぶべき時に「事を進める人」を三顧の礼をもって招聘していたのではないかと記述してある。参考とされたい。
　2)　取締役会の多様性はミッション・ビジョンに基づき,ミッションである独自技術,ヴァリュウである和・誠・開拓者精神,ビジョンであるソシアル・イノベーション,グロバリーゼィションに準じて社外取締役が選任されている。社外取締役8人の中で外国人比率が4人

の 50％である。女性が 2 人で 25％である。International Diversity, Gender Diversity 共に優れている。

3）日立について，筆者が試みたミッション・ビジョンに基づく取締役会の実効性評価の結果はこれまでのところ確実に中長期の企業価値の向上に資していると言えよう。現に包括利益基準で 4 期連続の増益を 2014 年度までに達成している（以降は IFRS 基準に変更）。

【注】

73　2015 年 4 集『会社四季報』による。

74　クリスティー・アトウッド著，石川恒貴訳（2012）『サクセッションプランの基本』）参照。

75　村岡啓一（2015）「組織における倫理的意思決定の盲点―職業倫理と人間道徳の狭間」一橋大学開放講座，平成 27.9.17，参照。

76　商事法務 No. 2073，30〜43 頁参照。

77　（株式時価総額＋時価の負債総額）／時価の総資産。

78　川口幸美（2004）『社外取締役とコーポレート・ガバナンス』50〜53 頁参照。

79　今井祐（2015）『経営倫理』No. 80，6 頁「持続的成長と企業価値向上に生かすコーポレートガバナンス・コードの使い方」経営倫理実践研究センターより一部引用してあるが，その内容・形式において大幅に改善・充実してある。

80　伊丹敬之（2013）『良き経営絵者の姿』121 頁参照。

81　今井祐（2014）『日本経営倫理学会誌』第 21 号，287〜293 頁「米国大企業の経営破綻」よりコダック部分及び富士フイルム部分を一部転載・引用してあるが，内容・形式共に大幅に充実・改善してある。

82　リタ・マグレイス（2014）『競争優位の終焉』日本経済新聞社，3〜4 頁。

83　ROE ＝売上高利益率×総資産回転率×財務レバリッジ（総資産／自己資本）。

第8章
ミッション・ビジョンのタテ・ヨコの展開による
持続的成長と中長期の企業価値の向上について

1. はじめに

これまで，第4章と第6章で述べてきた「ミッション・ビジョンのタテの展開（制度化）ができている企業」，即ち，持続的成長能力が高い企業と「ミッション・ビジョンのヨコの展開ができている企業」，即ち，中長期の企業価値の向上能力の高い企業との関係について考えてみたい。両方がしっかり機能して，今後3～5年で両方が向上していかないと，CGコードの目的は達せられたことにならない。単に73コード（基本原則5，原則30，補充原則38）について，受動的に逐一「CGに関する報告書」に回答・記述しても，時間・エネルギー・コストの浪費である。まして外部に丸投げしてつくらせたのでは全く意味がない。経営者が自ら陣頭指揮して，経営の視点から作成し，取締役会で議論し，決定しなくてはならない。

2. ミッション・ビジョンのタテ・ヨコの展開とは

図表8-1は，「ミッション・ビジョンのタテの展開（制度化）ができている企業」，即ち，持続的成長能力が高い企業を縦軸にとり，「ミッション・ビジョンのヨコの展開ができている企業」，即ち，中長期の企業価値の向上能力の高い企業を横軸にとり，これまで本書で取り上げた，良き例とした，JAL，富士フイルム，日立，及び悪い例とした，東洋ゴム，東芝，コダッ

ク，リーマン・ブラザースの7社を評価して，掲名してプロットしてある。さらに，A社～F社までの6社は，日立と同じような電機関係の会社である。ある講演で事前了解のもと筆者の評価により作成し，使用したものをプロットしてある。ここでは，利害関係者に配慮して，企業名は秘匿とした。これらの中には，日立よりも営業利益率で長年上回る企業もある。因みに，2015年11月27日付け「日経」新聞は，上場企業の総合ランキング「NICES」2015年度版の「企業統治」項目で日立をトップに位置付けた。また，三菱電機が18位，NECが19位，富士通が26位である旨伝えている。参考とされたい。

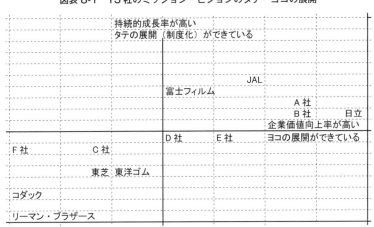

図表8-1　13社のミッション・ビジョンのタテ・ヨコの展開

3．持続的成長能力及び企業価値向上能力について

(1) 持続的成長能力について

持続的成長能力についての評価項目は，
　① 過去3年間の増収増益率を20％のウエイトとする。
　② 各社のミッション・ビジョン（確固たる経営理念，倫理規範，行動準則，中期経営計画，経営戦略等名称は種々ある）が，しっかり制

定されている。また,「倫理・コンプライアンス委員会（名称は種々ある）」を持ち,制度化されている。これらのことが,CGに関する報告書,有価証券報告書,各社のウエブサイト,CSRレポート等で確認する。これを50%のウエイトとする。

③ 過去の不祥事の頻度・影響度を各社の社歴,Wikipedia,企業不祥事辞典等から調査する。これを30%のウエイトとする。

(2) 企業価値について

そもそも企業価値とは何か。学説により主として3つある。

企業価値とは,企業が持つ有機的一体としての事業の価値を金額で表したものをいう。法人の事業実体がつかみにくく,かつ,営む事業の特性に応じた評価が必要となることから,企業価値を一義的に決めることは非常に難しい。なお,一般的に企業価値の計算アプローチ手法としては過年度の蓄積を基礎とするコスト・アプローチ（清算価値法,修正簿価純資産法など）,将来の収益性を基礎とするインカム・アプローチ（収益還元法,ディスカウント・キャッシュ・フロー法など）,実際の売買市場で成立している類似企業の株価を基礎とするマーケット・アプローチ（類似業種比準法,マルチプル法など）の3種類が挙げられる。

通常,企業価値の算定に際しては,これら3種類のアプローチに基づく評価のいずれか,または,複数の評価手法をブレンドして企業価値を算定することが一般的とされる[84]。しかし,現実には,圧倒的に将来の収益性を基礎とするインカム・アプローチ（収益還元法,ディスカウント・キャッシュ・フロー法など）が主流になりつつある。特に,経営統合やM&Aではこれが用いられる。

① コスト・アプローチ

企業が持っている資産価値,例えば,当該企業を清算して持っている資産を売り払うといくらになるかという価値を基礎とするアプローチ手法である。これは貸借対照表の資産合計に近い考え方だが,会計上の資産価額

は会計ルールに則って計算されているので，資産の売却価額とは大きく異なる場合も多い。例えば固定資産の建物や設備は，会計上定額法や定率法に基づき減価償却した金額が計上されている。一方それら資産の売却価値は売却時の市場によって大きく左右されるので，差が大きく開く場合がある[85]。

　従って，単なる ROA（総資本利益率）ではなく総資本を時価評価する必要が出て来る。その意味ではトービンの Q（株式時価総額／資本の再取得価格）がこれに近い考えである。

② 　インカム・アプローチ

　企業の本来の使命は，保有している資産を活用しそこから新たな価値（付加価値）を生むことである。その観点から企業を「継続的に価値を生み出すプロセス」と定義づけ，今後当該企業が生み出すであろう付加価値を基礎とするアプローチ手法である。具体的には将来の業績を予測し，毎年生み出される新たなキャッシュ（フリーキャッシュフロー）を現在価値に引き戻しその総額を企業価値とする。これは「将来の収益を割り戻す」という意味で『収益還元方式』，あるいは「価値を体現するキャッシュ・フローを割り引く」という意味で『ディスカウント・キャッシュ・フロー（DCF）方式』と呼ばれる方法がある[86]。これが主流になりつつある。

③ 　マーケット・アプローチ

　もう一つ代表的な考え方は，既に証券市場で売買されている企業の株式について，それが企業の価値を体現していると考え，株式の時価総額と負債の金額を合わせて企業価値とするものである。また上場されていない企業については，同業種の上場企業を参照し，その指標（ROA，ROE，純資産キャッシュフロー倍率，EV/EBITDA 倍率等）を参考に企業価値を類推する方法がとられ，株価倍率法（マルチプル法）と呼ばれている[87]。これもファンド業界でよく用いられる。

それぞれの方式には長所・短所があり，一つのやり方だけで企業価値を測ることはせず，目的により各方式を組み合わせて算出することが多い。

④　EVA について

伊藤邦雄（2014）『新・企業価値評価』によると，ROE ではなく EVA（Economic Value Added：経済付加価値）を「企業が生み出した真の利益」と評している。曰く，「EVA は，コカ・コーラやゼネラル・エレクトリック（GE）をはじめとする世界の主要企業において採用されている。また，採用企業の業績が改善していることが EVA の一層の普及を促している。日本企業においても，すでに花王，旭化成，キリンビール，をはじめとする主要企業が EVA を導入している。このほかに，HOYA，オリックス，TDK，パナソニック，シャープ，日立製作所，大阪ガス，アドバンテスト，三菱商事，京セラなど多くの企業が EVA をべーすにした経営手法を採用している。（中略）EVA が会計とファイナンスの基礎理論を土台とした理論的整合性の高いモデルであることを忘れてはならない。その証拠にゴールドマン・サックス証券のアナリストやカルパース（CalPERS：カリフォルニア州公務員退職年金基金）などの機関投資家も EVA をベースに企業価値評価を行っているという。これは EVA が企業価値評価を行う上で他の業績指標よりも優れた側面を持つからにほかならない。」[88] と述べ，事実 ROS（売上高経常利益率），ROE，EVA の比較を行っている。ROS はバランスシートや資本コストの概念が入ってないので，論外であるが，ROE（当期純利益／株主資本）については「① 株主から預託された資金を如何に効率的に活用・運用したのかの成果がわかる ② 株主重視を反映した指標 ③ 規模重視ではなく，効率重視の指標である ④ バランスシートの視点を反映 ⑤ 規模の違いにかかわらず，企業間比較ができる」[89] という長所がある。逆に，「① 会計政策の影響を受ける ② 資本コストを考慮せず ③ 比率指標であるため，創造された価値額を表さず，縮小均衡に陥る恐れがある ④ 資本構成（財務レバレッジ）の影響を受けやすい ⑤ ベンチマークが困難」[90] なる問題点を指摘している。一方，EVA（税引き

第 8 章　ミッション・ビジョンのタテ・ヨコの展開による持続的成長と中長期の企業価値の向上について　*179*

後営業利益─資本コスト）は「① 資本コストを反映 ② すべての利害関係者の利益を反映 ③ 価値が金額ベースで算出されるため，縮小均衡に陥るリスクが少ない ④ バランスシートの視点を反映」[91] なる長所がある。逆に，「比率指標ではないために，規模の違う企業間比較ができない（ただし，EVA スプレッドでの比較は可能）」[92] との唯一の問題点があるのみである。比較論から言えば，圧倒的に EVA の方に長所が多い。

⑤　ROE について

　伊藤座長の下で開かれた「日本版ケイレ・ビュウである伊藤レポート」では ROE8％を目標として選択している。この伊藤レポートの有識者メンバーの一人にその理由を聞いてみたら，前述の「① 株主から預託された資金を如何に効率的に活用・運用したのかの成果がわかる ② 株主重視を反映した指標」等の理由から機関投資家からの意見に配慮したようである。

　しかしながら，ROE（自己資本利益率）を分解すると，

・当期利益／自己資本＝ROA（総資本利益率）×財務レバレッジ
＝（当期利益／売上高）×（売上高／総資産）×（総資産／自己資本）
　　（売上高利益率）　　×　（総資産回転率）　×　（財務レバレッジ）
　　　収益性　　　　　　　　効率性　　　　　　　非安全性

となる。

　また，財務レバレッジを分解すると（負債＋自己資本）／自己資本となる。即ち，財務レバレッジを増やすためには負債を増やし，自己資本を減らすこととなる。従って，ROE の問題点は，次のようになる。

　ⅰ．ROE（純利益／自己資本）という指標だけで企業を評価しようとすると，突然の変化に耐えうる「安全性」（自己資本比率＝自己資本／総資本＝財務レバレッジの逆数）まで見る必要がある。そうでないと「借金で博打を打つ」ことになりかねない。

　ⅱ．ROE 偏重（過大な自社株買い等）は企業の財政基盤を著しく毀損することになる。「持続的成長」（計画的先行投資，人材育成，環境

180　第2部　「守りのガバナンス」による持続的成長と「攻めのガバナンス」による企業価値向上

　　負荷低減投資，SH との協働，社会的責任等）に向けての投資・努
　　力をないがしろにするリスク大。
　ⅲ．ROE を企業内，事業別，部門別に分解できるか。
等の問題点がある。
　事実，以下のデータがある。
　財務レバレッジが高くて ROE が高い会社（過去に欠損金が多かったか，
有利子負債の多い会社に多い）

	ROE	財務レバレッジ
東京電力	15.3%	6.9 倍
ミサワ H/L	14.4%	5.6 倍
日本板硝子	12.7%	5.2 倍
三井住友建設	35.6%	8.1 倍
飛鳥建設	19.9%	5.5 倍
兼松	24.6%	5.1 倍
東証一部製造業平均	8%	2.3 倍

（日経ビジネス 2015.06.22 の 37 頁より，2015 年 3 月期。東証 1 部。営業利
益率が 5% 未満で。財務レバレッジが 5 倍以上の企業で ROE の高い企業を
ランキング）

　これらは，伊藤レポートの 8% を優に超えている。これらの企業の企業
価値は真に高いといえるのであろうか疑問である。
　これに対する反論として，最適資本構成理論（トレードオフ理論）（伊
藤友則：2015）がある。
　「モジアーニ・ミラー（MM）の第 1 命題 "税のない世界では，資本構
成に拘らず企業価値は一定"，しかし現実には法人税が存在し，負債の金
利費用が損金算入される。その節税効果分，企業価値が上がる。一方，負
債が増えると破綻懸念コスト（Cost of Financial Distress）が発生する。
例えば，格下げによる金利増，信用不安からの取引回避コスト等である。
この破綻懸念コストが発生する直前に最適資本構成がある。」[93]
　このポイントを超えたのがコダックである。即ち借入れ増と 6 年連続の

自社株買い（$5b＝約6,000億円）で債務超過となり財政基盤を著しく毀損したためである。また，現在のような殆ど金利ゼロではこの理論は成立しないのである。

(3)　企業価値向上能力について

今回，ここで使用した企業価値向上能力として使用した指数は，（原則として，2015年3月期決算基準であるが，2016年3月期見込がある企業は盛り込む）

① 　総資産額（25％）
② 　株式時価総額（25％）
③ 　ROE（25％）
④ 　ミッション・ビジョンのヨコ展開の成功度合（25％）

とした。本来ROEはEVAとすべきであるが，これだけROEが人口に膾炙され，かつ機関投資家がこれに基づいて企業とのエンゲージメントを進める以上これに従わざるを得ないと考えた。

4．第8章のまとめ

現時点における，ミッション・ビジョンのタテ・ヨコの展開による持続可能性能力と企業価値向上能力の位置関係はそれほど重要ではなく，むしろ今後対象企業数をもっと増やすこと及びそれら企業が3年後，5年後右上に移動するか左下に沈むかが関心事である。そして，その原因が① ミッション・ビジョンのタテ・ヨコの展開のどこが良かったのか悪かったのか ② CGコードの何によって上昇したのか，ないし下降したのかを見ることの方が重要であり意義があると考える。

なお，2015年11月27日付け「日経」新聞は，上場企業の総合ランキング「NICES」2015年度版の"企業統治項目"で日立をトップに位置付けた。また，三菱電機が18位，NECが19位，富士通が26位であり，本評価に近いことは偶然ではないと思う。

182   第2部 「守りのガバナンス」による持続的成長と「攻めのガバナンス」による企業価値向上

【注】

84 Wikipedia「企業価値」参照。
85 同上。
86 同上。
87 同上。
88 伊藤邦雄（2014）『新・企業価値評価』日本経済新聞社，404 頁参照。
89 同上，406 頁参照。
90 同上。
91 同上。
92 同上。
93 伊藤友則（2015 年 8 月 4 日）「日経」経済教室「企業，負債の活用に節度を」参照。

第9章
多重統治体制の廃止について

1．東芝の過去の統治体制の問題点と東芝新体制について

① 東芝の代表取締役（社長）等の職務執行を取締役会（東芝：2015年9月末まで，社内16人，社外4人）が監督する面で，社外取締役を除くほぼ全取締役が，社長を頂点としたヒエラルキーの一員であったため，その頂点にいた社長を効果的に監督することは，事実上困難で，逆に社長から監督され指揮命令を受けていた。

② 「社長月例」等の執行役会議において，我が国特有の終身雇用制による，会社への忠誠心が経営トップへの忠誠心と混同されがちとなる。またムラ社会意識（Gemeinshaft）等が存在し，強い上下関係や否定しない文化につながっていた。カリスマ経営者のもとで，「チャレンジ」等のプレッシャーのために，物事を多様な視点から，批判的に評価する能力が欠ける「集団愚考（社会心理学 group-think）の罠」即ち，「まあいいか症候群（筆者による命名）」に陥りやすくなる。

③ そこで新体制は社内4人，社外7人とし，議長，各委員会全員を社外取締役とした。しかしなぜか高齢者が多い（平均年齢71歳）。

2．東芝の多重統治体制と改革

日本郵政社長を務める西室泰三（80歳）東芝相談役の役割について，週刊東洋経済（2015.9.26）は伝える。「実は室町正志さんご本人は，会長

としての責任を取り辞めるつもりだと。それで私（筆者挿入―西室泰三）が相談役として，“絶対に辞めないでくれ。リーダーシップをとる人間が必要だから，それをあなたに期待する”と説得して残ってもらったんです。日本郵政の西室泰三社長は7月末の定例会見で，自身が相談役を務める東芝のトップ人事について，こんな経緯を報道陣に披露した。」また「今回の社外取締役の就任要請でも西室が動いた。今の東芝の社外取締役になるのは火中の栗を拾うようなもの。西室が“東芝を助けてください”とお願いして回ったからこそ，三菱ケミカルホールディングス会長の小林善光など大物経営者らがずらりと新経営陣に名を連ねた。だが相談役が人事に深く関与することは，対外的に説明がつかない。再生に向けて動き出した新体制では，西室の絶大な影響力と距離を置くべきだ。」と伝える。これが事実とすれば，皆，西室相談役のお友達内閣（経営力は優れているが）である。特に次のCEOを含む役員人事が「影の声」の追認にならないようにサクセッションプランニングをしっかりやらねばならない。これは何も東芝に限った話ではない。一般企業に普遍的に言えることである。

3．提言−3「多重統治体制の廃止」

　OBガバナンスは我が国の悪弊である。2015年12月末で終了したJ・フロントリティリング相談役の奥田務の「私の履歴書」では，「奥田君，ちょっとこいや。」と時の下村社長に電話で呼ばれ，「もう薄々，感じていると思うけど，ダイレクトに言うわ。君，来年春から社長やってくれんか。これは命令や。」と伝える[94]。その後，下村さんは，会長を2000年まで務め，続けて相談役，最高顧問を歴任する。その奥田務さんも2003年から会長をやり，現在相談役である。これが我が国の慣例になっている。

⑴　「相談役，顧問」制度の完全廃止

　どこの企業でも，もし元会長・元社長等が会長，相談役，顧問等の名前で残っていた場合，現在の経営陣は，これらの先輩が過去に決めたことを

覆すような大胆な決断ができない恐れがあり，経営の足かせとなる。これを以前から首尾一貫して主張してきたのは，世界的な議決権行使助言会社であるISS（Institutional Shareholder Services）の石田猛行社長である。

今回の東芝の3元社長の悪事も引き継がれ，覆すことができなかった。オリンパスのケースもほぼ同様である。

東芝は相談役制度の廃止と顧問制度の縮小の方向に進みつつあることは歓迎すべきことである。2016年の定時株主総会で定款の変更を行う旨，2015年12月18日「日経」新聞は伝える。因みに顧問については，現在，特別顧問が2人，常任顧問が2人，顧問が14人と合計18人もいる。「相談役，顧問」制度の廃止は何も東芝に限った話ではない。一般企業に普遍的に言えることである。CGコードの規律の外にいる相談役・顧問等は止めた方が良い。相談役や会長ばかりがマスコミに出て，社長の顔が見えない会社もある。顧問の中には，技術的専門家等のプロフェッションが居ると思うが，フェローとか別名称にした方が分りがよい。

(2) 取締役会議長職の社外取締役化

我が国の場合，社長・会長が取締役会議長を兼務するケースが84％（ProNed調査，2015年社外取締役・社外監査役白書16頁）存在する。これは取締役会内部における多重兼務統治体制である。OECDのCG原則の「Ⅳ. 取締役会の責任」の「E. 取締役会は，会社の業務について客観的な独立の判断を下すことができるべきである」の中で，「単層構造の取締役会構造をとる多くの国では，最高経営責任者（CEO）と取締役会会長との職を分離することや，それが兼務される場合には，筆頭非執行役員に社外取締役の会議を招集させ，その会議の議長を務めさせることにより，取締役会の客観性や経営陣からの独立性が強化されうる。」と述べている。本来，議長の職分は，独立性・客観性の観点から，その会社のミッション・ビジョンに即した最重要なテーマ，緊急性を要するテーマ，創業者やCEO等が嫌がるテーマ（創業者が始めた赤字事業等），社会的責任問題，CGコードでcomplyしてない原則等について，取締役会議題に取り上げ

させ審議させること，社内外取締役の融和，社外役員のコミュニケーション良化を図ること等であるべきである。単なる，受け身の行司役に終始してはならない。

我が国の CG コードの補充原則には，以下のごとき記述がある。

補充原則 4-8 ②
　独立社外取締役は，例えば，互選により「筆頭独立社外取締役」を決定することなどにより，経営陣との連絡・調整や監査役または監査役会との連携に係る体制整備を図るべきである。

　これでは，全く弱い。明確に「最高経営責任者（CEO）と取締役会会長との職を分離する」ことを入れるべきである。これが分離されてないから，取締役会メンバーによる取締役会評価を最高経営責任者（CEO）は嫌がるのである。自分が批判されていると思うからである。コニカミノルタ（株）は経営組織基本規則において，「取締役会議長は非執行取締役から選任すること」を決めている。このような企業が増えることを期待する。

(3) 役員定年制の導入

　東芝の社外取締役の平均年齢が 71 歳であること及びその理由も既に述べた。全員多忙である。5 職～6 職兼務の多重職（これも制限すべきである）の方もいる。そのため取締役会も土曜日でないと集められないという。土曜日の発表や記者会見をマスコミは嫌がる。

　東芝に限った話ではないが，多重統治体制を補完する意味においても，役員定年制を導入し，かつ相談役・顧問制度も止めるべきである。新しい CEO が縦横無尽に活躍できる体制を作るべきである。特にグローバル企業や IT 企業は特にそうである。2009 年，サンディエゴの会議でグーグルのエリック・シュミット会長（当時は CEO）が「取締役は 40 歳代で既に使い物にならない」といっていたのが印象的である。

　伊丹（2013）は『よき経営者の姿』のなかで，問題ある経営者について，次のような警鐘を鳴らしている。

第9章　多重統治体制の廃止について　*187*

・「派手好みは，有名人好みだけでない。派手な本社ビル，マスコミ受け
　する言動。中身は余りないのに，美しい言葉だけが並ぶ経営改革案の華
　やかな発表。あるいは身の丈を超えた財界活動．こうした派手な行動を
　好むようになったら，それは経営者としての失敗の予兆である」。
・「経営者は分配者なのである。多くの人が自分もほしいと思う，カネと
　権力と情報と名誉を，経営者は人々に分配する役割を果たさざるを得な
　い。その分配の仕方を，部下はじっとみている。」
・「まだやれると思う人は，自分だけは年齢を超越できると思っている人，
　（中略）まだやらなければと思う人は，組織への過剰密着がそう思わせ
　るのであろうし，又後継者への不安がある，まだ代わりがいない，だか
　ら自分がまだやらなければ，と思わせるのであろう。」
・「トップはついつい，自分の思うようなことをやってくれる，自分を大
　切にしてくれる，しかし自分を超えない人間を後継者に指名する。
・「決断の実行をきちんと行うだけの，エネルギーに自信がないとき，人
　は先延ばしをするだろう。判断に自信がないのではなく，判断が正しい
　ように思えるが，それを実行する手間ヒマや面倒を，きちんと果たせる
　かどうか，自分の体力や粘りに，自信がなくなっているのである。」と
　述べている。
　また，「人間誰しも，年をとってくると半ば生理現象として，三つのこ
とが起こりやすい。人間の頭と体と心に，加齢が与える影響がある。頭に
ついていえば，脳の可塑性が低くなる。体の面では，体力が低下する。心
についてはいえば，自己満足を求めるようになる。」と述べている。いず
れも真実であろう。まさに老害である。次の事例を参考にされたい。

---

①　日立の例：「コーポレートガバナンス・ガイドライン（2015.9）」の第3
　条「指名委員会は，原則として，75歳に達したものを取締役会候補とし
　ない。ただし，特別な場合，75歳以上の者を候補者にすることがある。」
②　大東建託の例：「コーポレートガバナンスに関する当社の取り組み」
　（2015.6.26）
　「当社では，満60歳を取締役の定年とするとともに，定年により退任ある

いは辞任した取締役は顧問等の立場で当社グループに残ることのないように制度化しております。また，上級管理職については2親等以内の親族の入社を認めず，世襲制を排除することとしており，経営の循環を促す仕組みをとしています。また，次期代表取締役や新任取締役の指名に当たっては，社外取締役全員及び監査役全員で構成される"評価委員会"が中心となり，取締役の相互評価や各取締役とのヒアリング結果等を踏まえた指名を行うことで，透明性・公正性の高い後継者の指名体制を整えています。

4．第9章のまとめ

2015年9月30日の東芝の臨時株主総会終了後新社長の室町正志社長は社長メッセージを一新し，

①　トップマネジメントの監督機能の強化を図り，生命・安全・法令遵守を最優先に事業活動を通じて社会的責任を果たしていく。

②　「エネルギー」「ストレージ」「ヘルスケア」を注力事業領域として，世界規模での競争に勝ち抜ける事業構造への変革に取り組む。

③　パワーエレクトロニクス技術など，当社の強みを生かした次世代への成長の種を育て，時代に適合した新しい顧客価値を提供していく。

旨，述べている。また，コーポレート・スローガンとして"Leading Innovation"を使用している。新体制で①の「トップマネジメントの監督機能の強化を図り，生命・安全・法令遵守を最優先に事業活動を通じて社会的責任を果たしていく。」にメドがつけば，次のステップで②の事業ドメイン（但し，ヘルスケア事業は7,000億円以上でキヤノンへ売却の方向）において，業界再編による経営統合を含め，攻めの経営に打って出なくてはならない。その目的は持続的成長と中長期の企業価値の向上であらねばならない。このとき「多重統治体制の廃止」として，相談役，顧問制度の完全廃止と役員定年制の導入により，清新にして自由闊達な取締役会を作らねばならない。企業はgoing concernとして，競争力を高めていかなければならない。そのためにもミッション・ビジョンのタテの展開による価

値観の共通化・制度化とヨコの展開によるサクセッションプランニング・取締役会構成の多様性・取締役会の実効性評価を行う必要が出てくる。

これは一般企業に広く当てはまることである。

【注】
94　2015年12月26日「日経」新聞「私の履歴書」奥田務。

第10章
監査役会／監査委員会関連の問題点

1. はじめに

　東芝は，監査委員会に係る会社の措置として，

① 監査委員会室の機能強化
② 委員会直轄の内部監査部新設（会計監査，違法性及び妥当性監査，内部統制監査）
③ 経営刷新推進部（企業風土改革）
④ 内部管理体制強化 PJ チームの新設（J-SOX）
⑤ プロジェクト審査部（工事進行基準案件の受注前審査等）
⑥ 各カンパニーの財務統括担当を CFO 直属とし，独立性を担保
　なお，①②に関する人事承認権・解任権・解任拒否権は監査委員会が持つ。

を行った。

2. 提言−4「監査役会／監査委員会（監査等委員会を含む）関連及び会計処理基準等」

(1) 常勤監査委員の設置（任意）

　いくら監査委員会室の機能強化を図り，増員と大物室長の設置を図っても，監査委員会の構成が全員社外取締役の場合，誰も会社に常時不在でいいのであろうか。監査委員に1人ないし交代で常勤を置くべきである（内

部通報の窓口としても）。2016年3月16日，東芝が常勤監査委員の新設を図ったことは歓迎される。

(2) 監査委員の「業務執行の範囲」をCGコードに明記すべき

監査委員会は「監査する委員会」ではなく「監査させる委員会」と言われる。合議制により委員会が選定した監査委員のみに調査権はある（会405条1項）が，実態は指示権があるのみである（会416条1項1号ロ・ホ，施行規112条「業務の適正を確保するための体制」）。制度として監査委員には独任制（会390条第2項3号）に基づく単独行使権限がない[95]。

東芝の場合，監査委員会室の機能強化として，委員会直轄の内部監査部を新設（任務：会計監査，違法性及び妥当性監査，内部統制監査）した。人事権・調査権・指示権を持つと全員社外取締役であるので，執行を行っても良いのかの疑問が出てくる。

「業務を執行した」（会2条15号イ）取締役は社外取締役となれない。

一方，2015年7月，経産省による法的論点に関する解釈指針として，以下は社外取締役であっても原則として，「業務を執行した」に当たらないとした。

・業務執行者から独立した内部通報の窓口になる。

・業務執行者から独立した立場で調査行うために，企業不祥事の内部調査委員会の委員として調査に関わること。

・内部統制システムを通じて行われる調査等に対して，業務執行者から独立した立場に基づき指示や指摘を行うこと。

これらについては，経産省ではなく，法務省による解釈指針等とするかCGコードに明記すべきである。

(3) インセンティブのねじれの解消

今回の改正会社法で監査役会等（監査委員会・監査等委員会を含む）が監査法人の選任権を持ったが，支払う報酬額については会社に属したままで同意権があるにとどまる（インセンティブのねじれ）。

東芝の有価証券報告書によると，いかなる理由かはわからないが，支払う監査報酬額が 2009 年 3 月期の 14.5 億円から年々引き下げられ，2015 年 3 月期は 10.2 億円となっている。日立の 1/2 以下となっていた。推測ではあるが，新日本監査法人が監査人の数と監査日数を年々減らしたことは想像に難くない。

　一方，監査役会等には「会計監査人の監査の方法と結果の相当性の判断義務」がある。従って，監査法人に支払う報酬額の決定権も会社ではなく監査役会等に帰属させるべきである。一般に我が国の監査報酬は欧米に比べて低い（会計・監査ジャーナル No. 727 によると，2014 年で日本は米国の約 4 分の 1 である）。監査スケジュールや内容により監査報酬の妥当性を判断できるのは監査役会等である。単に，会社によるコストダウンのための価格交渉の対象となってはならない。これが解消されないから会計監査人の目は経営者に向けられ，経営者主導の不正に対し甘くなる。諸悪の根源の 1 つはここにある言っても過言ではない。

(4) 工事進行基準について

　役員責任調査委員会報告 34 頁によると，

> 　「会社法 431 条における公正な会計慣行に該当する米国会計基準の 1 つである FASB（筆者挿入―Financial Accounting Standards Board）ASC（筆者挿入―Accounting Standard Codification）は，別紙 3（省略）のとおり，わが国の工事進行基準に相当する会計基準を定めている。
> 　同会計基準では，工事契約における完成までの見積原価は，定期的に見直しを行い（reviewed periodically），新しい情報を反映するよう必要に応じて適切に改訂（revised as appropriate）しなければならないとして，わが国の工事進行基準と同様，工事原価総額の適時・適切な見積もりの見直しが要求されている。そして，工事進行基準を適用する場合の工事収益総額及び工事原価総額の見積もりの指針として，
> 　①　原則としてそれぞれ単一の金額（single amounts）で見積もることができること，
> 　②　これができない場合には，見積もった金額の範囲内で最も可能性の高

い金額（the amounts in the ranges that are most likely to occur）を見積もること，

③　これもできない場合には，より正確な見積もりができるようになるまで，見積った金額の範囲内において生じる可能性のある最も低い利益額（the lowest probable level of profit in the range）を見積もることが求められている。

　　さらに，同会計基準においては，工事損失引当金に関し，工事進行基準及び工事完成基準のいずれが適用されるかを問わず損失が見込まれる工事契約について，損失の発生が明確になり次第（as soon as loss becomes evident），見込まれる損失金額全体（entire anticipated loss）について引当金を計上することが要求される。なお，工事損失引当金に関しても，前記7.1.1.2で述べた引当金一般に関する規定が適用され，損失額に見積もることができることも要件とはなるものの，工事完成基準においては上記のような指針に基づき工事収益総額及び工事原価総額の見直しが行われるため，合理的に損失額が見積もることができないという場合は通常考え難い。仮に一定の信頼性をもって見積額を継続的に更新・改訂することができないようであれば，そのような事業体は，GAAP（筆者挿入─Generally Accepted Accounting Principles）を適用するための必須条件を満たさないとされている（35頁）。」

とある。

　　工事進行基準については2015年5月1日に日本公認会計士協会が「工事進行基準等の適用に関する監査上の取扱い」を公表し「リスク評価手続きとこれに関する活動」「リスク対応手続」等の留意点が述べられている。

　　何か変だなとの予兆があったときには「リスク対応手続」を以下の如くとる。（下線部は筆者による）

(1)　財務諸表全体レベルの不正による重要な虚偽表示リスクが識別された場合

　　①　工事進行基準にかんする会計上の見積りの妥当性を検討する監査チームメンバー，工事進行基準にかんする知識，技能及び知能がより高い

監査チームメンバーを配置する。

② 工事進行基準にかんする会計上の見積り，例えば工事原価総額の信頼性をもった見積もりについて，経営者による利益調整に起因する不正な財務報告の可能性を示唆しているかどうか評価する。

③ 企業が想定しない要素の組み込みとして，例えば，工事契約の実在性，決算日における工事進捗度の妥当性を検討するために，予告なしに作業現場の視察や，作業現場での工事進捗会議の資料の閲覧等を実施する。

(2) アサーション・レベルの不正による重要な虚偽表示リスクが識別された場合

① 工事原価の網羅性を検討するために，外注業者等に対して債務の残高確認を行う。

② 実行予算の見積りの合理性を評価するために，工事契約の管理者ごとに実行予算の見直しの頻度や見直しの時期を検討する。

③ 実行予算の見積りの合理性を評価するために，原価要素ごとに実績額との比較を実施する。

④ 会計処理の妥当性を検討するために，実際に発生した工事原価に応じ工事契約金額を検討する等特殊な契約の有無，検収条件，引渡条件，支払条件等を確認する。

⑤ 決算日における工事進捗度の妥当性を検討するために，作業現場を視察することにより決算日における工事進捗度に関する心証をえる。

⑥ 原価の付替えのリスクを考慮しつつ，原価の妥当性を検討するために，仕訳内要の検討や，工事契約ごとに工事原価の発生状況と工程表等による工事の進捗度との比較分析又は工事損益率の過去からの趨勢分析を実施する [96]。

　米国会計基準も日本公認会計士協会平成27年5月1日「工事進行基準等の適用に関する監査上の取り扱い」もよくできている。これらを忠実に監査法人が実施しておれば今回の事件は防止できたと思う。ただ後者の方はIHIの事件等の反省として，監査の質向上の一環として，作られたものであろうと思われるが，些か遅かった。東芝の事件は2014年末までの7年間に起こった。したがって，監査法人が厳格適用すれば，東芝事件

をきっかけに，今後の不正会計の発生は相当減少するものと思われる。現に，7～9月期の四半期決算で予想に反して減益決算を突然発表した企業がある。理由は工事進行基準の見直しであるという。一斉に監査法人が日本公認会計士協会による「工事進行基準等の適用に関する監査上の取り扱い」の厳格適用を始めたと解釈している。

しかしながら，工事進行基準は見積もりの塊であるため最も不正が起こりやすい会計基準であることに変わりはない。従って，基本的な考え方として，2007年に主として認めた工事進行基準の適用を元に戻して工事完成基準にすべきであるとの意見もある。また，国際会計基準審議会（IASB）の考え方も工事進行基準への固執はないように見受けられる。したがって，IFRS15号（長期の工事契約における顧客との契約から生じる収益）の動向や，我が国のIFRS移行時期も考慮に入れて慎重に検討されるべきである。

(5) 監査事務所のローテーション制

2015.10.6金融庁が「会計監査の在り方に関する懇談会」を立ち上げた。資料と匿名方式ではあるが議事録が公表されている。商事法務 No. 2087によると「第2回会議では，第1回に引き続き，今後の会計監査の在り方について議論がされた。会議では，会計監査の信頼性の確保のために必要なこと等の総論的議論から，関与会計士の力量，監査法人のマネジメント，第三者の眼による監査の質の確保などの幅広い論点について意見等があった。具体的には，監査について高品質な監査には "適切な倫理等を有し，豊富な知識・経験を持った監査チームにとって達成されること" "監査作業の実施に十分な時間を割り当てること" 等が必要であるとの指摘があった。この中で深度ある監査を実施するために環境整備の観点から，日本は欧米諸国に比べ相当程度短い期間で監査を実施しているとの実態を改善する必要があるのではないかとの意見があった。（中略）監査法人等のローテーションについては，対象を監査法人にするのか，監査チーム全体にするのか等を含めメリット，デメリット，実行可能性を十分に検討すべきと

の意見や，これを一律に適用することの弊害等についても慎重に議論すべきとの指摘もあった（56頁）。」と述べている。

　町田（2015）によると，「EUでは2011年以来，監査法人の強制的交代制が検討されてきたが，14年4月にEU規制として欧州議会で承認され，同年6月に発効している。今後同規制は順次，EU各国において国内化され，同規則が導入されていく予定だ。（中略）EUが決めた内容は，

① 上場企業に関係する監査契約の継続期間の上限は10年まで（その後の契約禁止期間は4年）

② 公開入札を実施する場合には上限20年に延長

③ 共同監査が実施されている場合には上限が24年まで延長

というものだ。」と述べている。

　オランダ，イギリスにも例がある。米国はドット・フランク法に入ったが，議会の反対で実現してない。

　監査法人等のローテーションについては，上場会社と監査事務所との癒着防止のメリットはわかるが，次のような留意点がある。

 ⅰ. 引き継ぎ業務の透明性確保が必要

 ⅱ. 国内大手4社寡占体制（75％）の監査法人で癒着防止になるか

 ⅲ. 監査時間・人員増によるコスト増をだれが負担するのか

 ⅳ. 公開入札等により価格競争に陥りやすい

 ⅴ. コスト増や低価格が監査品質の劣化を招かないか

 ⅵ. 会社の方も交代制(注)と重なった場合混乱する

　　(注) 主任会計士の交代制継続5年・禁止5年（2015年公認会計士法改正）。

 ⅶ. グローバル企業の場合，海外監査法人は対象外となり，「ねじれ」が生ずることがある。

　なお，本件に関しては，先に述べた「インセンティブのねじれ」の解消を図り，監査報酬の決定権を会社から監査役会等に移すことの方が重要であり，大前提である。監査法人が経済的にゆとりを持った中でローテイションを進めた方が良い。

第 10 章　監査役会／監査委員会関連の問題点　*197*

【注】

95　西山芳喜（2015）『月刊監査役』No. 644, 2015.9.25「監査役会制度の卓越性」24〜25 頁参照。

96　日本公認会計士協会平成 27 年 4 月 30 日「工事進行基準等の適用に関する監査上の取り扱い」。

第3部

本筆者の意見・提案のまとめ

第11章
全体のまとめ

1. これまでの東芝の企業体質

　2014年12月，証券取引等監視委員会に舞い込んだ1通の内部告発を契機にして，2015年2月，社内の調査委員会が動きだす。5月には上田廣一等4人を中心とした第三者委員会が発足，総勢約100人の弁護士・会計士が2カ月かけて調査し，最終的には2,248億円（＋58億円の追加あり）の不適切会計を暴いた。その主因は，内部統制の構築義務は経営者にあるにも拘らず，経営トップが深く関与した組織ぐるみの不正であった。

　物の見事に取締役会の監督機能と三様監査（監査委員会監査，内部統制監査，外部監査）の4つのバリヤーを，7年間もないがしろにした稀有にして，かつ，監査史上最も重大な不正会計事件の1つである。この事件の前に東芝は，東芝機械ココム違反事件を起こして，佐波正一郎会長と渡里杉一郎社長が辞任している。これは1987年に日本で発生した外国為替及び外国貿易法違反事件である。共産圏へ輸出された工作機械によりソビエト連邦の潜水艦技術が進歩しアメリカ軍に潜在的な危険を与えたとして日米間の政治問題に発展した大事件である。今回が大事件としては2度目である。また，2016年1月21日，新たにEU欧州裁判所から国際カルテル事件で2件合計約100億円の課徴金支払命令を受けている。「不祥事再発防止策としてのミッション・ビジョンによる価値観の共有化・制度化」が不可避である。2016年1月22日，日本取引所自主規制法人は不祥事対応4原則を発表した。① 迅速かつ的確な情報開示，② 第三者委員会の独

立性・中立性・専門性の確保，③ 根本的な原因の解明，④ 実効性の高い再発防止策の策定と迅速な実行，である。但し，罰則なしである。これは不祥事又はその疑義が把握された場合の事後対策である。いわゆる事前の不祥事防止措置ではない。不祥事が起こる主な原因は，1位「経営トップの法令順守意識の欠如」2位「経営トップによる業績向上プレッシャー」3位「不正を助長するような社内体質」(「日経」新聞 2015 年 12 月 31 日)である。

　2015 年 9 月 30 日に行われた臨時株主総会で，ある株主質問者が本件に関する内部通報はなかったのかと質したところ会社回答は「本件に関してはなかった」と述べていた。本当にこの様な事がおかしいと思った人は従業員の中に一人もいなかったのであろうか。もっとも会社の窓口に来る内部通報は全て上司にバレバレであったとあるビジネス雑誌が伝えている。

　企業会計審議会のいう内部統制の限界として，「経営者が不当な目的のために内部統制を無視ないし無効ならしめることがある。」また，「複数者の共謀」というのもあると述べているが，この 2 件が東芝には当てはまる。「内部統制の限界」だからやむを得ないで済む話ではない。

　この種の事件が起こると，コーポレートガバナンスに係わる制度，例えば会社法や金融商品取引法のようなハードローが悪いとか，CG コードのようなソフトローが不十分との制度論議になりがちであるが，CG の実効性をあげるためには「制度とその運用と経営者資質の三位一体の改善・改革が進まなければならない」が筆者の持論である。

2．東芝第三者委員会の問題点

(1)　調査スコープの限定

　東芝不適切会計処理事件の原因・再発防止策をまとめた東芝第三者委員会は，何故かその調査スコープから，新日本監査法人と WHC を最初から外していたといわれる。例えば，東芝第三者委員会報告は「会計監査人に対し，2013 年の経営監査部の監査報告書には"会計基準では Buy-Sell の

202　第3部　本筆者の意見・提案のまとめ

転売益は売上となるまで未実現であるが，Buy-Sell 部品在庫は 3 日分程度であるとの説明を行い，現行の勘定処理で了解を得ている"と記載されているが，新日本監査法人との確認はできてないとある。何故確認しないのか。これは調査スコープを限定しているからである。また，「外部の独立会計監査人としての監査が適切であったか否かの評価のためには，監査業務の全体的な枠組みとプロセスの視点からの組織的かつ綿密な調査が必要であり，委嘱事項について調査を実施する本委員会ではかかる評価は行わない。」としている。

　更に，「本委員会の調査及び調査の結果は，東芝からの委嘱を受けて，東芝のためだけに行われたものである。このため，本委員会の調査結果は，第三者に依拠されることを予定しておらず，かかる意味においても，本委員会は第三者に対して責任を負わない（14 頁）。とある。

　第三者委員会が東芝に雇われている以上，最初から独立性などないのではないか。東芝役員責任調査委員会も同様である。善管注意義務違反をなぜ 5 人に絞ったのか判然としない。

(2)　真の根本原因（root cause）の解明

　更に，東芝第三者委員会は，3 人の歴代社長を何故このような不正会計に走らせたかの真の root cause を解明してない。経済雑誌等が伝えている経営トップによる不祥事の真の誘因は次のごとし。

① 　2006 年，WHC の買収総額は 6,600 億円，これを銀行借り入れで賄っている。厳しい財務制限条項からその後の決算を赤字にできなかったことは想像に難くないが，リーマン・ショックで 2009 年 3 月期▲ 3,435 億円，2010 年 3 月期▲ 197 億円と 2 年連続赤字となり財務制限条項の再交渉をしている。また，2009 年 3 月期のその他の資産（関係会社株式，将来収益で還付される繰延税金資産，のれん代など）が 1 兆円超あり（この内 WHC 分が 5,156 億円），この時に退職給付債務の割引率を前年の 2.8％から 3.3％に引き上げ約 2,300 億円の債務削減を行っている。仮にこれを行わなかった場合，同年 5 月に行った増資が困難であったかもし

第 11 章　全体のまとめ　*203*

れないと言われている。

② 2009 年 3 月期自己資本比率は 8.2％という危険水域（借入金 1 兆 8,107
億円）に沈む。同年 5 月，3,000 億円の増資，劣後債も含め，約 5,000
億円を調達した。これらの返済能力維持や減損回避のためにも，無理な
決算を強いたと推定できる。

③ 巷間伝えられるように，西田―佐々木の路線争いがあったと伝えられ
る。

これらの事実関係を解明してほしかった。

⑶　**独立性のある第三者委員会**

したがって，真に独立性のある第三者委員会を作るためには，規模・重
要性大なるケースに限定して，いつも，最後に出てくる証券取引等監視委
員会の機能と陣容（2015 年度 410 人）を拡大して，最初から独立性・客
観性ある調査が可能なように改編すべきであるとの考えを提示してある
（詳細は第 4 章の 5 を参照）。「何が正義か，何が公平か」が今問われている。
1992 年米国トレッドウェイ委員会組織委員会（COSO）は，倫理的価値観
（Ethical Value）とは，何が適法であるかを超えて，何が正しいかを基礎
においたものでなくてはならないと述べている。

3．金融庁による行政処分と外部監査の役割

次に，金融庁は行政処分として，次のことを科した。即ち，

① 2015 年 12 月 7 日に，証券取引等監視委員会（以下は監視委）は行政
処分として同社に 73 億 73 百万円の課徴金を課するよう金融庁に勧告し
た。会計不祥事に関する課徴金としては過去最高額となる。東芝の歴代
経営陣は損失の先送りを繰り返し，利益修正額は 7 年で総額 2,248 億円
に上った。監視委は有価証券報告書への虚偽記載によって，投資家に与
えた悪影響が極めて大きいと判断した。また，

② 2015 年 12 月 15 日に，公認会計士・監査審査会は，東芝を監査した

新日本監査法人に行政処分を科するよう金融庁に勧告した。金融庁は，東芝に対する監査手続きに重大な不備があり，リスク認識が甘かったと判断し，次の行政処分を発表した。即ち，3カ月の新規営業に関し業務停止命令，監査法人に対して初となる課徴金21億円，経営責任の明確や再発防止を求めた業務改善命令等である。

監査法人は「市場の番人」であるべきである。公認会計士法第1条は会計士の使命を「財務情報の信頼性を確保し，投資家や債権者を保護する」と定めている。それが公認会計士・監査審査会によると「業務執行社員がリスクの識別，リスク対応手続の策定等にあたり，職業的懐疑心を十分に保持・発揮しておらず，また，実施した監査手続から得られた監査証拠の十分性及び適切性について検討する姿勢が不足している。」，「経営者による内部統制の無効化に関係したリスク対応手続として実施した仕訳テストにおいて抽出した仕訳の妥当性が未検討であるなど，リスクの高い項目に係る監査手続に重要な不備が認められる。」また，審査会幹部は「"多数の異常値を把握していても，実証手続をしていなかった"と指摘。水増しした利益などの虚偽記載を検証しなかった上，会社側の財務担当者の説明をうのみにするケースが見られた。」と指摘している。

平成25年3月13日「監査基準の改定及び監査における不正リスク対応基準の設定について」において，現行の監査基準では「監査人は，職業的専門家としての懐疑心を持って，不正及び誤謬により財務諸表に重要な虚偽の表示がもたらされる可能性に関して評価を行い，その結果を監査計画に反映し，これに基づき監査を実施しなければならない。」とある。即ち，不正を見抜くのは会計監査人の役割である。監査マニュアル通りにやっていれば済むということではない。不正リスク対応基準に基づくリスクアプローチもある。また，臆せずものをいう気概の保持，倫理的価値観の保持，研修，経験等も大事である。最近は井上泉の『企業不祥事の研究』(2015)のような諸種の参考本も出ている。しっかり勉強してほしい。公認会計士は「見抜けなかった」では済まされないのである。「人間とは生まれながらにして性善なれども弱し」は企業人の側であって，公認会計士の側では

ない。公認会計士及び監査チームは職業的専門家としての懐疑心をもって，経営者の「性弱」を見極めなくてはならない。「鵜呑み」，「監査手続に重要な不備」とは任務懈怠ではないのか。任務懈怠への処分が，3カ月の新規営業など業務停止命令，課徴金21億円，及び，業務改善命令といった行政処分で幕引きをしてよいのであろうか。株主をはじめとするステークホルダーは収まらないであろう。2016年1月27日，日本公認会計士協会は「公認会計士監査の信頼回復に向けた監査業務への取組」を公表した。それには，①リスク・アプローチに基づく監査，②職業的専門家としての懐疑心，③経営者による内部統制を無効化するリスク，④会計上の見積りの監査，⑤監査チーム内情報共有，⑥審査，⑦監査時間・期間の確保である。これらを確実に実施していただきたい。

　更に，監査法人向けのCGコードの作成があってもよいのではなかろうか。特に，自らの5年ローテイション・システムの厳格適用と倫理観のあるトップを養成するサクセッションプランが重要である。

　コーポレートガバナンスにおいて「守りのガバナンス」（必要条件）と「攻めのガバナンス」（十分条件）は車の両輪であることを忘れてはならない。監督から執行への権限移譲が進めば進め程，三様監査（監査役会等監査，内部統制監査，外部監査）は鉄壁でなくてはならない。経営者資質が問われると同時に公認会計士の資質・監査品質がいま問われている。公認会計士は「見抜けなかった」，「だまされた」では済まされないのである。

4．監査役／監査委員の役割

　『「知らなかった」では済まされない監査役の仕事』なる著書を書いたのは島村（1999）である。企業不祥事が起こるたびに強く責任を問われ，もはや"閑散役"では済まされない役職にある監査役等であるはずである。しかるに，東芝役員責任調査委員会報告書によると，村岡富美雄と久保誠は，取締役兼代表執行役（財務グループ担当）及び取締役監査委員長在任

中，不正会計が行われていた事実を知っていたにもかかわらず，取締役会や監査委員会にその旨を報告する等，適切な監査権限を行使すべきであったのに，これを怠ったとして，善管注意義務違反に問われた。それでは2人の監査委員長を除く歴代監査委員（2008年度以降の調査期間）は「知らなかった」で，無罪放免でよいのかとの疑問がある。彼らが，内部統制システム運用義務違反にならない理由は，日本システム技術事件（最高裁判決）における「不正行為の発生を予見すべき特別な事情」即ち，予見可能性がなかったことが論拠になっている。新日本監査法人が監査報告書で「無限定適正意見」を述べていたことも「不正行為の発生を予見すべき特別な事情」がなかったことの強力な支援材料となっている。それだけに，新日本監査法人の責任は真に重いと言わざるを得ない。監査委員会と監査法人との定期ミーティングでは何が話し合われていたのであろうか。

　しかし，少なくとも常勤の島岡聖也監査委員は知っていたのではなかろうか。2015年1月，島岡聖也監査委員は久保誠監査委員長（元CFO）及び田中久雄社長らに2014年9月開催の取締役会で決議されたPC事業再編の会計処理について精査し，専門家の意見を聞いた上で，問題ないか再三，質したが監査委員長は取り上げなかったという（報告書54頁）。何故，島岡聖也監査委員は，直ぐに取締役会や監査委員会に報告しなかったのか不思議である。彼は2014年9月開催の取締役会で不審に思い自ら調べて確信した時点が2015年1月であるならば，今回の調査対象期間を外れることになる。即ち，「後の祭り」である。しかし，常識的には2014年9月〜12月末迄の不正会計実施期間内に知っていたと思われる。少なくとも不正行為の予兆を感知していたと推量される。したがって，善管注意義務違反にも問われてもおかしくない。しかし，現実は，顧問として残っている。何があったのか藪の中であるが，役員責任調査委員会報告は島岡聖也監査委員の善管注意義務違反については具体的に何も触れてない。多分，関与者以外の者の中に入っているのであろう。

　一方，日本監査役協会は平成27年9月29日「監査委員会監査基準」等の改定を行った。中身は，従前のものと殆ど同一である。その中に「内部

統制システムに係る監査委員会監査の実施基準」があり，この第2章に重要な，第4条（内部統制システム監査の基本方針）及び第6条（内部統制システムの構築・運用の状況に関する監査）がある。また，第4章第13条（法令順守体制に関する監査）がある。これらを忠実に読めば，監査委員による監査・監視義務は広く又能動的であるべきであると書いてある。「ニイウスコー監査役に対する金商法の虚偽記載責任訴訟」で「監査役による監査の指針としては，社団法人日本監査役協会は監査役監査基準を作成し，公表しており同監査役監査基準は，法令そのものではないが，本件における被告らの監査役としての注意義務の内容を検討するに当たって考慮すべきものと考える」とある。監査役／監査委員は「知らなかった」では済まされないのである。

　また，日本監査役協会は改正会社法に基づき「会計監査人の評価・選定基準策定に関する監査役等の実務指針」として，監査法人の品質管理，監査チーム，監査報酬等，監査役等とのコミュニケーション，経営者との関係，グループ監査，不正リスクの7項目を公表した。最後の不正リスクには「不正の兆候に対する対応が適切に行われているか」が入っている。そして，最重要項目は「監査法人のマネジメント」がどうなっているかを確認することであることを忘れてはならない。

　「スチュワードシップ・コード及びコーポレートガバナンス・コードに関するフォローアップ会議」が2015年9月24日から開催されている。東芝事件をうけて，「守りのガバナンス」にも触れだした。

　これらを踏まえ，2016年2月18日金融庁と「東証」は意見書をまとめた。会計不祥事が起きた東芝問題を踏まえ，最高経営責任者（CEO）を解任できる仕組みを取締役会に設ける必要性を指摘した。その上，選任のための後継者計画の策定や透明性の確保，不祥事防止の観点から，内部通報の機能強化や（第4回では）監査機能の適切な発揮や内部監査部門との連携・報告体制等の検討の重要性を指摘した。なお，第5回の議事録では，① 池尾議長自らが監査機能の適切な発揮に関して，「守りのガバナンス」

208 第 3 部　本筆者の意見・提案のまとめ

という用語を使用している。また，② 募集中の参考意見の一つとして，学会の役員からの意見として，「内部通報制度の整備と適切な運営，そのための企業倫理・コンプライアンス委員会を各企業は設置すべきとの意見がございます。」とあるがこれは筆者の投稿意見である。

5．提言集

⑴　提言－ 1「ミッション・ビジョンのタテの展開による，企業グループ内，価値観の共有化・制度化の仕組み作り」である。これは不祥事防止や企業再建等に有効であるだけではなく，広く一般企業に適用可能な仕組みである。また，この制度化の有無は，企業集団内部統制・FCPA 等に係る訴訟に対する耐性を強く持つようになる。心して，経営トップにある方々は導入を検討されたい。これは，CG コードの原則 2-1，2-2，2-3，2-5，3-1，4-1，5-1，5-2 の 8 つの原則の有機的一体化である。

　そもそも，CG コードを実効性あるものにするためには，「top management の考え方」を，CG ガイドラインとして取締役会で審議・決議し・発信されたい。全てのコードを遵守したが，企業価値が向上しないでは全く意味をなさない。即ち，本コードは，経営トップ（CEO）自らが，ミッション・ビジョン等に基づいて原案を書いてほしい。従って，法務・総務等の社内関係者や社外に丸投げしてはならず，企業における行動指針として，企業統治改革に活用できるよう，また，機関投資家との建設的な「目的ある対話（エンゲージメント）」に資することができるような独自性のあるものを作り，活用しなくてはならない。

　CG コードについて逐条，個々に comply or explain について口頭試問の如く「CG に関する報告書」に書いても，その目的である，持続的成長と中長期の企業価値向上を果たせない。詳細は，第 5 章 2-⑵に仕組みの作り方がまとめてある。CG の本質は企業文化の改革であるといっても過言ではない。

　また，当システムの成功事例として，「日本航空（JAL）の再建に見る，

ミッション・ビジョンのタテの展開による，企業グループ内の稲盛フィロソフィの共有化・制度化」を紹介している。端的な失敗事例は東洋ゴムの「断熱パネル事件」「免震ゴム事件」「防振ゴム事件」の３連続不祥事で，最初にしっかりした「ミッション・ビジョンのタテの展開による，価値観の共有化・制度化の仕組み作り」ができていなかったがために起こった連続不祥事である。また，海外における失敗事例として，リーマン・ショック事件（2008 年 9 月経営破綻）を取り上げてある。

　ウェスティングハウス社に不正会計処理はなかった。WHC と米国 E&Y 会計事務所が東芝及び新日本監査法人からの圧力に屈せず自説を通したこと。その理由としての「ミッション・ビジョン（WHC の経営理念・共通の価値観と行動原則）のタテの展開」ができていたこと及び，その歴史的背景として米国連邦量刑ガイドラインの制定（1991 年），COSO による「内部統制の統合的枠組み」の公表（1992 年），や SOX 法第 4 章，第 406 条及びその施行規則による倫理規範・行動準則の存在や米国公開会社会計監査委員会（PCAOB）のレビュー等がある。これらの内，SOX 法は我が国の金融商品取引法（通称 J-SOX 法）に多大の影響を与えたが，遺憾ながら SOX 法第 4 章 406 条及びその施行規則の「CEO・CFO・CAO 等への倫理規定（Code of Ethics）の間接的強制」はスキップされ，我が国には導入されなかった。因みに，その前後にある 404 条は内部統制，405 条はコンプライアンス，407 条はコーポレート・ガバナンスに関する規定で，いずれも J-SOX に影響を与えている。我が国では，倫理は法になじまないという考え方があるようである。しかし，イェリネック（独，法学者：1887）の言う「法は倫理の最小限」とは，「法はその内容につき，社会の存続のために必要最小限の倫理を取り入れることが要求される」との主張である。法はその基本的なところで社会道徳・倫理と一致することが望ましいのである。

⑵　提言－2 は，「ミッション・ビジョンのヨコ展開による中長期の企業

価値向上」である。これは，8つのCG原則の有機的一体化による取締役会機能の強化と活性化である。因みに，73あるCGコードの約半数は第4基本原則（取締役会等の責務）に集中しているが，その内，下記3原則はcomply率でワースト5に入る難度の高い項目である。これらのcomply率を上げないと，CG実効性は上がらない。したがって，ミッション・ビジョン（原則2-1，2-2，3-1，4-1，5-2，即ち，経営理念・行動準則・中長期経営計画・経営戦略等）の5原則が，

  (1)　サクセッションプランニング（補充原則4-1③）

  (2)　取締役会構成の多様性（補充原則4-11①）

  (3)　取締役会の実効性評価基準（補充原則4-11③）

の3原則に有効に反映されなければならない。理由は，「(1)は自分の後継者は自分で決めたい。(2)の社外取締役の選任も自分で決めたい。」というこれまで社長が持っていた人事権に係る項目である。また，(3)は我が国の場合，社長・会長が取締役会の議長を兼務するケースが84％であるため，自らの取締役会運営について，自分が決めた取締役から批判されたくないという気持ちがある。

  (1)については経営者候補群育成プランとしてキャリア・パスや倫理研修等を取り入れること及び3コード共通にミッション・ビジョンからの視点を入れることが重要であると述べている。また，しっかりした経営理念の保持や取締役会の多様性が，企業価値向上に資するとの実証研究が多々進んでいることを忘れてはならない。本提案は一般企業に広く適用可能な提言である。

  「ミッション・ビジョンのヨコ展開による，中長期の企業価値向上」の良き事例として，日立グループを取り上げている。また，その失敗事例として，「コダック社（Eastman Kodak）の経営破綻」を，また，「ミッション・ビジョンのタテの展開による，持続的成長」の成功事例として，「富士フイルムの変身」を両社比較検討する形で紹介している。

  (3)　提言－1と提言－2のまとめとして，「ミッション・ビジョンのタテ・

ヨコの展開による持続的成長と中長期の企業価値の向上」について，本書で事例として取り上げた7社を含む13社を取り上げ，「ミッション・ビジョンのタテの展開（制度化）ができている企業」，即ち，持続的成長能力が高い企業を縦軸にとり，「ミッション・ビジョンのヨコの展開ができている企業」，即ち，中長期の企業価値の向上能力の高い企業を横軸にとり，評価して，プロットしてある。将来3〜5年後これらの企業が右上に進むか，左下に沈むか，その理由は① ミッション・ビジョンのタテ・ヨコの展開のどこが良かったのか悪かったのか，② どのCGコードによって上昇したのか，ないし下降したのかを見ることの方が重要であり意義があると考える。現在の位置関係はそれほど重要ではない。因みに，2015年11月27日付け「日経」新聞は，上場企業の総合ランキング「NICES」2015年度版の「企業統治」項目で日立をトップに位置付けた。また，三菱電機が18位，NECが19位，富士通が26位である旨伝えている。一つの検証として参考にされたい。

(4)　提言−3は「多重統治体制の廃止」である。即ちOBガバナンスの撤廃である。「相談役，顧問」制度の完全廃止，取締役会議長職の社外取締役化，役員定年制の導入等を進める必要がある。事実それらを導入する企業が徐々に現れたことは大いなる前進である。人間誰しも，年をとってくると半ば生理現象として，三つのことが起こりやすい。人間の頭と体と心に，加齢が与える影響がある。頭についていえば，脳の可塑性が低くなる。体の面では，体力が低下する。心についてはいえば，自己満足を求めるようになり，政界・財界活動に現を抜かすようになるのである。まさに老害である。

(5)　提言−4は，監査役会／監査委員会（監査等委員会を含む）関連の問題点に対する所見である。
　1）常勤監査委員の設置（任意）
　2）監査委員の「業務執行の範囲」をCGコードに明記すべき

3）インセンティブのねじれの解消

　4）工事進行基準について

　5）監査事務所のローテーション制

の5つについて述べているが，この中で最重要な項目は「インセンティブ
のねじれの解消」である。監査報酬の決定権が経営陣にあるとどうして
も，会計監査人は経営陣に甘くなり，経営トップ主導の不正に対し監査の
手が緩むことになりかねない。

6. まとめ

　東芝事件だけではなく，「化血研」，旭化成建材，東洋ゴム（3回），タ
カタ等次から次へと不祥事が起こっている。CGにおいて「守りのガバナ
ンス」（必要条件）と「攻めのガバナンス」（十分条件）は車の両輪である
ことを忘れてはならない。マネジメント・ボードからモニタリング・ボー
ドへの移行が声高に叫ばれているが，執行サイドに権限移譲すればするほ
ど，リスクファクターを含め重要な情報が取締役会に上がらなくなり情報
の非対称性が拡大する。したがって，三様監査（監査役会等監査，内部統
制監査，外部監査）を鉄壁にしなくてはならない。特に，内部統制監査報
告（含む倫理コンプライアンス・リスクマネジメント報告）は社長（CEO）
と取締役会と監査役会／監査委員会3方にトリプル・レポーティング・シ
ステムをとるべきである。特に，独立社外取締役と独立社外監査役／監査
委員全員に確実に報告されるべきである。そうであれば，東芝事件はもっ
と早期に止めることができたのではなかろうか。

　OECDや欧米のCGコードはチェックアンドバランスに主眼が置かれて
いる。曰く，高い倫理基準の導入とか予見可能なリスク要因の開示とかで
ある。「攻めのガバナンス」を強調しているCGコードは日本独特のもの
であろう。

　今，「攻めのガバナンス」にかじを切った日本監査役協会の新監査役監
査基準の各企業の「監査役監査規程」への反映が問題になっている。特に，

新監査役監査基準の2条，3条，13条等を各企業の「監査役監査規程」に持ち込むときは，監査役会等でしっかり議論してからその採否を慎重に決めるべきである。その際，セイクレスト事件を参考にされたい。一度社内規程化すると，最悪の場合，任務懈怠に問われることがある。

　次に，会社法や金商法等のハードローとCGコードのようなソフトロー等の制度を自社にあったように運用しなければならない。それが，「ミッション・ビジョンのタテ・ヨコの展開による，持続的成長と中長期の企業価値向上」等の提言である。また，経営者資質が問われると同時に監査役／監査委員や公認会計士の倫理的価値観がいま問われている。監査役／監査委員は「知らなかった」では済まされないのである。また，公認会計士は「だまされた」では済まされないのである。かかる意味において，東芝事件が監査役制度・内部統制システム，及び，監査法人・公認会計士制度等の見直しの一大契機になることは間違いない。国内外で失墜した信用をいかに早期に挽回するかが焦眉の急である。

　二宮尊徳は「経済なき道徳は戯言である。道徳なき経済は犯罪である。」と述べている。

巻末参考資料編

参考–1

東芝のコーポレートガバナンス・ガイドライン

出典：www.toshiba.co.jp/

コーポレートガバナンス・ガイドライン

第1章　総　則

（目的）

第1条　本ガイドラインは，当社のコーポレート・ガバナンスに関する基本的な考え方及び仕組みを定め，当社グループの持続的成長と中長期的な企業価値の向上を実現し，もって株主，投資家をはじめ従業員，顧客，取引先，債権者，地域社会等当社に係る全てのステークホルダーの利益に資することを目的とする。

（本ガイドラインの位置付け）

第2条　本ガイドラインは，法令及び定款に次ぐ規程であり，社内の他の規程に優先して適用される。

（コーポレート・ガバナンスに関する考え方）

第3条　当社は，以下に掲げる考え方に則り，当社のコーポレート・ガバナンスの実質的な充実，強化を図る。

①　当社は，取締役会の業務執行に対する監督機能を重視し，業務執行の決定は大幅に業務執行者に委任することを指向していることから，指名委員会等設置会社の機関設計を採用する。当社における取締役会のミッションは，「執行に対する監視・監督」及び「会社の基本戦略の決定」とする。

② 取締役会は，持続的な成長と中長期的な企業価値の向上を図るため，会社の基本戦略を決定するにふさわしい構成とする。

③ 取締役会は，取締役会として監視・監督機能を適切に発揮できるよう社外取締役の比率を過半数とするとともに，取締役の専門性に配慮した構成とする。

④ 取締役会は，当社における迅速かつ果断な意思決定を可能にするため，執行役が，自らの責任，権限において，経営環境の変化に対応した意思決定，業務執行を行うことができるよう，適切な範囲の業務執行の決定権限を執行役に委任する。

⑤ 当社は，指名委員会を中心に，経営トップの適格性の基準の明確化と具体的な候補者の適格性を適切に判断できる仕組みを構築する。

⑥ 当社の取締役及び執行役は，法令，金融商品取引所規則及び東芝グループ行動基準を遵守するとともに，その職責を十分に理解しなければならない。とりわけ，上場企業における適切な財務報告及び情報開示の重要性を自覚するとともに，コンプライアンス重視の姿勢を堅持し，日々の職務の執行に当たるものとする。

⑦ 当期利益至上主義に陥ることなく，実力に即した実行可能で合理的な予算及び計画を策定する観から適切な中期経営計画・予算策定プロセス及び業績管理の体制を構築する。

第2章　経営理念及び経営方針

（経営理念）

第4条　当社グループの経営理念は，次のとおりとする。

> 東芝グループは，人間尊重を基本として，豊かな価値を創造し，世界の人々の生活・文化に貢献する企業集団をめざします。
> 1．人を大切にします。
> 　東芝グループは，健全な事業活動をつうじて，顧客，株主，従業員をはじめ，すべての人々を大切にします。
> 2．豊かな価値を創造します。
> 　東芝グループは，エレクトロニクスとエネルギーの分野を中心に技術革新をすすめ，豊かな価値を創造します。

３．社会に貢献します。

　東芝グループは，より良い地球環境の実現につとめ，良き企業市民として，社会の発展に貢献します。

（経営方針）

第５条　当社は，事業遂行のための経営方針及び中期経営計画を策定し，原則年に１度経営方針説明会を開催し，ステークホルダーに説明する。

（行動基準）

第６条　取締役会は，「東芝グループ行動基準」の策定・改定の責務を担い，同基準が国内外の事業活動の第一線にまで広く浸透し，遵守されるよう努める。

第３章　ステークホルダー

（ステークホルダー）

第７条　当社は，当社グループの持続的成長と中長期的な企業価値の向上を実現するため，当社の株主，投資家をはじめ，当社グループの従業員，顧客，取引先，債権者，地域社会等のさまざまなステークホルダーとの長期的な信頼関係の維持・向上に努める。

（株主の権利保護）

第８条　当社は，株主の持ち分に応じ株主を平等に扱う。

２．当社は，株主が適切に議決権行使をできるように，株主総会招集通知，株主総会参考書類等を早期に発送するとともに，発送に先立って当社ウェブサイト等で開示するように努める。

３．当社は，株主総会招集通知等の英訳を行うなど，株主が適切な判断を行うことに資すると考えられる情報を，的確に提供するように努める。

４．当社は，株主総会に関し，株主の出席の利便性等に配慮して開催日時，場所を決定する。

５．当社は，株主総会における議決権行使の結果を分析し，その結果を踏まえ，株主との対話その他の対応を検討する。

（政策保有株式に関する方針）

第9条　当社は，取引関係・協業関係の構築・維持強化に繋がり，かつ当社の企業価値の向上に資すると判断する場合に限り，政策保有株式を保有する。

2．当社は，保有する主要な政策保有株式に関しては，毎年，取締役会において，中長期的な経済合理性や将来見通しを検証し，上記保有方針に則して定期的に保有の継続，処分の判断を実施する。

3．当社の保有する政策保有株式に係る議決権については，企業価値の向上の観点から，株式保有先企業の議案の合理性を総合的に判断し行使する。

（関連当事者取引等）

第10条　当社は，取締役会規則に基づき，取締役，執行役の競業取引及び利益相反取引について，取締役会での承認及び当該取引後の重要な事実の報告を求めるとともに，法令等に従い適時適切に開示する。

2．当社は，事業年度毎に各取締役，執行役に対して開示の対象となる取引の有無の確認を行う。

3．当社は，主要株主等との取引を行う場合は，重要性が乏しい取引又は定型的な取引でない限り，取締役会にてその必要性と妥当性を判断し，株主共同の利益を害することを防止する。

（株主等との建設的な対話）

第11条　当社は，株主，投資家に経営計画・戦略及び業績等について定期的・継続的な情報開示を行うことを通じて，中長期的な企業価値の向上に資するよう建設的な対話を行う。

2．当社は，株主，投資家との建設的な対話を促進するため以下の方針を定める。

　①　株主，投資家との対話については，執行役社長が統括し，コーポレートコミュニケーション部広報・IR室長を中心として実施する。

　②　株主，投資家との対話については，財務部，法務部，経営企画部等が各部門と連携の上，対話者をサポートする。

　③　個別面談以外に，株主総会における説明を充実させるほか，経営方針説明会，決算説明会，主要事業部門ごとの説明会等を実施する。

　④　当社は，任意の開示も含めて積極的な情報開示に努め，各種開示資料

の充実を図り，その内容を当社ウェブサイトに掲載し，また，定期的に
株主通信を発行することにより，公平な開示に努める。

⑤ 株主，投資家との対話により把握された意見等は，週次・月次報告等
として執行役社長をはじめとする主要関係役員と共有し，社外取締役に
も報告する。

⑥ インサイダー情報に触れる可能性のある者は，インサイダー情報の管
理に関する教育を受講し，社内規程の定めるところに従いインサイダー
情報を適切に管理する。また，当社は，決算情報の漏洩を防ぎ，公平性
を確保するために，決算発表日の2週間前からサイレント期間（決算に
関する問い合わせへの情報開示制限期間）を設ける。

(CSR)
第12条 さまざまなステークホルダーの期待に応え，グローバル・スタン
ダードに即したCSR経営の実践を図るため，担当部署を定め，CSR活動
を推進する。

第4章 情報開示

(情報開示)
第13条 当社は，会社法及び金融商品取引法その他の適用ある法令並びに
金融商品取引所が定める規則等に基づく開示を適時・適切に行う。また，
これ以外の任意開示についても充分に配慮し，株主，投資家等との長期的
な信頼関係の維持・向上に努める。

第5章 取締役会等

(取締役会)
第14条 取締役会の主なミッションは，以下のとおりとする。

① 経営の基本方針等の会社の基本戦略の決定

② 執行役の職務執行の監督

③ 取締役の職務執行の監督

2. 取締役会の実質的かつ充実した審議を可能とするため，取締役の員数
は，11名程度とする。また，執行に対する監視・監督機能の実効性を担

保するため，このうち社外取締役の比率を過半数とする。

3．取締役の専門性に配慮した取締役会構成を確保するため，経営者，会計専門家，法律専門家，その他有識者を社外取締役に選任し，取締役会を多様化する。

4．取締役会議長は原則として社外取締役とする。

5．取締役会は，中期経営計画・予算に係る議論を行う際は，事業ポートフォリオのあり方，予算の実現可能性等，本質に関する議論を行う。また，執行役が検討したグループ戦略，中期経営計画・予算会議の結果を十分な時間をかけて討議するとともに，進捗状況等のモニタリングを行う。

6．取締役会は，取締役会の運営に関し，社外取締役による問題提起を含め，自由闊達で建設的な議論・意見交換ができるよう，以下の対応を行う。

① 議題，審議時間及び開催頻度を適切に設定する。

② 取締役会の資料が，会日に十分に先立って配布されるようにするほか，取締役会の資料以外にも，必要に応じ，当社から取締役に対して十分な情報が提供されるようにする。

③ 年間の取締役会開催スケジュールや予想される審議事項について予め決定しておく。

7．取締役会は，業務の適正を確保するための体制整備の観点から，執行役に前広に業務状況を報告させる。

8．社外取締役間の情報交換の活性化と，社外取締役の当社の事業等に対する理解の更なる向上を図るため，社外取締役のみで構成するエグゼクティブセッション（取締役評議会）を設置する。

9．取締役会の事務局は法務部を主管とし，経営企画部を従管とする。

（取締役会から執行役への委任事項）

第15条　当社は，原則として法令，定款又は本ガイドラインにより取締役会決議事項と定められた事項，コーポレート・ガバナンスに関わる重要な事項，各委員会の権限に関わる事項，その他取締役会が定める重要事項を除き，全ての業務執行の決定権限を執行役へ委任する。

（指名委員会）

第16条　指名委員会は，株主総会に上程する取締役選任議案の内容を含む法令に定められた事項を決定するほか，以下の事項を決定する。

① 取締役指名基準

② 社外取締役の独立性基準

③ 執行役社長の選定・解職議案の策定

④ 指名・監査・報酬各委員会委員の選定・解職議案の策定

⑤ 執行役社長の後継者計画（サクセッションプラン）の策定

⑥ 執行役の選任基準及び代表執行役の選定基準

2．指名委員会は，原則として5名程度の独立社外取締役により構成する。

3．指名委員会の委員長は指名委員会を代表して，執行役に指名委員会への出席を求めることができる。

4．指名委員会は，執行役，代表執行役の候補者全員との定期的な面談を実施する権限を有するとともに，上級管理職による執行役社長評価（信任投票）を実施する。

（監査委員会）

第17条　監査委員会は，法令に定められた個別の事項のほか，会計監査，適法性監査，妥当性監査を行うとともに，内部統制システムが適切に構築，運営されているかを監査することをその役割とする。

2．監査委員会は，原則として5名程度の独立社外取締役で構成する。

3．監査委員は，財務・経理に関する監査実務に知見を有する者を含み，財務・法律・経営について高い専門性を有する社外取締役を含めて構成する。

4．監査委員会の直轄組織として，監査委員会室及び内部監査部を置き，監査委員会室長及び内部監査部長にそれぞれ担当執行役を配置する。

5．監査委員会は，会計監査人の監査の方法及びその結果の相当性を判断する。

6．監査委員会は，情報徴収・調査権限を有する。

7．監査委員会は，会計監査人と定期的に会合をもち，必要に応じて監査委員会への出席を求め，会計監査人の監査の参考となる情報等を会計監査人と共有する。

8．監査委員は，執行役等から会社に著しい損害を及ぼすおそれのある事実の報告を受けた場合，監査委員会に即時に報告する。監査委員会は協議の上，必要な調査を実施する。

9．監査委員会は，監査委員会室長及び監査委員会室の所属従業員並びに内部監査部長の人事承認権及び解任請求権・解任拒否権を有することとし，

参考−1　東芝のコーポレートガバナンス・ガイドライン　*223*

監査委員会室及び内部監査部の独立性を担保する。

10. 監査委員会室は，監査委員会の指示に基づき，独立性のある外部専門家（弁護士，公認会計士）を利用しながら，当社の事業全般について報告徴収及び調査を行う。

11. 執行側に加え，監査委員会にも，内部通報窓口を設置する。

12. 監査委員は，執行側の内部通報窓口に通報された全ての内部通報にアクセスできる権限を有する。

（内部監査部）

第18条　内部監査部は監査委員会の直轄組織として監査委員会の管理・監督の下で，会計監査及び業務監査（適法性監査・内部統制監査・妥当性監査）を行う。

2．内部監査部は，内部監査の実施にあたり，全ての情報を閲覧する権限を有し，被監査部門 は，これに協力しなければならない。

3．内部監査部は，監査委員会及び会計監査人と連携し，相互に情報を共有する。

4．内部監査部は，内部監査を実施するにあたり，監査知識に精通した十分な人員を配置するとともに必要に応じて外部専門家を活用する。

（会計監査人による適正な監査の確保等）

第19条　会計監査人は，開示情報の信頼性を担保する役割の重要性を十分に認識し，株主，投資家等に対する責務を果たすため，以下の事項を確保・遵守して，計算関係書類，財務諸表等の監査その他の職務に当たる。

①　会計監査人は，監査委員会，監査委員会室及び内部監査部と連携し，適正な監査を行うことができる体制を確保する。

②　会計監査人は，独立性と専門性を確保する

③　会計監査人は，会計監査を適正に行うために必要な品質管理の基準を遵守する。

2．当社は，会計監査人による適正な監査を確保するため，次の対応を行う。

①　高品質な監査が可能となるよう，十分な監査時間を確保する。

②　会計監査人からの要請に応じ，取締役及び執行役との面談等を設定する。

③　会計監査人と監査委員会，監査委員会室及び内部監査部との連携を確

保する。

④　会計監査人が不正を発見し適切な対応を求めた場合や，不備，問題点を指摘した場合には，監査委員会が中心となり適切に対応する。

3．前項に定めるほか，監査委員会は，会計監査人による適正な監査を確保するため，次の対応を行う。

①　会計監査人候補者を適切に選定し会計監査人を適切に評価するための基準を策定する。

②　会計監査人が，求められる独立性と専門性を有しているか否かについて確認する。

4．当社は，監査に必要な情報が，取締役，執行役等から適切に監査委員会及び会計監査人に共有される体制を構築する。

（報酬委員会）

第20条　報酬委員会は，取締役及び執行役の個人別の報酬等の内容を含む法令に定められた事項の他，以下の事項を決定する。

①　取締役報酬基準

②　執行役報酬基準

2．業績と連動する報酬については，合理的かつ実現可能な中長期的な業績向上と企業価値増大の動機付けをするため，報酬全体に占める適切な割合を設定する。

3．報酬委員会は，原則として5名程度の独立社外取締役で構成する。

（取締役会評価）

第21条　取締役会は，年に一度，取締役会全体の実効性について評価を行い，その結果の概要を開示するとともに，必要に応じて取締役会の運営等の見直しを行う。

（社外取締役の支援体制）

第22条　監査委員会室は，社外取締役の報告徴収・調査機能を強化する観点から，社外取締役に対する情報提供を行う等，社外取締役の職務執行の支援を行う。

2．監査委員会室は，前項の支援を行うに当たり，必要に応じて，独立性のある外部専門家（弁護士，公認会計士）を利用することができる。

参考－1　東芝のコーポレートガバナンス・ガイドライン　*225*

（取締役及び執行役に対するトレーニングの方針）

第23条　当社は，取締役（社外取締役を除く）又は執行役に対しては，就任時に取締役又は執行役としての義務・責任等の説明を実施するとともに，コンプライアンス意識の向上，上場企業における適正な財務報告の重要性，及び適切な会計処理に向けた意識を涵養かつ向上させるため，研修及び指導監督を継続的に実施し，人材育成に努める。

2．社外取締役に対しては，就任時及び就任以降も，経営を監督する上で必要となる当社グループ事業に関する情報や知識を提供するために，各部門から事業内容等を説明する機会や主要事業所等を視察する機会を設けるとともに，取締役として職務遂行上必要となる法令，会計等の知識を習得する機会を提供する。

（執行役）

第24条　執行役は，取締役会が定めた職務分掌と権限に基づき，自らの責任において，経営環境の変化に対応した意思決定，業務執行を行う。

2．執行役（執行役社長を除く）の選解任及び役付については，執行役社長を委員長とする執行役人事委員会において議案を策定し，取締役会で決定する。

3．執行役の役付呼称は，執行役社長，執行役副社長，執行役専務，執行役上席常務，執行役常務とする。

4．執行役社長，執行役副社長を代表執行役とするが，これ以外にも必要に応じ代表執行役を置くことができる。

5．執行役社長は，執行部の最高責任者として意思決定，業務執行にあたる。

（内部通報）

第25条　当社は，従業員等が不利益を被る危険を懸念することなく，違法又は不適切な行為・情報開示に関する情報や真摯な疑念を伝えることができるよう，社内外に内部通報窓口を設置するとともに，内部通報窓口の運営規程にて通報者の匿名性の徹底と不利益取扱いの禁止を明記し，その旨の周知徹底を図る。

2．社内の内部通報窓口は，執行側に加え監査委員会にも設置する。

3．取締役会及び監査委員会は，定期的に通報窓口の運用状況について報告を求め，監督する。

（意識改革研修・会計コンプライアンス教育の実施）

第26条　当社は，執行役及び各カンパニー幹部を対象とした意識改革研修を実施し，従業員に対し，会計コンプライアンスについての実効性を高めるため，役職・業務内容に応じた階層別，職能別教育を継続的に実施する。

第6章　その他

（改正等）

第27条　本ガイドラインの制定・改廃は，取締役会の決議による。

2．取締役会は，少なくとも年に一度，本ガイドラインの見直しを検討する。

3．本ガイドラインに，取締役指名基準，執行役選任基準，社外取締役の独立性基準を添付する。

以　上

【別添】

＜取締役指名基準＞

　取締役の選任に関する議案の内容の決定に当たっては，次の基準を満たし，かつ執行に関する監視・監督及び経営戦略の方向性の決定の職責を適切に果たすことが出来る者を選定するものとする。

①　人望，品格に優れ，高い倫理観を有していること

②　遵法精神に富んでいること

③　業務遂行上健康面で支障の無いこと

④　経営に関し客観的判断能力を有するとともに，先見性，洞察力に優れていること

⑤　当社主要事業分野において経営判断に影響を及ぼすおそれのある利害関係，取引関係がないこと

⑥　社外取締役にあっては，法律，会計，企業経営などの各分野における専門性，識見および実績を有していること

＜執行役選任基準＞

　執行役の選任に関する基準は次のとおりとする。

①　人望，品格に優れ，高い倫理観を有し，リーダーシップに優れていること

② 遵法精神に富んでいること
③ 業務遂行上，健康面で支障の無いこと
④ 経営に関し客観的判断能力を有し，先見性，洞察力に優れていること
⑤ 業務執行に優れ，継続的に高い業績，成果を上げた実績を持つこと
⑥ 当社事業領域に関して豊かな業務経験，専門知識を有し，経営に貢献
　できること
⑦ 当社主要事業分野において経営判断に影響を及ぼすおそれのある利害
　関係，取引関係がないこと

（注）上記の執行役選任基準は，取締役会において決議したものであり，現在，指名委員
　　会において，当社のコーポレート・ガバナンス改革の一環として，新たな執行役選任
　　基準を検討中です。

＜社外取締役の独立性基準＞
　指名委員会は，株式会社東京証券取引所等の国内の金融商品取引所が定め
る独立性基準に加え，以下の各号のいずれかに該当する者は，独立性を有し
ないと判断する。
① 当該社外取締役が，現在又は過去3年間において，業務執行取締役，
　執行役又は使用人として在籍していた会社の議決権を，現在，当社が
　10%以上保有している場合。
② 当該社外取締役が，現在又は過去3年間において，業務執行取締役，
　執行役又は使用人として在籍していた会社が，現在，当社の議決権の
　10%以上を保有している場合。
③ 当該社外取締役が，現在又は過去3年間において，業務執行取締役，
　執行役又は使用人として在籍していた会社と当社との取引金額が，過去
　3事業年度のうちいずれかの事業年度において，当該他社又は当社の連
　結売上高の2%を超える場合。
④ 当該社外取締役が，現在又は過去3年間において，現在，当社が当
　社の総資産の2%以上の資金を借り入れている金融機関の業務執行取締
　役，執行役又は使用人であった場合。
⑤ 当該社外取締役が，過去3事業年度のうちいずれかの事業年度におい
　て，法律，会計，税務の専門家又はコンサルタントとして，当社から役
　員報酬以外に1,000万円を超える報酬を受けている場合。また，当該社
　外取締役が所属する団体が，過去3事業年度のうちいずれかの事業年度

において，法律，会計，税務の専門家又はコンサルタントとして，当社からその団体の年間収入の2%を超える報酬を受けている場合。

⑥　当該社外取締役が，現在若しくは過去3年間において業務を執行する役員若しくは使用人として在籍していた法人，又は本人に対する当社からの寄付金が，過去3事業年度のうちいずれかの事業年度において，1,000万円を超える場合。

⑦　当該社外取締役が，現在又は過去3年間において，業務執行取締役，執行役又は使用人として在籍していた会社の社外役員に，現在，当社の業務執行役員経験者がいる場合。

⑧　当該社外取締役が，現在又は過去5事業年度における当社の会計監査人において，現在又は過去3年間に代表社員，社員又は使用人であった場合。

以　上

参考-2

東証のコーポレートガバナンス・コードの策定に伴う有価証券上場規定等の一部改正について（概要）

コーポレートガバナンス・コードの策定に伴う有価証券上場規程等の一部改正について

2015 年 5 月 13 日
株式会社東京証券取引所

当取引所は，有価証券上場規程等の一部改正を行い，本年 6 月 1 日から施行します。今回の改正は，当取引所においてコーポレートガバナンス・コード（以下「コード」という。）を策定することに伴い，コードについて "Comply or Explain"（原則を実施するか，実施しない場合にはその理由を説明するか）を求めるほか，独立社外取締役の円滑な選任に資するため，独立性に関する情報開示について見直しを行うなど，所要の制度整備を行うものです。

Ⅰ　改正概要
1．コードの策定に伴う制度整備
⑴　コードを実施しない場合の理由の説明
・上場会社は，コードを実施しない場合には，その理由を説明するものとします。
（備考）有価証券上場規程（以下，「規程」という。）別添，第 436 条の 3

⑵　コードを実施しない場合の理由の説明の媒体

230 巻末参考資料編

・「コードを実施しない場合の理由の説明」は，コーポレート・ガバナンス
報告書に記載するものとします。
（備考）有価証券上場規程施行規則（以下，「施行規則」という。）第 211 条
第 4 項等

(3) コードの尊重
・「上場会社コーポレート・ガバナンス原則」の尊重規定は，コードの趣旨・
精神の尊重規定に置き換えます。
（備考）規程第 445 条の 3

2．独立役員の独立性に関する情報開示の見直し
・上場会社が独立役員を指定する場合には，当該独立役員と上場会社との間
の特定の関係の有無及びその概要を開示するものとします。
（備考）施行規則第 211 条第 4 項第 6 号等

II　施行日
・本年 6 月 1 日から施行します。
・1.(2)の改正を反映したコーポレート・ガバナンス報告書は，本年 6 月 1 日
以後最初に開催する定時株主総会の日から 6 か月を経過する日までに当取
引所に提出するものとします（「コーポレート・ガバナンスに関する報告
書記載要領（2015 年 6 月改訂版）」参照）。

（出典：http://www.jpx.co.jp/）

参考-3
東証によるコーポレートガバナンス・コード

コーポレートガバナンス・コード
～会社の持続的な成長と中長期的な企業価値の向上のために～

2015 年 6 月 1 日
株式会社東京証券取引所

目　次

コーポレートガバナンス・コードについて

基本原則一覧

コーポレートガバナンス・コード

　第 1 章　株主の権利・平等性の確保

　第 2 章　株主以外のステークホルダーとの適切な協働

　第 3 章　適切な情報開示と透明性の確保

　第 4 章　取締役会等の責務

　第 5 章　株主との対話

資料編

コーポレートガバナンス・コードについて

　本コードにおいて，「コーポレートガバナンス」とは，会社が，株主をはじめ顧客・従業員・地域社会等の立場を踏まえた上で，透明・公正かつ迅速・果断な意思決定を行うための仕組みを意味する。

　本コードは，実効的なコーポレートガバナンスの実現に資する主要な原則を取りまとめたものであり，これらが適切に実践されることは，それぞれの会社において持続的な成長と中長期的な企業価値の向上のため

の自律的な対応が図られることを通じて，会社，投資家，ひいては経済
全体の発展にも寄与することとなるものと考えられる。

基本原則

【株主の権利・平等性の確保】
1．上場会社は，株主の権利が実質的に確保されるよう適切な対応を行
うとともに，株主がその権利を適切に行使することができる環境の整
備を行うべきである。
　また，上場会社は，株主の実質的な平等性を確保すべきである。
　少数株主や外国人株主については，株主の権利の実質的な確保，権
利行使に係る環境や実質的な平等性の確保に課題や懸念が生じやすい
面があることから，十分に配慮を行うべきである。

【株主以外のステークホルダーとの適切な協働】
2．上場会社は，会社の持続的な成長と中長期的な企業価値の創出は，
従業員，顧客，取引先，債権者，地域社会をはじめとする様々なステー
クホルダーによるリソースの提供や貢献の結果であることを十分に認
識し，これらのステークホルダーとの適切な協働に努めるべきである。
　取締役会・経営陣は，これらのステークホルダーの権利・立場や健
全な事業活動倫理を尊重する企業文化・風土の醸成に向けてリーダー
シップを発揮すべきである。

【適切な情報開示と透明性の確保】
3．上場会社は，会社の財政状態・経営成績等の財務情報や，経営戦略・
経営課題，リスクやガバナンスに係る情報等の非財務情報について，
法令に基づく開示を適切に行うとともに，法令に基づく開示以外の情
報提供にも主体的に取り組むべきである。
　その際，取締役会は，開示・提供される情報が株主との間で建設的
な対話を行う上での基盤となることも踏まえ，そうした情報（とりわ
け非財務情報）が，正確で利用者にとって分かりやすく，情報として
有用性の高いものとなるようにすべきである。

参考－3　東証によるコーポレートガバナンス・コード　*233*

【取締役会等の責務】

4．上場会社の取締役会は，株主に対する受託者責任・説明責任を踏ま
　え，会社の持続的成長と中長期的な企業価値の向上を促し，収益力・
　資本効率等の改善を図るべく，

　(1)　企業戦略等の大きな方向性を示すこと

　(2)　経営陣幹部による適切なリスクテイクを支える環境整備を行うこ
　　　と

　(3)　独立した客観的な立場から，経営陣（執行役及びいわゆる執行役
　　　員を含む）・取締役に対する実効性の高い監督を行うこと

　をはじめとする役割・責務を適切に果たすべきである。

　　こうした役割・責務は，監査役会設置会社（その役割・責務の一部
　は監査役及び監査役会が担うこととなる），指名委員会等設置会社，
　監査等委員会設置会社など，いずれの機関設計を採用する場合にも，
　等しく適切に果たされるべきである。

【株主との対話】

5．上場会社は，その持続的な成長と中長期的な企業価値の向上に資す
　るため，株主総会の場以外においても，株主との間で建設的な対話を
　行うべきである。

　　経営陣幹部・取締役（社外取締役を含む）は，こうした対話を通じ
　て株主の声に耳を傾け，その関心・懸念に正当な関心を払うとともに，
　自らの経営方針を株主に分かりやすい形で明確に説明しその理解を得
　る努力を行い，株主を含むステークホルダーの立場に関するバランス
　のとれた理解と，そうした理解を踏まえた適切な対応に努めるべきで
　ある。

第1章　株主の権利・平等性の確保

【基本原則1】

　上場会社は，株主の権利が実質的に確保されるよう適切な対応を行う
とともに，株主がその権利を適切に行使することができる環境の整備を
行うべきである。

また，上場会社は，株主の実質的な平等性を確保すべきである。
少数株主や外国人株主については，株主の権利の実質的な確保，権利行使に係る環境や実質的な平等性の確保に課題や懸念が生じやすい面があることから，十分に配慮を行うべきである。

考え方

上場会社には，株主を含む多様なステークホルダーが存在しており，こうしたステークホルダーとの適切な協働を欠いては，その持続的な成長を実現することは困難である。その際，資本提供者は重要な要であり，株主はコーポレートガバナンスの規律における主要な起点でもある。上場会社には，株主が有する様々な権利が実質的に確保されるよう，その円滑な行使に配慮することにより，株主との適切な協働を確保し，持続的な成長に向けた取組みに邁進することが求められる。

また，上場会社は，自らの株主を，その有する株式の内容及び数に応じて平等に取り扱う会社法上の義務を負っているところ，この点を実質的にも確保していることについて広く株主から信認を得ることは，資本提供者からの支持の基盤を強化することにも資するものである。

【原則 1-1．株主の権利の確保】
上場会社は，株主総会における議決権をはじめとする株主の権利が実質的に確保されるよう，適切な対応を行うべきである。

補充原則

1-1① 取締役会は，株主総会において可決には至ったものの相当数の反対票が投じられた会社提案議案があったと認めるときは，反対の理由や反対票が多くなった原因の分析を行い，株主との対話その他の対応の要否について検討を行うべきである。

1-1② 上場会社は，総会決議事項の一部を取締役会に委任するよう株主総会に提案するに当たっては，自らの取締役会においてコーポレートガバナンスに関する役割・責務を十分に果たし得るような体制が整っているか否かを考慮すべきである。他方で，上場会社において，そうした体制がしっ

かりと整っていると判断する場合には，上記の提案を行うことが，経営判断の機動性・専門性の確保の観点から望ましい場合があることを考慮に入れるべきである。

1-1③　上場会社は，株主の権利の重要性を踏まえ，その権利行使を事実上妨げることのないよう配慮すべきである。とりわけ，少数株主にも認められている上場会社及びその役員に対する特別な権利（違法行為の差止めや代表訴訟提起に係る権利等）については，その権利行使の確保に課題や懸念が生じやすい面があることから，十分に配慮を行うべきである。

【原則 1-2.　株主総会における権利行使】
　上場会社は，株主総会が株主との建設的な対話の場であることを認識し，株主の視点に立って，株主総会における権利行使に係る適切な環境整備を行うべきである。

補充原則

1-2①　上場会社は，株主総会において株主が適切な判断を行うことに資すると考えられる情報については，必要に応じ適確に提供すべきである。

1-2②　上場会社は，株主が総会議案の十分な検討期間を確保することができるよう，招集通知に記載する情報の正確性を担保しつつその早期発送に努めるべきであり，また，招集通知に記載する情報は，株主総会の招集に係る取締役会決議から招集通知を発送するまでの間に，TDnet や自社のウェブサイトにより電子的に公表すべきである。

1-2③　上場会社は，株主との建設的な対話の充実や，そのための正確な情報提供等の観点を考慮し，株主総会開催日をはじめとする株主総会関連の日程の適切な設定を行うべきである。

1-2④　上場会社は，自社の株主における機関投資家や海外投資家の比率等も踏まえ，議決権の電子行使を可能とするための環境作り（議決権電子行使プラットフォームの利用等）や招集通知の英訳を進めるべきである。

1-2⑤　信託銀行等の名義で株式を保有する機関投資家等が、株主総会において、信託銀行等に代わって自ら議決権の行使等を行うことをあらかじめ希望する場合に対応するため、上場会社は、信託銀行等と協議しつつ検討を行うべきである。

【原則1-3.　資本政策の基本的な方針】

　上場会社は、資本政策の動向が株主の利益に重要な影響を与え得ることを踏まえ、資本政策の基本的な方針について説明を行うべきである。

【原則1-4.　いわゆる政策保有株式】

　上場会社がいわゆる政策保有株式として上場株式を保有する場合には、政策保有に関する方針を開示すべきである。また、毎年、取締役会で主要な政策保有についてそのリターンとリスクなどを踏まえた中長期的な経済合理性や将来の見通しを検証し、これを反映した保有のねらい・合理性について具体的な説明を行うべきである。

　上場会社は、政策保有株式に係る議決権の行使について、適切な対応を確保するための基準を策定・開示すべきである。

【原則1-5.　いわゆる買収防衛策】

　買収防衛の効果をもたらすことを企図してとられる方策は、経営陣・取締役会の保身を目的とするものであってはならない。その導入・運用については、取締役会・監査役は、株主に対する受託者責任を全うする観点から、その必要性・合理性をしっかりと検討し、適正な手続を確保するとともに、株主に十分な説明を行うべきである。

補充原則

1-5①　上場会社は、自社の株式が公開買付けに付された場合には、取締役会としての考え方（対抗提案があればその内容を含む）を明確に説明すべきであり、また、株主が公開買付けに応じて株式を手放す権利を不当に妨げる措置を講じるべきではない。

参考−3　東証によるコーポレートガバナンス・コード　　*237*

【原則 1-6. 株主の利益を害する可能性のある資本政策】

　支配権の変動や大規模な希釈化をもたらす資本政策（増資，MBO 等を含む）については，既存株主を不当に害することのないよう，取締役会・監査役は，株主に対する受託者責任を全うする観点から，その必要性・合理性をしっかりと検討し，適正な手続を確保するとともに，株主に十分な説明を行うべきである。

【原則 1-7. 関連当事者間の取引】

　上場会社がその役員や主要株主等との取引（関連当事者間の取引）を行う場合には，そうした取引が会社や株主共同の利益を害することのないよう，また，そうした懸念を惹起することのないよう，取締役会は，あらかじめ，取引の重要性やその性質に応じた適切な手続を定めてその枠組みを開示するとともに，その手続を踏まえた監視（取引の承認を含む）を行うべきである。

第2章　株主以外のステークホルダーとの適切な協働

【基本原則 2】

　上場会社は，会社の持続的な成長と中長期的な企業価値の創出は，従業員，顧客，取引先，債権者，地域社会をはじめとする様々なステークホルダーによるリソースの提供や貢献の結果であることを十分に認識し，これらのステークホルダーとの適切な協働に努めるべきである。

　取締役会・経営陣は，これらのステークホルダーの権利・立場や健全な事業活動倫理を尊重する企業文化・風土の醸成に向けてリーダーシップを発揮すべきである。

考え方

　上場会社には，株主以外にも重要なステークホルダーが数多く存在する。これらのステークホルダーには，従業員をはじめとする社内の関係者や，顧客・取引先・債権者等の社外の関係者，更には，地域社会のように会社の存続・活動の基盤をなす主体が含まれる。上場会社は，自らの持続的な成長と

238　巻末参考資料編

中長期的な企業価値の創出を達成するためには，これらのステークホルダーとの適切な協働が不可欠であることを十分に認識すべきである。また，近時のグローバルな社会・環境問題等に対する関心の高まりを踏まえれば，いわゆるESG（環境，社会，統治）問題への積極的・能動的な対応をこれらに含めることも考えられる。

　上場会社が，こうした認識を踏まえて適切な対応を行うことは，社会・経済全体に利益を及ぼすとともに，その結果として，会社自身にも更に利益がもたらされる，という好循環の実現に資するものである。

【原則2-1. 中長期的な企業価値向上の基礎となる経営理念の策定】

　上場会社は，自らが担う社会的な責任についての考え方を踏まえ，様々なステークホルダーへの価値創造に配慮した経営を行いつつ中長期的な企業価値向上を図るべきであり，こうした活動の基礎となる経営理念を策定すべきである。

【原則2-2. 会社の行動準則の策定・実践】

　上場会社は，ステークホルダーとの適切な協働やその利益の尊重，健全な事業活動倫理などについて，会社としての価値観を示しその構成員が従うべき行動準則を定め，実践すべきである。取締役会は，行動準則の策定・改訂の責務を担い，これが国内外の事業活動の第一線にまで広く浸透し，遵守されるようにすべきである。

補充原則

2-2①　取締役会は，行動準則が広く実践されているか否かについて，適宜または定期的にレビューを行うべきである。その際には，実質的に行動準則の趣旨・精神を尊重する企業文化・風土が存在するか否かに重点を置くべきであり，形式的な遵守確認に終始すべきではない。

【原則2-3. 社会・環境問題をはじめとするサステナビリティーを巡る課題】

　上場会社は，社会・環境問題をはじめとするサステナビリティー（持

続可能性）を巡る課題について，適切な対応を行うべきである。

補充原則

2-3① 取締役会は，サステナビリティー（持続可能性）を巡る課題への対
応は重要なリスク管理の一部であると認識し，適確に対処するとともに，
近時，こうした課題に対する要請・関心が大きく高まりつつあることを勘
案し，これらの課題に積極的・能動的に取り組むよう検討すべきである。

【原則 2-4. 女性の活躍促進を含む社内の多様性の確保】
　上場会社は，社内に異なる経験・技能・属性を反映した多様な視点や
価値観が存在することは，会社の持続的な成長を確保する上での強みと
なり得る，との認識に立ち，社内における女性の活躍促進を含む多様性
の確保を推進すべきである。

【原則 2-5. 内部通報】
　上場会社は，その従業員等が，不利益を被る危険を懸念することな
く，違法または不適切な行為・情報開示に関する情報や真摯な疑念を伝
えることができるよう，また，伝えられた情報や疑念が客観的に検証さ
れ適切に活用されるよう，内部通報に係る適切な体制整備を行うべきで
ある。取締役会は，こうした体制整備を実現する責務を負うとともに，
その運用状況を監督すべきである。

補充原則

2-5① 上場会社は，内部通報に係る体制整備の一環として，経営陣から独
立した窓口の設置（例えば，社外取締役と監査役による合議体を窓口とす
る等）を行うべきであり，また，情報提供者の秘匿と不利益取扱の禁止に
関する規律を整備すべきである。

第 3 章　適切な情報開示と透明性の確保

240　巻末参考資料編

【基本原則3】

　上場会社は，会社の財政状態・経営成績等の財務情報や，経営戦略・経営課題，リスクやガバナンスに係る情報等の非財務情報について，法令に基づく開示を適切に行うとともに，法令に基づく開示以外の情報提供にも主体的に取り組むべきである。

　その際，取締役会は，開示・提供される情報が株主との間で建設的な対話を行う上での基盤となることも踏まえ，そうした情報（とりわけ非財務情報）が，正確で利用者にとって分かりやすく，情報として有用性の高いものとなるようにすべきである。

考え方

　上場会社には，様々な情報を開示することが求められている。これらの情報が法令に基づき適時適切に開示されることは，投資家保護や資本市場の信頼性確保の観点から不可欠の要請であり，取締役会・監査役・監査役会・外部会計監査人は，この点に関し財務情報に係る内部統制体制の適切な整備をはじめとする重要な責務を負っている。

　また，上場会社は，法令に基づく開示以外の情報提供にも主体的に取り組むべきである。

　更に，我が国の上場会社による情報開示は，計表等については，様式・作成要領などが詳細に定められており比較可能性に優れている一方で，定性的な説明等のいわゆる非財務情報を巡っては，ひな型的な記述や具体性を欠く記述となっており付加価値に乏しい場合が少なくない，との指摘もある。取締役会は，こうした情報を含め，開示・提供される情報が可能な限り利用者にとって有益な記載となるよう積極的に関与を行う必要がある。

　法令に基づく開示であれそれ以外の場合であれ，適切な情報の開示・提供は，上場会社の外側にいて情報の非対称性の下におかれている株主等のステークホルダーと認識を共有し，その理解を得るための有力な手段となり得るものであり，「『責任ある機関投資家』の諸原則《日本版スチュワードシップ・コード》」を踏まえた建設的な対話にも資するものである。

【原則3-1.　情報開示の充実】

　上場会社は，法令に基づく開示を適切に行うことに加え，会社の意思

参考－3　東証によるコーポレートガバナンス・コード　*241*

決定の透明性・公正性を確保し，実効的なコーポレートガバナンスを実現するとの観点から，（本コードの各原則において開示を求めている事項のほか，）以下の事項について開示し，主体的な情報発信を行うべきである。

　(i)　会社の目指すところ（経営理念等）や経営戦略，経営計画
　(ii)　本コードのそれぞれの原則を踏まえた，コーポレートガバナンスに関する基本的な考え方と基本方針
　(iii)　取締役会が経営陣幹部・取締役の報酬を決定するに当たっての方針と手続
　(iv)　取締役会が経営陣幹部の選任と取締役・監査役候補の指名を行うに当たっての方針と手続
　(v)　取締役会が上記(iv)を踏まえて経営陣幹部の選任と取締役・監査役候補の指名を行う際の，個々の選任・指名についての説明

補充原則

3-1①　上記の情報の開示に当たっても，取締役会は，ひな型的な記述や具体性を欠く記述を避け，利用者にとって付加価値の高い記載となるようにすべきである。

3-1②　上場会社は，自社の株主における海外投資家等の比率も踏まえ，合理的な範囲において，英語での情報の開示・提供を進めるべきである。

【原則 3-2.　外部会計監査人】
　外部会計監査人及び上場会社は，外部会計監査人が株主・投資家に対して責務を負っていることを認識し，適正な監査の確保に向けて適切な対応を行うべきである。

補充原則

3-2①　監査役会は，少なくとも下記の対応を行うべきである。
　(i)　外部会計監査人候補を適切に選定し外部会計監査人を適切に評価するための基準の策定

(ii) 外部会計監査人に求められる独立性と専門性を有しているか否かについての確認

3-2② 取締役会及び監査役会は，少なくとも下記の対応を行うべきである。
(i) 高品質な監査を可能とする十分な監査時間の確保
(ii) 外部会計監査人からCEO・CFO等の経営陣幹部へのアクセス（面談等）の確保
(iii) 外部会計監査人と監査役（監査役会への出席を含む），内部監査部門や社外取締役との十分な連携の確保
(iii) 外部会計監査人が不正を発見し適切な対応を求めた場合や，不備・問題点を指摘した場合の会社側の対応体制の確立

第4章　取締役会等の責務

【基本原則4】
　上場会社の取締役会は，株主に対する受託者責任・説明責任を踏まえ，会社の持続的成長と中長期的な企業価値の向上を促し，収益力・資本効率等の改善を図るべく，
　(1) 企業戦略等の大きな方向性を示すこと
　(2) 経営陣幹部による適切なリスクテイクを支える環境整備を行うこと
　(3) 独立した客観的な立場から，経営陣（執行役及びいわゆる執行役員を含む）・取締役に対する実効性の高い監督を行うこと
をはじめとする役割・責務を適切に果たすべきである。
　こうした役割・責務は，監査役会設置会社（その役割・責務の一部は監査役及び監査役会が担うこととなる），指名委員会等設置会社，監査等委員会設置会社など，いずれの機関設計を採用する場合にも，等しく適切に果たされるべきである。

考え方
　上場会社は，通常，会社法（平成26年改正後）が規定する機関設計のうち主要な3種類（監査役会設置会社，指名委員会等設置会社，監査等委員会

設置会社）のいずれかを選択することとされている。前者（監査役会設置会社）は，取締役会と監査役・監査役会に統治機能を担わせる我が国独自の制度である。その制度では，監査役は，取締役・経営陣等の職務執行の監査を行うこととされており，法律に基づく調査権限が付与されている。また，独立性と高度な情報収集能力の双方を確保すべく，監査役（株主総会で選任）の半数以上は社外監査役とし，かつ常勤の監査役を置くこととされている。後者の２つは，取締役会に委員会を設置して一定の役割を担わせることにより監督機能の強化を目指すものであるという点において，諸外国にも類例が見られる制度である。上記の３種類の機関設計のいずれを採用する場合でも，重要なことは，創意工夫を施すことによりそれぞれの機関の機能を実質的かつ十分に発揮させることである。

　また，本コードを策定する大きな目的の一つは，上場会社による透明・公正かつ迅速・果断な意思決定を促すことにあるが，上場会社の意思決定のうちには，外部環境の変化その他の事情により，結果として会社に損害を生じさせることとなるものが無いとは言い切れない。その場合，経営陣・取締役が損害賠償責任を負うか否かの判断に際しては，一般的に，その意思決定の時点における意思決定過程の合理性が重要な考慮要素の一つとなるものと考えられるが，本コードには，ここでいう意思決定過程の合理性を担保することに寄与すると考えられる内容が含まれており，本コードは，上場会社の透明・公正かつ迅速・果断な意思決定を促す効果を持つこととなるものと期待している。

【原則 4-1.　取締役会の役割・責務（1）】

　取締役会は，会社の目指すところ（経営理念等）を確立し，戦略的な方向付けを行うことを主要な役割・責務の一つと捉え，具体的な経営戦略や経営計画等について建設的な議論を行うべきであり，重要な業務執行の決定を行う場合には，上記の戦略的な方向付けを踏まえるべきである。

補充原則

4-1①　取締役会は，取締役会自身として何を判断・決定し，何を経営陣に委ねるのかに関連して，経営陣に対する委任の範囲を明確に定め，その概

要を開示すべきである。

4-1② 取締役会・経営陣幹部は，中期経営計画も株主に対するコミットメントの一つであるとの認識に立ち，その実現に向けて最善の努力を行うべきである。仮に，中期経営計画が目標未達に終わった場合には，その原因や自社が行った対応の内容を十分に分析し，株主に説明を行うとともに，その分析を次期以降の計画に反映させるべきである。

4-1③ 取締役会は，会社の目指すところ（経営理念等）や具体的な経営戦略を踏まえ，最高経営責任者等の後継者の計画（プランニング）について適切に監督を行うべきである。

【原則 4-2. 取締役会の役割・責務（2）】

　取締役会は，経営陣幹部による適切なリスクテイクを支える環境整備を行うことを主要な役割・責務の一つと捉え，経営陣からの健全な企業家精神に基づく提案を歓迎しつつ，説明責任の確保に向けて，そうした提案について独立した客観的な立場において多角的かつ十分な検討を行うとともに，承認した提案が実行される際には，経営陣幹部の迅速・果断な意思決定を支援すべきである。

　また，経営陣の報酬については，中長期的な会社の業績や潜在的リスクを反映させ，健全な企業家精神の発揮に資するようなインセンティブ付けを行うべきである。

補充原則

4-2① 経営陣の報酬は，持続的な成長に向けた健全なインセンティブの一つとして機能するよう，中長期的な業績と連動する報酬の割合や，現金報酬と自社株報酬との割合を適切に設定すべきである。

【原則 4-3. 取締役会の役割・責務（3）】

　取締役会は，独立した客観的な立場から，経営陣・取締役に対する実効性の高い監督を行うことを主要な役割・責務の一つと捉え，適切に会

社の業績等の評価を行い，その評価を経営陣幹部の人事に適切に反映すべきである。

また，取締役会は，適時かつ正確な情報開示が行われるよう監督を行うとともに，内部統制やリスク管理体制を適切に整備すべきである。

更に，取締役会は，経営陣・支配株主等の関連当事者と会社との間に生じ得る利益相反を適切に管理すべきである。

補充原則

4-3① 取締役会は，経営陣幹部の選任や解任について，会社の業績等の評価を踏まえ，公正かつ透明性の高い手続に従い，適切に実行すべきである。

4-3② コンプライアンスや財務報告に係る内部統制や先を見越したリスク管理体制の整備は，適切なリスクテイクの裏付けとなり得るものであるが，取締役会は，これらの体制の適切な構築や，その運用が有効に行われているか否かの監督に重点を置くべきであり，個別の業務執行に係るコンプライアンスの審査に終始すべきではない。

【原則 4-4. 監査役及び監査役会の役割・責務】

監査役及び監査役会は，取締役の職務の執行の監査，外部会計監査人の選解任や監査報酬に係る権限の行使などの役割・責務を果たすに当たって，株主に対する受託者責任を踏まえ，独立した客観的な立場において適切な判断を行うべきである。

また，監査役及び監査役会に期待される重要な役割・責務には，業務監査・会計監査をはじめとするいわば「守りの機能」があるが，こうした機能を含め，その役割・責務を十分に果たすためには，自らの守備範囲を過度に狭く捉えることは適切でなく，能動的・積極的に権限を行使し，取締役会においてあるいは経営陣に対して適切に意見を述べるべきである。

補充原則

4-4① 監査役会は，会社法により，その半数以上を社外監査役とすること

及び常勤の監査役を置くことの双方が求められていることを踏まえ，その役割・責務を十分に果たすとの観点から，前者に由来する強固な独立性と，後者が保有する高度な情報収集力とを有機的に組み合わせて実効性を高めるべきである。また，監査役または監査役会は，社外取締役が，その独立性に影響を受けることなく情報収集力の強化を図ることができるよう，社外取締役との連携を確保すべきである。

【原則 4-5. 取締役・監査役等の受託者責任】

　上場会社の取締役・監査役及び経営陣は，それぞれの株主に対する受託者責任を認識し，ステークホルダーとの適切な協働を確保しつつ，会社や株主共同の利益のために行動すべきである。

【原則 4-6. 経営の監督と執行】

　上場会社は，取締役会による独立かつ客観的な経営の監督の実効性を確保すべく，業務の執行には携わらない，業務の執行と一定の距離を置く取締役の活用について検討すべきである。

【原則 4-7. 独立社外取締役の役割・責務】

　上場会社は，独立社外取締役には，特に以下の役割・責務を果たすことが期待されることに留意しつつ，その有効な活用を図るべきである。
　（i）経営の方針や経営改善について，自らの知見に基づき，会社の持続的な成長を促し中長期的な企業価値の向上を図る，との観点からの助言を行うこと
　（ii）経営陣幹部の選解任その他の取締役会の重要な意思決定を通じ，経営の監督を行うこと
　（iii）会社と経営陣・支配株主等との間の利益相反を監督すること
　（iv）経営陣・支配株主から独立した立場で，少数株主をはじめとするステークホルダーの意見を取締役会に適切に反映させること

【原則 4-8. 独立社外取締役の有効な活用】

　独立社外取締役は会社の持続的な成長と中長期的な企業価値の向上に

寄与するように役割・責務を果たすべきであり，上場会社はそのような資質を十分に備えた独立社外取締役を少なくとも2名以上選任すべきである。

また，業種・規模・事業特性・機関設計・会社をとりまく環境等を総合的に勘案して，自主的な判断により，少なくとも3分の1以上の独立社外取締役を選任することが必要と考える上場会社は，上記にかかわらず，そのための取組み方針を開示すべきである。

補充原則

4-8①　独立社外取締役は，取締役会における議論に積極的に貢献するとの観点から，例えば，独立社外者のみを構成員とする会合を定期的に開催するなど，独立した客観的な立場に基づく情報交換・認識共有を図るべきである。

4-8②　独立社外取締役は，例えば，互選により「筆頭独立社外取締役」を決定することなどにより，経営陣との連絡・調整や監査役または監査役会との連携に係る体制整備を図るべきである。

【原則4-9．独立社外取締役の独立性判断基準及び資質】
取締役会は，金融商品取引所が定める独立性基準を踏まえ，独立社外取締役となる者の独立性をその実質面において担保することに主眼を置いた独立性判断基準を策定・開示すべきである。また，取締役会は，取締役会における率直・活発で建設的な検討への貢献が期待できる人物を独立社外取締役の候補者として選定するよう努めるべきである。

【原則4-10．任意の仕組みの活用】
上場会社は，会社法が定める会社の機関設計のうち会社の特性に応じて最も適切な形態を採用するに当たり，必要に応じて任意の仕組みを活用することにより，統治機能の更なる充実を図るべきである。

補充原則

4-10① 上場会社が監査役会設置会社または監査等委員会設置会社であっ
て，独立社外取締役が取締役会の過半数に達していない場合には，経営陣
幹部・取締役の指名・報酬などに係る取締役会の機能の独立性・客観性と
説明責任を強化するため，例えば，取締役会の下に独立社外取締役を主要
な構成員とする任意の諮問委員会を設置することなどにより，指名・報酬
などの特に重要な事項に関する検討に当たり独立社外取締役の適切な関
与・助言を得るべきである。

【原則4-11. 取締役会・監査役会の実効性確保のための前提条件】

　取締役会は，その役割・責務を実効的に果たすための知識・経験・能
力を全体としてバランス良く備え，多様性と適正規模を両立させる形で
構成されるべきである。また，監査役には，財務・会計に関する適切な
知見を有している者が1名以上選任されるべきである。

　取締役会は，取締役会全体としての実効性に関する分析・評価を行う
ことなどにより，その機能の向上を図るべきである。

補充原則

4-11① 取締役会は，取締役会の全体としての知識・経験・能力のバランス，
多様性及び規模に関する考え方を定め，取締役の選任に関する方針・手続
と併せて開示すべきである。

4-11② 社外取締役・社外監査役をはじめ，取締役・監査役は，その役割・
責務を適切に果たすために必要となる時間・労力を取締役・監査役の業務
に振り向けるべきである。こうした観点から，例えば，取締役・監査役が
他の上場会社の役員を兼任する場合には，その数は合理的な範囲にとどめ
るべきであり，上場会社は，その兼任状況を毎年開示すべきである。

4-11③ 取締役会は，毎年，各取締役の自己評価なども参考にしつつ，取
締役会全体の実効性について分析・評価を行い，その結果の概要を開示す
べきである。

参考－3 東証によるコーポレートガバナンス・コード *249*

【原則 4-12. 取締役会における審議の活性化】
　取締役会は，社外取締役による問題提起を含め自由闊達で建設的な議論・意見交換を尊ぶ気風の醸成に努めるべきである。

補充原則

4-12① 取締役会は，会議運営に関する下記の取扱いを確保しつつ，その審議の活性化を図るべきである。
（ⅰ）取締役会の資料が，会日に十分に先立って配布されるようにすること
（ⅱ）取締役会の資料以外にも，必要に応じ，会社から取締役に対して十分な情報が（適切な場合には，要点を把握しやすいように整理・分析された形で）提供されるようにすること
（ⅲ）年間の取締役会開催スケジュールや予想される審議事項について決定しておくこと
（ⅳ）審議項目数や開催頻度を適切に設定すること
（ⅴ）審議時間を十分に確保すること

【原則 4-13. 情報入手と支援体制】
　取締役・監査役は，その役割・責務を実効的に果たすために，能動的に情報を入手すべきであり，必要に応じ，会社に対して追加の情報提供を求めるべきである。
　また，上場会社は，人員面を含む取締役・監査役の支援体制を整えるべきである。
　取締役会・監査役会は，各取締役・監査役が求める情報の円滑な提供が確保されているかどうかを確認すべきである。

補充原則

4-13① 社外取締役を含む取締役は，透明・公正かつ迅速・果断な会社の意思決定に資するとの観点から，必要と考える場合には，会社に対して追加の情報提供を求めるべきである。また，社外監査役を含む監査役は，法令に基づく調査権限を行使することを含め，適切に情報入手を行うべきで

ある。

4-13②　取締役・監査役は，必要と考える場合には，会社の費用において
外部の専門家の助言を得ることも考慮すべきである。

4-13③　上場会社は，内部監査部門と取締役・監査役との連携を確保すべ
きである。
　また，上場会社は，例えば，社外取締役・社外監査役の指示を受けて会
社の情報を適確に提供できるよう社内との連絡・調整にあたる者の選任な
ど，社外取締役や社外監査役に必要な情報を適確に提供するための工夫を
行うべきである。

【原則 4-14. 取締役・監査役のトレーニング】
　新任者をはじめとする取締役・監査役は，上場会社の重要な統治機関
の一翼を担う者として期待される役割・責務を適切に果たすため，その
役割・責務に係る理解を深めるとともに，必要な知識の習得や適切な更
新等の研鑽に努めるべきである。このため，上場会社は，個々の取締役・
監査役に適合したトレーニングの機会の提供・斡旋やその費用の支援を
行うべきであり，取締役会は，こうした対応が適切にとられているか否
かを確認すべきである。

補充原則

4-14①　社外取締役・社外監査役を含む取締役・監査役は，就任の際には，
会社の事業・財務・組織等に関する必要な知識を取得し，取締役・監査役
に求められる役割と責務（法的責任を含む）を十分に理解する機会を得る
べきであり，就任後においても，必要に応じ，これらを継続的に更新する
機会を得るべきである。

4-14②　上場会社は，取締役・監査役に対するトレーニングの方針につい
て開示を行うべきである。

参考－3 東証によるコーポレートガバナンス・コード　　*251*

第5章　株主との対話

【基本原則 5】

　上場会社は，その持続的な成長と中長期的な企業価値の向上に資するため，株主総会の場以外においても，株主との間で建設的な対話を行うべきである。

　経営陣幹部・取締役（社外取締役を含む）は，こうした対話を通じて株主の声に耳を傾け，その関心・懸念に正当な関心を払うとともに，自らの経営方針を株主に分かりやすい形で明確に説明しその理解を得る努力を行い，株主を含むステークホルダーの立場に関するバランスのとれた理解と，そうした理解を踏まえた適切な対応に努めるべきである。

考え方

　「『責任ある機関投資家』の諸原則《日本版スチュワードシップ・コード》」の策定を受け，機関投資家には，投資先企業やその事業環境等に関する深い理解に基づく建設的な「目的を持った対話」（エンゲージメント）を行うことが求められている。

　上場会社にとっても，株主と平素から対話を行い，具体的な経営戦略や経営計画などに対する理解を得るとともに懸念があれば適切に対応を講じることは，経営の正統性の基盤を強化し，持続的な成長に向けた取組みに邁進する上で極めて有益である。

　また，一般に，上場会社の経営陣・取締役は，従業員・取引先・金融機関とは日常的に接触し，その意見に触れる機会には恵まれているが，これらはいずれも賃金債権，貸付債権等の債権者であり，株主と接する機会は限られている。経営陣幹部・取締役が，株主との対話を通じてその声に耳を傾けることは，資本提供者の目線からの経営分析や意見を吸収し，持続的な成長に向けた健全な企業家精神を喚起する機会を得る，ということも意味する。

【原則 5-1.　株主との建設的な対話に関する方針】

　上場会社は，株主からの対話（面談）の申込みに対しては，会社の持続的な成長と中長期的な企業価値の向上に資するよう，合理的な範囲で前向きに対応すべきである。取締役会は，株主との建設的な対話を促進

252 巻末参考資料編

するための体制整備・取組みに関する方針を検討・承認し，開示すべきである。

補充原則

5-1① 株主との実際の対話（面談）の対応者については，株主の希望と面談の主な関心事項も踏まえた上で，合理的な範囲で，経営陣幹部または取締役（社外取締役を含む）が面談に臨むことを基本とすべきである。

5-1② 株主との建設的な対話を促進するための方針には，少なくとも以下の点を記載すべきである。
(i) 株主との対話全般について，下記（ii）～（v）に記載する事項を含めその統括を行い，建設的な対話が実現するように目配りを行う経営陣または取締役の指定
(ii) 対話を補助する社内のIR担当，経営企画，総務，財務，経理，法務部門等の有機的な連携のための方策
(iii) 個別面談以外の対話の手段（例えば，投資家説明会やIR活動）の充実に関する取組み
(iv) 対話において把握された株主の意見・懸念の経営陣幹部や取締役会に対する適切かつ効果的なフィードバックのための方策
(v) 対話に際してのインサイダー情報の管理に関する方策

5-1③ 上場会社は，必要に応じ，自らの株主構造の把握に努めるべきであり，株主も，こうした把握作業にできる限り協力することが望ましい。

【原則5-2．経営戦略や経営計画の策定・公表】

経営戦略や経営計画の策定・公表に当たっては，収益計画や資本政策の基本的な方針を示すとともに，収益力・資本効率等に関する目標を提示し，その実現のために，経営資源の配分等に関し具体的に何を実行するのかについて，株主に分かりやすい言葉・論理で明確に説明を行うべきである。

資料編
「コーポレートガバナンス・コードの策定に関する有識者会議」
2015 年 3 月 5 日現在

座長	池尾和人	慶應義塾大学経済学部教授
メンバー	内田　章	東レ㈱常務取締役
	太田順司	公益社団法人日本監査役協会最高顧問
	大場昭義	東京海上アセットマネジメント㈱代表取締役社長
	小口俊朗	ガバナンス・フォー・オーナーズ・ジャパン㈱代表取締役
	神田秀樹	東京大学大学院法学政治学研究科教授
	スコット キャロン	日本コーポレート・ガバナンス・ネットワーク理事
	武井一浩	弁護士（西村あさひ法律事務所）
	冨山和彦	㈱経営共創基盤代表取締役 CEO
	中村美華	㈱セブン＆アイ・ホールディングス法務部法務シニアオフィサー
	堀江貞之	㈱野村総合研究所上席研究員
	松井忠三	㈱良品計画代表取締役会長
	森　公高	日本公認会計士協会会長
アドバイザー（国際機関）	マッツ イサクソン	Head, Corporate Affairs Division, OECD
幹事	坂本三郎	法務省大臣官房参事官
	中原裕彦	経済産業省経済産業政策局産業組織課長

（敬称略・五十音順）

事務局		金融庁，㈱東京証券取引所

254 巻末参考資料編

資料編
「コーポレートガバナンス・コード原案」序文
コーポレートガバナンス・コードの策定に関する有識者会議
2015 年 3 月 5 日

経緯及び背景

1. 我が国におけるコーポレートガバナンスを巡る取組みは，近年，大きく加速している。

2. 平成 25 年 6 月に閣議決定された「日本再興戦略」においては，「機関投資家が，対話を通じて企業の中長期的な成長を促すなど，受託者責任を果たすための原則（日本版スチュワードシップ・コード）について検討し，取りまとめる」との施策が盛り込まれた。これを受けて，平成 25 年 8 月，金融庁に設置された「日本版スチュワードシップ・コードに関する有識者検討会」において検討が開始され，平成 26 年 2 月に「『責任ある機関投資家』の諸原則《日本版スチュワードシップ・コード》」（以下，序文において「スチュワードシップ・コード」という。）が策定・公表され，実施に移されている。
   また，法務省法制審議会は，平成 24 年 9 月に「会社法制の見直しに関する要綱」を採択したが，その後，社外取締役を選任しない場合における説明義務に関する規定なども盛り込んだ上で，会社法改正案が国会に提出され，平成 26 年 6 月に可決・成立している。

3. 更に，上記の「日本再興戦略」においては，「国内の証券取引所に対し，上場基準における社外取締役の位置付けや，収益性や経営面での評価が高い銘柄のインデックスの設定など，コーポレートガバナンスの強化につながる取組を働きかける」との施策も盛り込まれていたが，これを受けて，日本取引所グループにおいて「資本の効率的活用や投資者を意識した経営観点など，グローバルな投資基準に求められる諸要件を満たした，『投資者にとって投資魅力の高い会社』で構成される新しい株価指数」である「JPX 日経インデックス 400」が設定され，平成 26 年 1 月 6 日より算出が開始されている。

4. こうした中，平成 26 年 6 月に閣議決定された「『日本再興戦略』改訂

2014」において，「東京証券取引所と金融庁を共同事務局とする有識者会議において，秋頃までを目途に基本的な考え方を取りまとめ，東京証券取引所が，来年の株主総会のシーズンに間に合うよう新たに「コーポレートガバナンス・コード」を策定することを支援する」との施策が盛り込まれた。これを受けて，平成26年8月，金融庁・東京証券取引所を共同事務局とする「コーポレートガバナンス・コードの策定に関する有識者会議」（以下，「本有識者会議」という。）が設置された。本有識者会議は，8月から計9回にわたり議論を重ね，今般，コーポレートガバナンス・コードの策定に関する基本的な考え方を「コーポレートガバナンス・コード（原案）」（以下，「本コード（原案）」という。）の形で取りまとめた。なお，「『日本再興戦略』改訂2014」において，コードの策定に当たっては「OECDコーポレート・ガバナンス原則」を踏まえるものとすると明記されたことを受けて，本有識者会議は同原則の内容に沿って議論を行ってきており，本コード（原案）の内容は同原則の趣旨を踏まえたものとなっている。また，本コード（原案）の取りまとめに当たっては，和英両文によるパブリック・コメントを実施し，和文については80の個人・団体から，英文については41の個人・団体から充実した意見が寄せられた。本有識者会議は，これらの意見についても議論を行い，本コード（原案）の取りまとめに反映させていただいた。

5．今後，東京証券取引所において，「『日本再興戦略』改訂2014」を踏まえ，関連する上場規則等の改正を行うとともに，本コード（原案）をその内容とする「コーポレートガバナンス・コード」を制定することが期待される。

本コード（原案）の目的

6．本コード（原案）は，「『日本再興戦略』改訂2014」に基づき，我が国の成長戦略の一環として策定されるものである。冒頭に掲げたように，本コード（原案）において，「コーポレートガバナンス」とは，会社が，株主をはじめ顧客・従業員・地域社会等の立場を踏まえた上で，透明・公正かつ迅速・果断な意思決定を行うための仕組みを意味しており，こうした認識の下，本コード（原案）には，実効的なコーポレートガバナンスの実現に資する主要な原則を盛り込んでいる。

256 巻末参考資料編

7．会社は，株主から経営を付託された者としての責任（受託者責任）をはじめ，様々なステークホルダーに対する責務を負っていることを認識して運営されることが重要である。本コード（原案）は，こうした責務に関する説明責任を果たすことを含め会社の意思決定の透明性・公正性を担保しつつ，これを前提とした会社の迅速・果断な意思決定を促すことを通じて，いわば「攻めのガバナンス」の実現を目指すものである。本コード（原案）では，会社におけるリスクの回避・抑制や不祥事の防止といった側面を過度に強調するのではなく，むしろ健全な企業家精神の発揮を促し，会社の持続的な成長と中長期的な企業価値の向上を図ることに主眼を置いている。

　本コード（原案）には，株主に対する受託者責任やステークホルダーに対する責務を踏まえ，一定の規律を求める記載が含まれているが，これらを会社の事業活動に対する制約と捉えることは適切ではない。むしろ，仮に，会社においてガバナンスに関する機能が十分に働かないような状況が生じれば，経営の意思決定過程の合理性が確保されなくなり，経営陣が，結果責任を問われることを懸念して，自ずとリスク回避的な方向に偏るおそれもある。こうした状況の発生こそが会社としての果断な意思決定や事業活動に対する阻害要因となるものであり，本コード（原案）では，会社に対してガバナンスに関する適切な規律を求めることにより，経営陣をこうした制約から解放し，健全な企業家精神を発揮しつつ経営手腕を振るえるような環境を整えることを狙いとしている。

8．本コード（原案）は，市場における短期主義的な投資行動の強まりを懸念する声が聞かれる中，中長期の投資を促す効果をもたらすことをも期待している。市場においてコーポレートガバナンスの改善を最も強く期待しているのは，通常，ガバナンスの改善が実を結ぶまで待つことができる中長期保有の株主であり，こうした株主は，市場の短期主義化が懸念される昨今においても，会社にとって重要なパートナーとなり得る存在である。本コード（原案）は，会社が，各原則の趣旨・精神を踏まえ，自らのガバナンス上の課題の有無を検討し，自律的に対応することを求めるものであるが，このような会社の取組みは，スチュワードシップ・コードに基づくこうした株主（機関投資家）と会社との間の建設的な「目的を持った対話」によって，更なる充実を図ることが可能である。その意味において，本コード（原案）とスチュワードシップ・コードとは，いわば「車の両輪」

参考-3　東証によるコーポレートガバナンス・コード　　*257*

であり，両者が適切に相まって実効的なコーポレートガバナンスが実現されることが期待される。

「プリンシプルベース・アプローチ」及び
「コンプライ・オア・エクスプレイン」

9．本コード（原案）において示される規範は，基本原則，原則，補充原則から構成されているが，それらの履行の態様は，例えば，会社の業種，規模，事業特性，機関設計，会社を取り巻く環境等によって様々に異なり得る。本コード（原案）に定める各原則の適用の仕方は，それぞれの会社が自らの置かれた状況に応じて工夫すべきものである。

10．こうした点に鑑み，本コード（原案）は，会社が取るべき行動について詳細に規定する「ルールベース・アプローチ」（細則主義）ではなく，会社が各々の置かれた状況に応じて，実効的なコーポレートガバナンスを実現することができるよう，いわゆる「プリンシプルベース・アプローチ」（原則主義）を採用している。

　「プリンシプルベース・アプローチ」は，スチュワードシップ・コードにおいて既に採用されているものであるが，その意義は，一見，抽象的で大掴みな原則（プリンシプル）について，関係者がその趣旨・精神を確認し，互いに共有した上で，各自，自らの活動が，形式的な文言・記載ではなく，その趣旨・精神に照らして真に適切か否かを判断することにある。このため，本コード（原案）で使用されている用語についても，法令のように厳格な定義を置くのではなく，まずは株主等のステークホルダーに対する説明責任等を負うそれぞれの会社が，本コード（原案）の趣旨・精神に照らして，適切に解釈することが想定されている。

　株主等のステークホルダーが，会社との間で対話を行うに当たっても，この「プリンシプルベース・アプローチ」の意義を十分に踏まえることが望まれる。

11．また，本コード（原案）は，法令とは異なり法的拘束力を有する規範ではなく，その実施に当たっては，いわゆる「コンプライ・オア・エクスプレイン」（原則を実施するか，実施しない場合には，その理由を説明するか）の手法を採用している。

すなわち，本コード（原案）の各原則（基本原則・原則・補充原則）の中に，自らの個別事情に照らして実施することが適切でないと考える原則があれば，それを「実施しない理由」を十分に説明することにより，一部の原則を実施しないことも想定している。

12. こうした「コンプライ・オア・エクスプレイン」の手法も，スチュワードシップ・コードにおいて既に採用されているものの，我が国では，いまだ馴染みの薄い面があると考えられる。本コード（原案）の対象とする会社が，全ての原則を一律に実施しなければならない訳ではないことには十分な留意が必要であり，会社側のみならず，株主等のステークホルダーの側においても，当該手法の趣旨を理解し，会社の個別の状況を十分に尊重することが求められる。特に，本コード（原案）の各原則の文言・記載を表面的に捉え，その一部を実施していないことのみをもって，実効的なコーポレートガバナンスが実現されていない，と機械的に評価することは適切ではない。一方，会社としては，当然のことながら，「実施しない理由」の説明を行う際には，実施しない原則に係る自らの対応について，株主等のステークホルダーの理解が十分に得られるよう工夫すべきであり，「ひな型」的な表現により表層的な説明に終始することは「コンプライ・オア・エクスプレイン」の趣旨に反するものである。

本コード（原案）の適用

13. 本コード（原案）は，我が国取引所に上場する会社を適用対象とするものである（注1）。

その際，本則市場（市場第一部及び市場第二部）以外の市場に上場する会社に対する本コード（原案）の適用に当たっては，例えば体制整備や開示などに係る項目の適用について，こうした会社の規模・特性等を踏まえた一定の考慮が必要となる可能性があり得る。この点に関しては，今後，東京証券取引所において，本コード（原案）のどの部分に，どのような形での考慮が必要かについて整理がなされることを期待する。

（注1）我が国取引所に上場する外国会社については，一般に，そのガバナンスに関して別途適用を受ける本国の規制が存在し，その内容が本コード（原案）と異なり得るため，本コード（原案）の内容をそのままの形で適用することが適切でない場合も想定される。このため，その取扱いに関しては，今後，東京証券取引所において整理がなされることを期待する。

参考−3 東証によるコーポレートガバナンス・コード　*259*

14. 我が国の上場会社は，通常，監査役会設置会社，指名委員会等設置会社，監査等委員会設置会社のいずれかの機関設計を選択することとされている。本コード（原案）は，もとよりいずれかの機関設計を慫慂するものではなく，いずれの機関設計を採用する会社にも当てはまる，コーポレートガバナンスにおける主要な原則を示すものである。

　　我が国の上場会社の多くは監査役会設置会社であることを踏まえ，本コード（原案）には，監査役会設置会社を想定した幾つかの原則（監査役または監査役会について記述した原則）が置かれているが，こうした原則については，監査役会設置会社以外の上場会社は，自らの機関設計に応じて所要の読替えを行った上で適用を行うことが想定される。

15. 本コード（原案）は，東京証券取引所において必要な制度整備を行った上で，平成 27 年 6 月 1 日から適用することを想定している。

　　なお，本コード（原案）の幾つかの原則については，例えば体制整備に関するもの等を中心に，各会社の置かれた状況によっては，その意思があっても適用当初から完全に実施することが難しいことも考えられる。その場合において，上場会社が，まずは上記の適用開始に向けて真摯な検討や準備作業を行った上で，なお完全な実施が難しい場合に，今後の取組み予定や実施時期の目途を明確に説明（エクスプレイン）することにより，対応を行う可能性は排除されるべきではない。

　　また，本コード（原案）には，会社が「エクスプレイン」を行う場合を含め，幾つかの開示や説明を求める旨の記載があるが，これらのうちには，特定の枠組み（例えば，コーポレート・ガバナンスに関する報告書）の中で統一的に開示・説明を行うことが望ましいものもあると考えられることから，この点については，今後，東京証券取引所において整理がなされることを期待する。

本コード（原案）の将来の見直し

16. 上述のとおり，本コード（原案）は，実効的なコーポレートガバナンスの実現に資する主要な原則を取りまとめたものであるが，不変のものではない。目まぐるしく変化する経済・社会情勢の下で，本コード（原案）がその目的を果たし続けることを確保するため，本有識者会議は，本コード（原案）が定期的に見直しの検討に付されることを期待する。

260 巻末参考資料編

「コーポレートガバナンス・コード原案」各原則の〔背景説明〕

コーポレートガバナンス・コードの策定に関する有識者会議

2015 年 3 月 5 日

補充原則

1-1② 上場会社は，総会決議事項の一部を取締役会に委任するよう株主総会に提案するに当たっては，自らの取締役会においてコーポレートガバナンスに関する役割・責務を十分に果たし得るような体制が整っているか否かを考慮すべきである。他方で，上場会社において，そうした体制がしっかりと整っていると判断する場合には，上記の提案を行うことが，経営判断の機動性・専門性の確保の観点から望ましい場合があることを考慮に入れるべきである。

〔背景説明〕

　一般に我が国の上場会社は，他国の上場会社に比して幅広い事項を株主総会にかけているとされる。しかしながら，上場会社に係る重要な意思決定については，これを株主の直接投票で決することが常に望ましいわけではなく，株主に対する受託者責任を十分に果たし得る取締役会が存在する場合には，会社法が認める選択肢の中でその意思決定の一部を取締役会に委任することは，経営判断に求められる機動性・専門性を確保する観点から合理的な場合がある。このような委任が適切であるか否かは，取締役会においてコーポレートガバナンスに関する役割・責務を十分に果たし得るような体制が整っているか否かに左右される部分が大きいと考えられる。

補充原則

1-2③ 上場会社は，株主との建設的な対話の充実や，そのための正確な情報提供等の観点を考慮し，株主総会開催日をはじめとする株主総会関連の日程の適切な設定を行うべきである。

〔背景説明〕

　株主総会開催手続きについては，本有識者会議において，以下の議論があった。

・基準日から株主総会開催日までの期間は，ガバナンスの実効性を確保する観点から，できるだけ短いことが望ましい（英国では，2 日間以内）。

参考-3　東証によるコーポレートガバナンス・コード　　*261*

・招集通知から株主総会開催日までの期間は，熟慮のため，できるだけ長いことが望ましい（英国では，約4週間以上）。

・決算期末から，会計監査証明までの期間は，不正リスクに対応した実効性ある会計監査確保の観点から，一定の期間を確保する必要がある。

・以上に対応するため，必要があれば，株主総会開催日を7月（3月期決算の会社の場合）にすることも検討されることが考えられるが，業績評価に基づく株主総会の意思決定との観点から，決算期末から株主総会開催日までの期間が長くなりすぎることは避ける必要がある。

なお，以上の方向で考える場合，（監査済財務情報の提供時期や株主総会の開催時期が後倒しになることが考えられることから，）決算短信によるタイムリーな情報提供が一層重要となることや，例外的な事象が生じた場合も視野に入れた他の制度との整合性の検討が必要となることなどにも留意が必要である。

本問題については，本コード（原案）に寄せられるパブリック・コメント等の内容も踏まえつつ，必要に応じ，本有識者会議において引き続き議論を行い，東京証券取引所における最終的なコードの策定に反映される必要があるか否かを検討することとする。

補充原則

2-2① 取締役会は，行動準則が広く実践されているか否かについて，適宜または定期的にレビューを行うべきである。その際には，実質的に行動準則の趣旨・精神を尊重する企業文化・風土が存在するか否かに重点を置くべきであり，形式的な遵守確認に終始すべきではない。

〔背景説明〕

上記の行動準則は，倫理基準，行動規範等と呼称されることもある。

【原則4-8. 独立社外取締役の有効な活用】

独立社外取締役は会社の持続的な成長と中長期的な企業価値の向上に寄与するように役割・責務を果たすべきであり，上場会社はそのような資質を十分に備えた独立社外取締役を少なくとも2名以上選任すべきである。

また，業種・規模・事業特性・機関設計・会社をとりまく環境等を総合的に勘案して，自主的な判断により，少なくとも3分の1以上の独立

社外取締役を選任することが必要と考える上場会社は，上記にかかわらず，そのための取組み方針を開示すべきである。

〔背景説明〕

独立社外取締役を巡っては様々な議論があるが，単にこれを設置しさえすれば会社の成長が図られる，という捉え方は適切ではない。独立社外取締役を置く場合には，その期待される役割・責務に照らし，その存在を活かすような対応がとられるか否かが成否の重要な鍵となると考えられる。（独立）社外取締役については，既に会社法（平成26年改正後）や上場規則が1名以上の設置に関連する規定を置いており，実務上もこれに沿った対応が見られるが，本コード（原案）では，独立社外取締役を複数名設置すればその存在が十分に活かされる可能性が大きく高まる，という観点から，「少なくとも2名以上」との記載を行っている。

なお，本有識者会議において，関係団体の中には，独立役員の円滑な選任を促進する観点から，その候補に関する情報の蓄積・更新・提供をするなどの取組みを行っている団体もあり，今後，こうした取組みが更に広範に進められていくことが期待される，との指摘があった。

補充原則

4-8① 独立社外取締役は，取締役会における議論に積極的に貢献するとの観点から，例えば，独立社外者のみを構成員とする会合を定期的に開催するなど，独立した客観的な立場に基づく情報交換・認識共有を図るべきである。

〔背景説明〕

独立社外者のみを構成員とする会合については，その構成員を独立社外取締役のみとすることや，これに独立社外監査役を加えることが考えられる。

【原則4-9. 独立社外取締役の独立性判断基準及び資質】

取締役会は，金融商品取引所が定める独立性基準を踏まえ，独立社外取締役となる者の独立性をその実質面において担保することに主眼を置いた独立性判断基準を策定・開示すべきである。また，取締役会は，取

締役会における率直・活発で建設的な検討への貢献が期待できる人物を
独立社外取締役の候補者として選定するよう努めるべきである。

〔背景説明〕
　金融商品取引所が定める独立性基準やこれに関連する開示基準について
は，その内容が抽象的で解釈に幅を生じさせる余地があるとの見方があ
る。これについては，適用における柔軟性が確保されているとの評価があ
る一方で，機関投資家や議決権行使助言会社による解釈が様々に行われる
結果，上場会社が保守的な適用を行うという弊害が生じているとの指摘も
ある。また，これらの基準には，幾つかの点において，諸外国の基準との
差異も存在するところである。本有識者会議としては，今後の状況の進展
等を踏まえつつ，金融商品取引所において，必要に応じ，適切な検討が行
われることを期待する。

補充原則

4-10①　上場会社が監査役会設置会社または監査等委員会設置会社であっ
て，独立社外取締役が取締役会の過半数に達していない場合には，経営陣
幹部・取締役の指名・報酬などに係る取締役会の機能の独立性・客観性と
説明責任を強化するため，例えば，取締役会の下に独立社外取締役を主要
な構成員とする任意の諮問委員会を設置することなどにより，指名・報酬
などの特に重要な事項に関する検討に当たり独立社外取締役の適切な関
与・助言を得るべきである。

〔背景説明〕
　取締役会に期待される説明責任の確保や実効性の高い監督といった役
割・責務に関しては，監査や指名・報酬に係る機能の重要性が指摘されて
いる。また，諸外国では，こうした機能に関しては特に独立した客観的な
立場からの判断を求めている例も多い。こうした機能（監査役会・監査等
委員会が関与する監査を除く）の独立性・客観性を強化する手法としては，
例えば，任意の諮問委員会を活用することや，監査等委員会設置会社であ
る場合には，取締役の指名・報酬について株主総会における意見陳述権が
付与されている監査等委員会を活用することなどが考えられる。その際に
は，コーポレートガバナンスに関連する様々な事項（例えば，関連当事者
間の取引に関する事項や監査役の指名に関する事項等）をこうした委員会

に併せて検討させるなど，会社の実情に応じた多様な対応を行うことが考えられる。

株式会社東京証券取引所

〒103-8220 東京都中央区本橋兜町 2-1

Tel. 03-3666-0141（代表）

http://www.jpx.co.jp/

参考-4

監査役設置会社の取締役会規則及び取締役会細則

（筆者作成）

1. 監査役設置会社の取締役会規則及び
取締役会細則の一般的事例

（目的）

1. 第1条本規則は，「―――」株式会社の取締役会に関する事項を定め
   たものである。

（権限）

1. 第2条取締役会は，法令，定款および本規則で定めた事項について決
定を行うとともに，取締役ならびに執行役の職務の執行を監督する権限を
有しており，法令または定款に別段の定めがある場合を除き，「取締役会
細則」に定める決議事項の決定を行い，報告事項の報告を受ける。

（構成）

1. 第3条取締役会は，すべての取締役・監査役で組織する。

（招集）

1. 第4条取締役会は，法令に別段の定めがある場合を除き，議長が招集
   する。議長に事故がある場合は，あらかじめ取締役会の定めた順序によ

り他の取締役がこれに代わる。

2．取締役会の招集通知は，日時，場所および議題を掲げ，会日の3日前までに，各取締役に対して，これを発するものとする。ただし，緊急の場合はこの期間を短縮することができる。

3．取締役全員の同意があるときは，前項の招集手続を経ないで取締役会を開催することができる。

（開催）

1．第5条取締役会は，3ヵ月に1回以上開催する。

2．取締役会は，本社において開催する。ただし，必要があるときは他の場所で開催することができる。

3．取締役会は，日本語にて開催する。通訳が必要な場合は，同席させることができる。

（議長）

1．第6条取締役会の議長は，取締役議長がその任にあたる。取締役議長に事故がある場合は，あらかじめ取締役会の定めた順序により他の取締役がこれに代わる。

（決議の方法）

1．第7条取締役会の決議は，議決に加わることができる取締役の過半数が出席し，その取締役の過半数をもって決する。

2．取締役会の決議につき，特別の利害関係を有する取締役は，議決権を行使することができない。

3．取締役が取締役会の決議の目的である事項について提案をした場合において，取締役（当該事項について議決に加わることができるものに限る。）の全員が書面または電磁的記録により，その提案に同意の意思表示をしたときは，当該提案を可決する旨の取締役会決議があったものとみなす。この場合において，当該提案について取締役全員が同意の意思

表示を完了した日を当該提案の取締役会決議があったものとみなす日とする。

（取締役会への報告の省略）

1．第8条取締役または執行役が取締役の全員に対して取締役会に報告すべき事項を書面または電磁的記録により通知したときは，当該事項を取締役会へ報告することを要しない。この場合において，当該事項について取締役全員に対して通知が完了した日を，当該事項を取締役会への報告を要しないものとされた日とする。

2．前項の規定にかかわらず，執行役は，3ヵ月に1回以上，自己の職務の執行の状況を取締役会に報告しなければならない。

（議案関係者の出席）

1．第9条取締役会が必要と認めたときは，執行役およびそれ以外の者を取締役会に出席させ，その意見または説明を求めることができる。

（議事録）

1．第10条取締役会の議事については，法令に従い議事録を作成し，出席した取締役はこれに署名または記名押印する。

2．取締役会の議事録は，本店に10年間備え置く。

（事務局）

1．第11条取締役会に関する事務は，取締役会事務局がこれにあたる。

（改正）

1．第12条本規則は，取締役会の決議により，改正することができる。

（実施）

第13条本規則は，――年―月―日から施行する

268　巻末参考資料編

（以上）

取締役会細則

Ⅰ．決議事項

　1．株主総会に関する事項

　　1）株主総会の招集の決定（株主総会の招集，当該総会への付議議案は原則として同一取締役会で決定する）

　　2）株主総会の付議議案（取締役，会計参与および会計監査人の選任・解任ならびに会計監査人を再任しないことに関するものを除く）の決定（参考：主たる株主総会付議議案は以下のとおり）

　　　⑴　取締役の選任・解任

　　　⑵　株式併合

　　　⑶　自己株式の取得（特定株主からの取得）

　　　⑷　事業譲渡・譲受け等の承認

　　　⑸　募集株式の有利発行

　　　⑹　募集新株予約権の有利発行

　　　⑺　定款変更

　　　⑻　株式交換契約の承認

　　　⑼　株式移転計画の承認

　　　⑽　新設分割計画の承認

　　　⑾　吸収分割契約の承認

　　　⑿　資本金の額の剰余金減少による増加・資本金の額の減少

　　　⒀　準備金の額の増加・減少

　　　⒁　損失の処理，任意積立等のための剰余金の処分

　　　⒂　解散

　　　⒃　合併契約の承認

　　　⒄　会計監査人の選任

　　3）株主総会招集権者の決定

　　4）株主総会招集権者に事故がある場合の株主総会の招集者代行順序

の決定

5）株主総会議長の決定

6）株主総会議長に事故がある場合の株主総会の議長代行順序の決定

7）株主提案に関する事項

2．取締役会・取締役・執行役に関する事項

1）議長の選定

2）議長に事故がある場合の，取締役会の招集者および取締役会の議長代行順序の決定

3）役付取締役の選定・解職

4）執行役の選任・解任

5）代表執行役の選定・解職

6）代表執行役の役職名の決定

7）役付執行役の選定・解職

8）執行役が二人以上ある場合における執行役の職務の分掌および指揮命令の関係その他の執行役相互の関係に関する事項の決定

9）取締役会を招集する取締役の選定

10）取締役または執行役による競業取引の承認

11）取締役または執行役による利益相反取引（直接取引および間接取引）の承認

12）執行役から取締役会の招集の請求を受ける取締役の選定

13）株主名簿管理人等の決定，または株主名簿管理人等を決定する執行役の選定

14）株式取扱規則の制定，変更，または株式取扱規則を制定，変更する執行役の選定

15）取締役および執行役の責任の免除の決定

16）社外取締役の責任免除に関する契約の内容の承認

17）執行役の職務の執行が法令および定款に適合することを確保するための体制その他株式会社の業務の適正を確保するために必要なものとして法務省令で定める体制の整備の決定

(1) 執行役の職務の執行に係る情報の保存および管理に関する体制

(2) 損失の危険の管理に関する規程その他の体制

(3) 執行役の職務の執行が効率的に行われていることを確保するための体制

(4) 使用人の職務の執行が法令および定款に適合することを確保するための体制

(5) 当社および子会社からなる企業集団における業務の適正を確保するための体制

3．決算に関する事項

1）計算書類および事業報告ならびにそれらの附属明細書の承認（計算書類とは，貸借対照表，損益計算書，株主資本等変動計算書，個別注記表をいう）

2）連結計算書類の承認（連結計算書類とは，連結財政状態計算書，連結損益計算書，連結持分変動計算書，連結注記表をいう）

3）連結財務諸表（年度および四半期）の承認（連結財務諸表とは，連結財政状態計算書，連結損益計算書，連結包括利益計算書，連結持分変動計算書，連結キャッシュ・フロー計算書をいう）

4）臨時計算書類の承認

4．任意の諮問委員会及び監査役会に関する事項

1）任意の指名，報酬の各諮問委員会を組織する取締役の選定・解職

2）任意の指名，報酬の各諮問委員会の委員長の選定・解職

3）監査役会の職務の執行のために必要なものとして法務省令で定める事項の決定

(1) 監査役会の職務を補助すべき使用人に関する事項

(2) 前号の使用人の執行役からの独立性の確保に関する事項

(3) 子会社を含む執行役および使用人が監査役会に報告するための体制その他の監査役会への報告に関する体制

(4) その他監査役会の監査が実効的に行われていることを確保するた

めの体制

4）会社と監査役との間の訴訟において会社を代表する者の決定

5）上記以外の取締役会内の任意の諮問委員会の設置，変更，廃止およびその委員の選定

5．経営の基本方針の決定

1）年度事業計画の大綱

2）中長期経営計画の基本方針およびその重要な変更

3）会社の持続的成長と企業価値向上に関する事項

4）株主還元に関する事項

6．株式，資本等に関する事項

1）剰余金の配当等の決定

⑴　自己株式の取得およびその内容

⑵　準備金の減少およびその内容

⑶　剰余金の処分およびその内容

⑷　剰余金の配当およびその内容（配当予想を含む）

2）譲渡制限株式または譲渡制限新株予約権の譲渡承認および譲渡制限株式の譲渡の相手方の指定

3）公開買付け・公開買付けに対する意見表明の内容の決定

7．組織再編に関する事項

1）合併契約の内容の決定（簡易な合併の場合を除く）

2）吸収分割契約の内容の決定（簡易な吸収分割の場合を除く）

3）新設分割計画の内容の決定（簡易な新設分割の場合を除く）

4）株式交換契約の内容の決定（簡易な株式交換の場合を除く）

5）株式移転計画の内容の決定

8．規則等の制定，変更，廃止

1）コーポレートガバナンス・コード（「コーポレートガバナンスに関する報告書」で開示しなければならない事項の説明を含む）

2）役員基本規程

3）取締役会規則（取締役会細則を含む）

4）取締役会が執行役に委任する事項

5）任意の指名諮問委員会規則

6）監査役会規則

7）任意の報酬諮問委員会規則

8）監査役会の職務の執行のために必要な事項に関する規則

9）執行役の職務の執行の適正を確保するために必要な体制の整備に関する規則

9．株主代表訴訟に関する事項

1）監査役および会計監査人に対しその責任を追及する訴えを提起するよう株主から請求を受けた場合の当該提訴の当否，および不提訴の場合の不提訴理由書の内容の決定

2）提訴株主から株主代表訴訟提起の告知を受けた場合，当該訴えに係る当事者が監査役である場合の訴訟参加の当否の決定

3）取締役または執行役に対して株主代表訴訟が提起された場合，会社による取締役または執行役側への補助参加の当否の決定

10．その他の事項

1）事業の全部もしくは重要な一部の譲渡，他の会社の事業の全部の譲受け，事業の全部の賃貸借，事業の全部の経営の委任，損益共通契約等の締結，変更もしくは解約または事後設立の契約の内容の決定（簡易な事業譲渡等の場合を除く）

2）上場の廃止の決定

3）破産，再生手続開始または更生手続開始の申立ての決定

4）継続企業の前提に関する事項の注記の内容の決定

5）社内取締役および執行役の兼業等の承認（以下を除く）

　⑴　当社の子会社，関連会社の役員，使用人またはそれらに準ずる者になる場合

　⑵　当社と競業関係または取引関係にない非営利団体の代表者もしくは理事等の役員または使用人もしくはそれらに準ずる者になる場合

参考－4　監査役設置会社の取締役会規則及び取締役会細則　*273*

(3)　当社と競業関係または取引関係にある非営利団体の代表者で
　　　はない理事等の役員または使用人もしくはそれらに準ずる者
　　　になる場合

6）当社企業価値・株主共同の利益の確保に関する対応方針の維持・
　　改定・廃止

7）当社企業価値・株主共同の利益の確保に関する対応方針以外の買
　　収防衛策の導入

8）株主総会において取締役会に決定を委任された事項の決定

9）取締役会の職務執行の自己レビュー

10）その他取締役会が必要と認めた事項の決定

Ⅱ．報告事項

　基本的に上記以外の重要事項は報告事項となるが，主要なるものを挙げ
ると以下のようになる。

項目	運用指針
Ⅰ　任意の指名及び報酬諮問委員会の報告事項（独立社外取締役が複数おり，任意の委員会がある場合にはこれを含む）	
1　任意の指名諮問委員会の職務の執行の状況	・任意の指名諮問委員会の年間スケジュール ・取締役の選任に関する株主総会議案，選任理由及び取締役候補者に法令，定款等への違反がある場合，その事実等 ・取締役候補者選任に関する諸規則の改廃・取締役の解任に関する株主総会議案 ・外部コンサルタントとの契約の締結
2　監査役会の職務の執行の状況	・監査活動方針 ・監査計画 ・監査役会における議案の内容および監査調書に係る監査意見 ・年度の監査報告に係る監査意見 ・監査に関する諸規則の制定・変更・廃止 ・会計監査人の選任に関する事項 ・経営監査部員の人事異動の同意および人事

274　巻末参考資料編

		・評価等に関する事項 ・外部コンサルタントとの契約の締結
3	任意の報酬諮問委員会の職務の執行の状況	・役員の報酬等に関する基本方針 ・役員の報酬体系および個人別の報酬等 ・報酬等に関する諸規則の制定・変更・廃止 ・役員報酬の開示に関する事項 ・役員の報酬等の変更および減額 ・外部コンサルタントとの契約の締結
4	任意の独立社外取締役委員会の職務の執行の状況	・当社企業価値・株主共同の利益の確保に関する対応方針の運用状況（新株予約権の不発行決議を含む） ・任意の独立社外取締役委員会に関する諸規則の制定・変更・廃止
II	執行役の報告事項	・報告事項は，取締役会の決議により執行役に委任した事項，株主，顧客および従業員の利益に影響する事項やコンプライアンスに関する事項，課題，問題点，例外的事項を中心とする。（原則として四半期報告の中で報告する）
1	取締役会の決議により執行役に委任した事項	
1）	株式，資本および資本調達等に関する事項	・連結対象会社の追加・削除 ・募集株式の発行等（自己株式の処分を含む） ・子会社の有する自己株式の取得 ・株式の分割 ・株式の分割による発行可能株式数増加の定款変更 ・単元株式数の減少または単元制の廃止に伴う定款の変更 ・社債の発行 ・募集新株予約権の発行（任意の独立社外取締役委員会の提案に基づくものおよび有利発行を除く） ・自己株式・自己新株予約権の消却 ・所在不明株主の株式の競売，売却，買取り
2）	事業の譲渡等・合併・分割・株式交換に関する事項	・簡易な事業譲渡・譲受け ・簡易な合併契約の締結 ・簡易な吸収分割契約の締結 ・簡易な新設分割計画の承認 ・簡易な株式交換契約の締結
3）	重要な業務執行に関する事項（重要性は執行役の判断とする）	・重要な財産の処分および譲受け 　－金銭の貸付

参考－4　監査役設置会社の取締役会規則及び取締役会細則　*275*

	－出資
	－設備投資
	－リース
	－固定資産の譲渡，譲受け
	－債権放棄，債務免除
	－寄付
	－知的財産権の譲渡，譲受け
	・多額の借財
	－金銭の借入
	－担保の設定
	－債務保証
	・重要な使用人の選任および解任
	－重要な事業所長，事業部長等の人事
	－執行役員の任命
	・重要な組織の設置，変更，廃止
	・子会社，関連会社の設立，解散ならびに重要な子会社の合併・売却等
	・重要な子会社の役員人事
	・子会社間の資本取引
	・新規事業への進出
	・フェーズⅡ以降の重要な研究開発テーマの開発中止
	・既存事業の廃止および変更
	・重要な業務提携とその解消
	・重要な製品の導入・導出契約
	・企業買収
	・主力製品に関する重要な契約の締結，変更および解約
	・重要な訴訟の提起，応訴の遂行方針，経過，終結
	・公開買付け
	・人員削減等の合理化
	・決算短信
	・有価証券報告書
	・臨時報告書
	・内部統制報告書
	・取締役会の承認を得て実施した利益相反取引（直接取引または間接取引）
2　定款の定めにより執行役が決定した事項 　1.1）株主名簿管理人およびその事務取扱場所の変更 　2.2）株式取扱規則の変更	
3　業務報告	

1）重要項目，重要な意思決定に関する報告 2）訴訟およびリスク，コンプライアンスに関する報告 3）業務執行全般の報告（各執行役の職務分掌に基づく報告） 　(1)　主要事業の状況 　(2)　プロダクトクリエーションの状況 　(3)　製品の安定供給と品質の状況 　(4)　医薬品の安全性情報の状況 　(5)　顧客の声に関する状況 　(6)　財務の状況 　(7)　社員に関する状況 　(8)　コンプライアンス・内部統制に関する状況 　(9)　その他の特記事項等	
Ⅲ　その他の事項	・社外取締役及び社外監査役の他の法人等の役員就任のうち重要なもの ・取締役会の承認が不要な役員の兼業のうち重要なもの ・特別に報告する事項 ・その他，法令に定められた事項

参考文献

第 1 部

秋山進（2008）『それでも不祥事は起こる』日本能率協会マネジメントセンター

阿部高樹（2008）『会社役員の法律と役員規程・変更登記文例集』三修社

石島隆（2006）『情報システムの内部統制』中央経済社

石島隆監修（2006）『日本版 SOX 法　攻めの内部統制とは』同友館

石原基康（2015）「キリングループの内部監査体制」キリンホールディング

伊丹敬之（2000）『日本型コーポレートガバナンス―従業員主権企業の論理と改革』日本経済新聞社

伊丹敬之（2008）『経営の力学』東洋経済新報社

伊丹敬之（2013）『よき経営者の姿』日経ビジネス人文庫

井上泉（2015）『企業不祥事の研究』文眞堂

今井祐（2014）『経営者支配とは何か～日本版コーポレート・ガバナンス・コードとは～』文眞堂

今井祐（2015）『実践コーポレートガバナンス・コード作成ハンドブック』文眞堂

今沢眞（2016）『東芝不正会計』毎日新聞社

江頭憲治郎（2015）『株式会社法（第 6 版）』有斐閣

門脇徹雄（2008）『粉飾・不正会計・失敗事例』中央経済社

企業倫理研究プロジェクト編（2008）『企業倫理・コンプライアンス』産能率大学出版部

國廣正他（2005）『なぜ企業不祥事はなくならないのか』日本経済新聞社

熊谷謙一（2011）『動き出す ISO26000』日本生産性本部

郷原信郎（2007）『法令遵守が日本を滅ぼす』新潮新書

斎藤憲（2007）『企業不祥事辞典』日外アソシエーツ

島村昌孝（2005）『知らなかったでは済まされない監査役の仕事』インターワーク

須井康雄（2011）「取締役の内部統制システム構築義務違反の最新動向」法と経済ジャーナル，7 月 7 日

武井勲（2007）『不祥事はなぜ繰り返されるのか』扶桑社新書

出見世信之（2012）「企業不祥事と経営責任～今求められているコンプライアンスとコーポレートガバナンス」JABES & BERC 共催，経営倫理シンポジュウム所収

278 参考文献

東芝「第三者委員会調査報告書要約版（2015 年 7 月 20 日）」www.toshiba.co.jp/about/
info-accounting/index_j.htm

東芝「役員責任調査委員会報告書（2015 年 11 月 9 日）」www.toshiba.co.jp/about/ir/
jp/news/20151109

鳥羽至英・八田進二・高田敏文（1996）『内部統制の統合的枠組み』白桃書房

富山和彦（2013）『会社は頭から腐る』PHP 文庫

日本監査役協会（2015）「改訂版監査委員会監査基準」9 月 29 日

日本公認会計士協会（2015）「工事進行基準等の適用に関する監査上の取り扱い」4 月
30 日

西山芳喜（2015）「監査役会制度の卓越性」月刊監査役 No. 644, 2015.9.25

八田進二他（2002）『内部統制の統合的枠組み』白桃書房

浜田康（2016）『粉飾決算』日本経済新聞社

浜辺陽一郎監修（2007）『内部統制』ナツメ社

浜辺陽一郎（2015）『新会社法のしくみ』東洋経済新報社

浜辺陽一郎（2015）「取締役の会社に対する責任に関する判例動向」日本経営倫理学会
ガバナンス研究部会講演資料, 6 月 19 日

樋口晴彦（2012）『組織不祥事研究』白桃書房

平田光弘（2002）「日米企業の不祥事とコーポレート・ガバナンス」経営論集 57 号

平田光弘・菊池敏夫（2000）『企業統治の国際比較』文真堂

福川裕徳（2013）「オリンパスの事例にみる公認会計士監査及び監査役監査の役割と限
界」如水会監査役懇話会講演資料

村岡啓一（2015）「組織における倫理的意思決定の盲点—職業倫理と人間道徳の狭間」
一橋大学開放講座（平成 27.9.17）

村上信夫他（2008）『企業不祥事が止まらない理由』芙蓉書房出版

山口利昭法律事務所（2009）「日本システム技術事件について最高裁逆転判決」ビジネ
ス法務の部屋, 7 月 10 日

吉川吉衛（2007）『企業リスクマネジメント』中央経済社

第 2 部

青木良和（2012）『変革のための 16 の経営哲学』幻冬舎ルネッサンス

青山敦（2011）『京セラ稲盛和夫, 心の経営システム』日刊工業新聞社

安部高樹（2008）『会社役員の法律』三修社

アンドリュウ・ロス・ソーキン（2010）『リーマンショック・コンフィデンシャル（上・
下）』早川書房

飯野春樹（1979）『バーナード経営者の役割』有斐閣新書

石井祐介・若林功晃（2015）「コーポレート・ガバナンスに関する規律の見直し」商事

法務 No. 2056

石田猛行（2014）「ISS の 2015 年議決権行使助言に関するポリシー及び方向性」（ISS の HP）

石田猛行（2015）『日本企業の招集通知とガバナンス』商事法務

伊丹敬之（2000）『日本型コーポレートガバナンス―従業員主権企業の論理と改革』日本経済新聞社

伊丹敬之（2000）『経営の未来を見誤るな』日本経済新聞社

伊丹敬之（2008）『経営の力学』 東洋経済新報社

伊丹敬之（2009）『デジタル人本主義への道』日経ビジネス文庫

伊丹敬之（2013）『よき経営者の姿』日経ビジネス人文庫

伊藤邦雄（2014）『新・企業価値評価』日本経済新聞社

伊藤友則（2015）「日経」経済教室「企業，負債の活用に節度を」日本経済新聞社，8月4日

稲盛和夫（2001）『稲盛和夫の哲学』PHP 文庫

稲盛和夫（2004）『稲盛和夫のガキの自叙伝』日経ビジネス人文庫

稲盛和夫（2004）『生き方』サンマーク出版

稲盛和夫（2007）『人生の王道―西郷南洲の教えに学ぶ』日経 BP 社

稲盛和夫（2012）『新版・敬天愛人―ゼロからの挑戦』PHP ビジネス新書

稲盛和夫（2013）「説き，順じて心を 1 つに」日経ビジネス 2013.1.14 号

今井和男（2015）『実践平成 26 年会社法改正後の IR 総会とガバナンス』商事法務

今井祐（2014）「米国大企業の経営破綻」日本経営倫理学会誌第 21 号

今井祐（2014）『経営者支配とは何か～日本版コーポレート・ガバナンス・コードとは～』文眞堂

今井祐（2015）「日本航空（JAL）の再建に見る経営者稲盛和夫の経営哲学」日本経営倫理学会誌第 22 号

今井祐（2015）「持続的成長と企業価値向上に生かすコーポレートガバナンス・コードの使い方」経営倫理 No. 80，経営倫理実践研究センター

今井祐（2015）『実践コーポレートガバナンス・コード作成ハンドブック』文眞堂

岩井克人（2005）『会社はだれのものか』平凡社

引頭麻美（2013）『JAL 再生』日本経済新聞出版社

上村達男（2008）『企業法制の現状と課題』日本評論社

梅津光弘（2005）『ビジネスの倫理学』丸善，及び三田商学研究 2005 年 4 月号

江頭憲治郎（2015）『株式会社法（第 6 版）』有斐閣

大鹿靖明（2010）『墜ちた翼―ドキュメント JAL 倒産』朝日新聞出版

太田順司（2014）「改正会社法と監査役制度」監査役懇話会資料，平成 26 年 4 月 3 日

岡本大輔・梅津光弘（2006）『企業評価＋企業倫理』慶応義塾大学出版会

280 参考文献

尾崎哲夫（2004）『アメリカの法律と歴史』自由国民社

落合誠一・大田洋（2011）『会社法制見直しの論点』商事法務

加護野忠男・砂川伸幸・吉村典久（2010）『コーポレート・ガバナンスの経営学』有斐閣

加護野忠男（2014）『経営はだれのものか』日本経済新聞出版社

片山修（2009）『リーマンショック』祥伝社新書

勝部伸夫（2004）『コーポレート・ガバナンス論序説』文真堂

桂木明夫（2010）『リーマン・ブラザーズと世界経済を殺したのは誰か』講談社

カーティス・J・ミルハウプト編（2011）『米国会社法』有斐閣

神作裕之（2014）「コーポレートガバナンス向上に向けた内外の動向—スチュワードシップ・コードを中心として」商事法務 No. 2030

川口幸美（2013）「日米の社外取締役制度について」DF 監査役研修会資料

川口幸美（2004）『社外取締役とコーポレート・ガバナンス』弘文堂

河本一郎他（2011）『日本の会社法』商事法務

神田秀樹他（2011）『コーポレート・ガバナンスの展望』中央経済社

神田秀樹・武井一弘他（2015）「コーポレートガバナンス・コードを活かす企業の成長戦略（上・中・下）」商事法務 No. 2055, No. 2056, No. 2057

企業倫理研究プロジェクト編著（2008）『企業倫理・コンプライアンス』産能率大学出版部

菊澤研宗（2004）『比較コーポレート・ガバナンス論：組織の経済学アプローチ』有斐閣

北川哲雄（2015）『スチュワードシップ・コードとコーポレートガバナンス』東洋経済新報社

金融庁（2014）「コーポレートガバナンス・コードに関する有識者会議」資料・議事録（全9回）

金融庁（2015）「スチュワードシップ・コード及びコーポレートガバナンス・コードに関するフォローアップ会議」資料・議事録（第1回〜3回）

久保克行（2012）『コーポレート・ガバナンス，経営者の交代と報酬はどうあるべきか』日本経済新聞出版社

久保利他（1998）『日本型コーポレート・ガバナンス』日刊工業新聞社

熊谷謙一（2011）『動き出す ISO26000』日本生産性本部

黒沼悦郎（2004）『アメリカ証券取引法』弘文館

グロービス著，湊岳執筆（2010）『ウェイマネジメント（永続する企業になるための企業理念の作り方）』東洋経済新報社

クリスティー・アトウッド著，石川恒貴訳（2012）『サクセッションプランの基本』HUMAN VALUE

経済産業省（2014）「持続的成長への競争力とインセンティブ〜企業と投資家の望ましい関係構築〜」プロジェクト，座長：伊藤邦雄「最終報告書（伊藤レポート）」経済産業省ウェブサイト

河野大機（2004）『経営書読解の修行〜バーナード『経営者の役割』をケースにして〜』文眞堂

国土交通省（2015）「免震材料に関する第三者委員会報告書」7月29日

郷原信郎（2007）『法令遵守が日本を滅ぼす』新潮新書

西藤輝・安崎暁・渡辺智子（2010）『日本型ハイブリッド経営』中央経済社

斎藤憲（2007）『企業不祥事辞典』日外アソシエーツ

坂上仁志（2011）『日本一わかりやすい経営理念のつくり方』中経出版

佐久間信夫（2007）「コーポレート・ガバナンスの国際比較」税務経理協会

佐藤寿彦（2015）「コーポレートガバナンス・コードの策定に伴う上場制度の整備の概要」商事法務 No. 2065

澤田実・内田修平・角田望・金村公樹（2015）「コーポレートガバナンス・コードへの対応に向けた考え方Ⅰ」商事法務 No. 2066

ジェイ・ユーラス・アイアール（2014）『スチュワードシップ・コードとコーポレートガバナンス・コード』同友館

下山祐樹（2014「監査等委員会設置会社への移行判断における検討事項」商事法務 No. 2054

社会経済生産性本部編（2004）『ミッション・経営理念』生産性出版

週刊東洋経済（2015）「くすぶり続ける米 WH 減損リスク」週刊東洋経済 2015.9.26 号

商事法務（2013）「日本型コーポレート・ガバナンスはどこへ向かうのか〔上〕」商事法務 No. 2008

商事法務（2015）「「会社法の一部を改正する法律」等の施行に伴う会社法施行規則等の一部を改正する省令案の公表と概要」商事法務 No. 2058

商事法務（2015）「投資家課からみるコーポレート・ガバナンス報告書」商事法務 No. 2084

須井康雄（2011）「取締役の内部統制システム構築義務違反の最新動向」法と経済ジャーナル，7月7日

杉浦一機（2010）『JAL 再建の行方』草思社

潜道文子（2014）『日本人と CSR』白桃書房

全米取締役協会編（1999）『取締役のプロフェショナリティー』全米取締役協会

ダイヤモンド社（2013）「稲盛経営解剖」ダイヤモンド社

大和総研グループ（2013）「スチュワードシップコード」大和総研グループ

高巌（2001）『ECS2000 このように倫理法令遵守を構築する』日科技連

高巌（2006）『誠実さを貫く経営』日本経済新聞社

282　参考文献

高巌（2013）『ビジネスエシックス（企業倫理）』日本経済新聞出版社

高巌（2015）『女子高生と学ぶ稲盛哲学』日経BP

高橋俊夫（2006）『コーポレート・ガバナンスの国際比較』中央経済社

高橋均（2014）「新しい株主総会の在り方に向けて」商事法務No. 2054

高橋浩夫編著（2009）『トップ・マネジメントの経営倫理』白桃書房

武井一浩編著他5人（2015）『コーポレートガバナンス・コードの実践』日経BP

田中一弘（2014）『良心から企業統治を考える』東洋経済新報社

田中宏司（2004）『コンプライアンス経営』生産性出版

田中宏司（2012）「国際規格ISO26000とCSR経営」日本経営倫理学会研究交流例会
　　2013.4.25

田中宏司・水尾順一（2015）『三方よしに学ぶ人に好かれる会社』サンライズ出版

田中亘（2013）「日本のコーポレート・ガバナンスの課題」月刊監査役No. 612

田中求之（2009）論文「チェスター・バーナード『経営者の役割』を読む」及び田中亘
　　他（2011）『会社法』有斐閣

谷本寛治（2014）『日本企業のCSR経営』千倉書房

東京証券取引所（2009）「有価証券上場規程」「コーポレート・ガバナンス白書」

東芝「第三者委員会調査報告書要約版（2015年7月20日）」www.toshiba.co.jp/about/
　　info-accounting/index_j.htm

東芝「役員責任調査委員会報告書（2015年11月9日）」www.toshiba.co.jp/about/ir/
　　jp/news/20151109

東証上場部編（2010）『東証の上場制度整備の解説』

東洋ゴム工業株式会社（2015）「当社子会社製建築用免震ゴム問題における原因究明・
　　再発防止策・経営責任の明確化について」6月23日

鳥羽至英・八田進二・高田敏文（1996）『内部統制の統合的枠組み』白桃書房

富永誠一（2009）『独立社外取締役』商事法務

中村直人他（2015）『コーポレートガバナンス・コードの読み方・考え方』商事法務

日本経営倫理学会編（2008）『経営倫理用語辞典』白桃書房

日本航空（2002-2012）「有価証券報告書8冊」日本航空

日本航空グループ2010（2010）『JAL崩壊』文春新書

日本公認会計士協会（2015）「工事進行基準等の適用に関する監査上の取り扱い」4月
　　30日

日本コーポレート・ガバナンス・フォーラム編（2006）「OECDコーポレート・ガバナ
　　ンス」明石書店

日経トップリーダー（2013）「稲盛哲学，中国に渡る　燃えろ！経営者」日経BP

日本取締役協会（2014）「取締役会規則における独立取締役選任基準」（2014年2月25
　　日改訂版）日本取締役協会

西山芳喜（2015）「監査役会制度の卓越性」月刊監査役 No. 644, 2015.9.25

貫井陵雄（2002）『企業経営と倫理監査』同文舘

八田進二他（2002）『内部統制の統合的枠組み』白桃書房

浜辺陽一郎（2012）「会社法制の見直しの動向と企業実務への影響」会社法務 A2Z

浜辺陽一郎（2013）「1014 年会社法改正案の問題点」日本経営倫理学会 監査・ガバナンス研究部会 2013 年 12 月 20 日資料

浜辺陽一郎（2015）『新会社法のしくみ』東洋経済新報社

樋口達也（2015）『開示事例から考えるコーポレートガバナンス・コード対応』商事法務

平田光弘・菊池敏夫（2000）『企業統治の国際比較』文真堂

平田光弘（2002）「日米企業の不祥事と C/G」経営論集 57 号

広田真一（2012）『株主主権を超えて』東洋経済新報社

藤田純孝（2013）「日本のコーポレートガバナンス」日本 CFO 協会理事長

藤田勉（2010）『上場会社法制の国際比較』中央経済社

藤田友敬（2013）「株式保有構造と経営機構─日本企業のコーポレート・ガバナンス」商事法務 No. 2007

PRESIDENT（2013）「稲盛和夫の叱り方」プレジデント社

Paine, L. S.（1999）『ハーバードのケースで学ぶ企業倫理』梅津・柴柳訳，慶応義塾大学出版会

Paine, L. S.（2004）『Value Shift』毎日新聞社

法務省法制審議会会社法部会第 1 回～24 回の資料・議事録・「中間試案」・「会社法改正要綱案」

堀江貞之（2015）『コーポレートガバナンス・コード』日経文庫

堀江貞之（2015）「スチュワードシップ・コードとガバナンス・コード時代の株主と上場会社の在り方」㈱野村総合研究所金融 IT イノベーション研究部

町田徹（2012）『JAL 再建の真実─再上場の功罪を問う』講談社現代新書

町田祥弘（2015）「EU や米国で導入や検討の進む監査法人の強制的交代制」週刊エコノミスト 2016.1.12 号

宮島英昭（2011）『日本の企業統治』（斉藤卓爾の実証研究を含む）東洋経済新報社

宮島英昭（2015）「独立取締役の複数選任制を読み解く」ビジネス法務 Vol. 15, No. 4

三戸浩編，経営学史学会監修（2013）『バーリ＝ミーンズ』文真堂

三矢裕（2010）『アメーバ経営論』東洋経済新報社

水尾順一（2005）『CSR で経営力を高める』東洋経済新報社

水尾順一・佐久間信夫（2010）「コーポレート・ガバナンスと企業倫理の国際比較」ミネルヴァ書房

水尾順一（2013）『セルフ・ガバナンスの経営倫理』千倉書房

284 参考文献

水尾順一（2014）『マーケティング倫理が企業を救う』生産性出版

皆木和義（2008）『稲盛和夫の論語』あさ出版

村岡啓一（2015）「組織における倫理的意思決定の盲点―職業倫理と人間道徳の狭間」
　一橋大学開放講座（平成 27.9.17）

森功（2010）『腐った翼』幻冬舎

森・濱田松本法律事務所（2015）「改訂社外取締役外ドライン」第 106 回セミナー

森・濱田松本法律事務所（2015）『コーポレートガバナンスの新しいスタンダード』日
　本経済新聞出版社

山口利昭（2015）「内部通報窓口の設置と社外役員の関わり方」山口利昭法律事務所

吉川吉衛（2007）『企業リスクマネジメント』中央経済社

吉田邦雄・箱田順哉（2004）『富士ゼロックスの倫理・コンプライアンス監査』

リタ・マグレイス（2014）『競争優位の終焉』日本経済新聞社

ローレンス・マクドナルド他（2009）『金融大狂乱―リーマン・ブラザーズはなぜ暴走
　したのか』徳間書店

若園智明・首藤恵（2008）「証券業の機能と倫理」早稲田大学ファイナンス研究所

若林泰伸（2014）「アメリカにおける非業務執行役員と取締役会の監査機能」月刊監査
　役 No. 624

Baker, H. Kent & Anderson, Ronald（2010）*Corporate Governance*, WILEY

Collins, Jim（1995）『ビジョナリーカンパニー第 1 巻「時代を超える生存の法則」』日経
　BP 社

Collins, Jim（2010）『ビジョナリーカンパニー第 3 巻「衰退の五原則」』日経 BP 社

Collins, Jim（2010）, *How the Mighty Fall*, Harper Collins Publishers Inc.

Hiroo, Takahashi（2013）, *The Challenge for Japanese Multinationals*, Palgrave
　macmillan

NYSE Commission on C/G（2010）, "Report of the NYSE Commission on Corporate
　Governance" NYSE

OECD Steering Group on C/G（2010）, "Corporate Governance and the Financial
　Crisis" OECD

OECD Steering Group on C/G（2009）, "The C/G Lessons from the Financial Crisis"
　OECD

SEC（2008）, SEC Handbook

UK FRC（2010）, "The UK Corporate Governance Code" UK FRC

Xerox Corp.（2001-2011）, "Annual Report" 11 冊, Xerox Corp.

著者略歴

今井　祐（いまい・たすく）

1940 年　東京生まれ
1963 年　一橋大学商学部卒
2000 年　富士写真フイルム㈱代表取締役副社長
2002 年　富士ゼロックス㈱社外監査役
現在：日本経営倫理学会常任理事兼ガバナンス研究部会長，経営倫理研究実践センターフェロー，㈱今井経済・経営研究所代表取締役社長，KSP アドバイザー委員会委員長，日本マネジメント学会会員，日本コーポレート・ガバナンス・ネットワーク独立役員研究会委員

主要著書・論文等：
『経営者支配とは何か～日本版コーポレート・ガバナンス・コードとは何か～』（文眞堂，2014 年）
『実践コーポレートガバナンス・コード作成ハンドブック』（文眞堂，2015 年）
「公的規制と企業倫理」（『日本経営倫理学会誌』第 18 号，2011 年所収）
「海外から見たわが国コーポレート・ガバナンスの問題点と経営規律の強化策」（『日本経営倫理学会誌』第 20 号，2013 年所収）
「米国大企業の経営破綻」（『日本経営倫理学会誌』第 21 号，2014 年所収）
「米国 COSO の倫理的価値観と稲盛和夫の経営哲学」（『旬刊経営情報』2014 年 2 月号所収）

東芝事件と「守りのガバナンス」

2016 年 4 月 20 日　第 1 版第 1 刷発行　　　　　　　　　検印省略

著　者　今　井　　　祐

発行者　前　野　　　隆

発行所　株式会社　文　眞　堂
東京都新宿区早稲田鶴巻町 533
電　話　03(3202)8480
ＦＡＸ　03(3203)2638
http://www.bunshin-do.co.jp/
〒162-0041 振替00120-2-96437

印刷・モリモト印刷／製本・イマヰ製本所
© 2016
定価はカバー裏に表示してあります
ISBN978-4-8309-4903-6　C3034